La Bible du chercheur de trésors

Le guide du prospecteur ou l'art de découvrir les fortunes enterrées ou immergées

ISBN : 978-2-85090-838-5

Philippe Bourhis

La Bible du chercheur de trésors

Le guide du prospecteur ou l'art de découvrir les fortunes enterrées ou immergées

Éditions Bussiere

34 rue Saint Jacques

75005 PARIS

Matrice d'un sceau en bronze du 19ème siècle (collection personnelle de l'auteur). Son origine malgré de nombreuses recherches personnelles n'a jamais été identifiée. Un bel exemple de ce que l'on est susceptible de trouver en détection métallique.

Remerciements à Jacques Mandorla (journaliste d'investigation et auteur d'articles dans *DÉTECTION PASSION* – Le magazine des passionnés de détection, de trésors, d'histoire et de numismatique », pour ses précieux conseils.

Je dédie cet ouvrage à tous les « Chercheurs de trésors »,

À Jocelyne et Anne-Charlotte,

À mes parents, Louis et Jeannine.

« Maint joyau dort enseveli dans les ténèbres et l'oubli, bien loin des pioches et des sondes »

Les Fleurs du Mal, Spleen et Idéal de Charles Baudelaire (1821-1867), extrait de : « Le Guignon ».

« Un trésor est un don de fortune, une aubaine, une sorte de grâce de Dieu qui doit revenir en entier à son inventeur »

Aristote, philosophe grec (né en 384 av. J.-C. à Stagire – Macédoine)

Article 716 DU CODE CIVIL (créé par la Loi 1803-04-19 et promulgué le 29 avril 1803) :

« La propriété d'un trésor appartient à celui qui le trouve dans son propre fonds ; si le trésor est trouvé dans le fonds d'autrui, il appartient pour moitié à celui qui l'a découvert, et pour l'autre moitié au propriétaire du fonds. Le trésor est toute chose cachée ou enfouie sur laquelle personne ne peut justifier sa propriété, et qui est découverte par le pur effet du hasard ».

Louis XIV - Six deniers, dits Dardenne

Avant-propos

Rêver est un droit fondamental de l'être humain. Rechercher son « Graal » est un rêve et toujours une dynamique, donc un carburant de l'action, qui alimente, et rend possible le réel. Le réel n'existe que par le rêve, qui grâce à sa présence est là pour le construire. À chacun, avec son rêve et son détecteur de métaux, de forcer le destin et de provoquer la chance afin de mettre la main sur son trésor, et ainsi de réaliser son rêve.

Le trésor est la promesse d'une aventure, d'un voyage dans le temps, la réalisation d'un rêve personnel, l'espérance d'un enrichissement futur et aussi une source de connaissance ; il n'existe, juridiquement, de par son statut particulier, qu'au fait de ne pas être recherché… Le trésor est bien un « paradoxe » qui ne doit jamais être « traqué », et qui n'existe légalement que lorsqu'il est mis au jour par le pur effet du hasard… Il faut donc souhaiter au chercheur de trésors que le bienheureux hasard fasse bien les choses.

La course aux trésors est une activité passionnante ; partez donc à la quête en quête ? Des enfouissements terrestres, légendaires ou historiques ! Ceux de batailles, de la Révolution, des templiers, des cathares, de Rois ou de simples particuliers (avec des enfouissements de magots dans les caves, jardins, etc.)… Vous pouvez aussi plonger à la recherche des pactoles immergés, d'épaves, et ainsi accéder à l'univers des fortunes perdues au fil des millénaires…

Pour le numismate, ce que l'on appelle « trésor » est n'importe quel dépôt monétaire d'au moins deux monnaies.

Ce guide pratique qui concerne plusieurs sujets – les trésors, la détection de loisir, la numismatique et la législation en vigueur (droits et devoirs) – a pour but de vous faire remonter le temps. Ainsi, il vous permettra de partir à l'aventure et de rencontrer l'histoire de notre pays.

La passion de la détection métallique est la quête de notre passé oublié, et cet ouvrage va vous révéler les secrets du « Chercheur de trésors ».

Ce livre, en vous informant, en vous donnant des conseils, les bonnes pratiques et des méthodes efficaces de prospection sur votre « terrain de chasse » est donc fait pour vous, et il vous donnera les clés d'un bon savoir-faire en la matière.

Le sous-sol de la France recèle une multitude de trésors dont certains ont déjà été mis au jour :

- En septembre 1985, trois plongeurs corses découvrent des milliers de monnaies en or à l'effigie de quatre empereurs romains (dont certaines trouvées avec un appareil de détection) : Gallien, Claude II, Quintille (frère de Claude) et Aurélien.
- En 1981, dans la grotte d'Agris (Charente), un casque gaulois en or vieux de 2400 ans est découvert par des spéléologues (grâce à un détecteur de métaux).
- Le magot récent de Pannecé (Loire-Atlantique) contenait 40000 pièces.
- Le trésor d'Évreux (Eure) possédait 100000 monnaies (340 kg de métal).
- Laniscat (Côtes-d'Armor) est une trouvaille de 545 pièces gauloises.
- Le dépôt de la préfecture de Rennes (Ille-et-Vilaine) comprenait 10329 pièces et celui d'Eauze (Gers) possédait 28000 pièces romaines…

Notre pays, de par sa situation et son histoire, est l'un de ceux qui possèdent le plus de dépôts précieux (avec l'Allemagne, l'Angleterre, la Belgique, l'Italie et la Suisse). Il est donc logique que, chaque année, des trésors soient mis au jour et que des milliers de détecteurs de métaux soient vendus à des passionnés désireux de découvrir les pans de notre histoire, d'entrevoir la vie de nos ancêtres et de mettre la main sur les artefacts de leurs civilisations disparues…

Chaque année, entre 300 et 350 trésors terrestres ou engloutis, découverts d'une manière fortuite ou à l'aide d'un détecteur de métaux sont officiellement déclarés aux autorités de notre pays ; mais les magots non déclarés sont eux aussi nombreux! Les trésors existent bel et bien dans la réalité. Ils constituent le patrimoine culturel de l'humanité et sont aussi un espoir d'enrichissement pour le « Chasseur de trésors » qui promène son détecteur de métaux dans les champs, les bois, les vignes ou sur les plages.

Les trésors, comme on le sait, existent! Voici deux exemples récents de trésors templiers découverts :

- Un trésor templier composé de deniers en argent, qui remonte à la période de Philippe Auguste (12e siècle), a été retrouvé en 1998 sur le site de l'ancienne commanderie de Payns (Aube). Ce bâtiment religieux, créé en 1120 au Moyen Âge par Hugues de Payns, dépendait du Temple de Jérusalem.

- À Gisors en 1970, lors de travaux à soixante centimètres sous terre et à l'extérieur de l'enceinte du château (dans la cour d'un immeuble au 6, rue des Frères Planquais), est découvert un ensemble monétaire du 13e siècle qui était déposé dans un chaudron métallique (deniers d'argent – pièces françaises et britanniques). Pour ce dépôt, il s'agit de plusieurs milliers de parisis royaux et baronniaux, de plus de 600 deniers rémois avec, dans une bourse de cuir, près de 900 esterlins (datés entre 1240 et 1245). Les lots numismatiques exceptionnels de ces deux dépôts enrichissent notre connaissance de la circulation monétaire du royaume de France lors de cette période. L'ordre du Temple de Salomon fut créé le 23 janvier 1120, lors du Concile de Naplouse sous l'impulsion d'Hugues de Payns et de Godefroy de Saint-Omer. Vers 1220, les Templiers s'installent en forêt d'Orient (Aube) : en 1255, une commanderie secondaire est construite au lieu-dit la Loge-Bazin ; légende d'un dépôt fabuleux mis à l'abri par les chevaliers de cet ordre religieux et militaire sur le premier site.

L'une des plus anciennes citations sur les trésors se trouve dans la Bible *(ensemble de textes considérés comme sacrés par les Juifs et les chrétiens)* ; dont la rédaction fut échelonnée des textes entre le 8e et le 2e siècle avant Jésus-Christ pour l'Ancien Testament :

> *« Je te donnerai des trésors cachés, des richesses enfouies, afin que tu saches que je suis l'ÉTERNEL qui t'appelle par ton nom, le Dieu d'Israël »*
>
> Ésaïe, chapitre 45, verset 3 de la Sainte Bible.

Il faut savoir que la recherche des trésors ne s'improvise pas : si vous voulez localiser une cache avec un dépôt monétaire ou un magot de famille, vous saurez grâce à cette « Bible » par où commencer vos recherches et aussi comment procéder sur le terrain en respectant la réglementation en vigueur.

J'espère que ce livre sur les trésors suscitera aussi chez le lecteur l'envie d'en savoir plus sur le sujet et sur les civilisations qui nous ont précédés, et qu'il deviendra ainsi le tremplin vers une enrichissante Chasse au trésor.

La venue sur le marché de la détection métallique, avec une gamme variée de marques et de modèles (sans cesse renouvelés par les constructeurs), l'apparition de nouvelles technologies de pointe et la réalisation de performances efficaces des appareils sur le terrain donneront au prospecteur la possibilité de détecter une monnaie de petit module à plus de cinquante centimètres de profondeur (en détection terrestre ou subaquatique), et ainsi d'espérer, dans les années à venir, de fabuleuses découvertes numismatiques ou autres…

Pour conclure, cet avant-propos, je souhaite à toutes et à tous, de bonnes et fructueuses chasses aux trésors même « pratiquées de manière fortuite », et à tous les prospecteurs de vivre sereinement et pleinement leur passe-temps avec passion.

« Combien ces princes, ducs et gangsters, avaient pioché de trous, cachettes, oubliettes ? .../... Dans la vase, dans les sables, dans le roc ? Quatorze siècles d'Hohenzollern ! Sapristi sapeurs cachotiers ! .../... Tout l'afur était sous le château, les doublons, les rivaux occis, pendus, étranglés, racornis... »

Louis-Ferdinand Céline,
D'un château l'autre, 1957.

Montbouy, un village pavé d'or (Loiret)

Ce site archéologique livre, depuis plusieurs années, des trésors de monnaies romaines dans un périmètre réduit (moins d'un hectare).

Dans le sable d'une rivière, il a été mis au jour et à cinq reprises, des dizaines de pièces d'une grande valeur ainsi qu'une boucle de ceinture. Tous ces artefacts sont datés par les archéologues entre le 4e et le 5e siècle de notre ère. À noter que l'amphithéâtre romain de Chenevières est situé à proximité de Montbouy. Une prospection sérieuse, in situ, des rives de ce cours d'eau devrait permettre de mettre la main sur de nouveaux éléments métalliques, et aussi sans doute, de révéler l'emplacement d'une villa gallo-romaine.

Une matrice - de grand sceau - médiévale en bronze (collection personnelle de l'auteur) - Représentation d'une femme et de son faucon.

Les sceaux du Moyen Âge sont souvent mis au jour par les détectoristes (surtout en Normandie avec des matrices le plus souvent composées de plomb).

PARTIE 1

INTRODUCTION À LA CHASSE AUX TRÉSORS

Sceau de Joseph Lambert, commerçant et aventurier...

Il avait été nommé duc en 1861 par le roi de Madagascar (collection personnelle).

De la « Main de Gloire » à la « poêle à frire »

La magie divinatoire fut utilisée en Occident dès le début du douzième siècle afin de dévoiler les choses cachées...

Le premier guide du chercheur de trésor était un grimoire de magie : *Les secrets merveilleux de la magie naturelle du PETIT ALBERT,* tirés de l'ouvrage latin intitulé « *Albert i libellus de mirabilibus naturae arcanis...* ». Ce livre, édité en 1668, avec de nombreuses rééditions, chez l'imprimeur Beringos à Lyon est enrichi de figures mystérieuses et parle de la découverte des trésors enfouis et de la manière de les sortir des endroits où ils sont cachés. Il est également fait mention dans cet ouvrage, d'une chandelle mystérieuse dite « Main de gloire », pour aider à trouver des magots enfouis.

Les moyens de recherche de trésors ont évolué à travers les siècles : autrefois, il fallait posséder une mandragore magique à figure humaine (déterrée selon un rite bien déterminé et sous le gibet d'un pendu), pour réussir à les trouver.

Il convient de dire que, jusqu'au 16e siècle, la fameuse « Main de gloire » était le plus souvent utilisée pour explorer les ruines ou les souterrains susceptibles de révéler des richesses enfouies ; en effet, la littérature du 17e siècle en fait mention à plusieurs reprises. En fait, il s'agissait soit d'une véritable main de pendu (traitée pour sa conservation et ensuite séchée au soleil) soit du moulage d'une main de pendu sur laquelle était plantée une bougie, et dont la flamme était systématiquement censée s'éteindre à proximité d'un trésor... Deux autres livres anciens sur le sujet méritent d'être mentionnés : « La Verge de Jacob ou l'Art de trouver les trésors, les sources, les limites, les métaux, les mines, les minéraux et autres choses cachées par l'usage du bâton fourché » de Jean Nicolas, chez Hilaire, Baritel, Lyon, 1 693 et le « *Grand Grimoire ou L'art de commander les esprits célestes, aériens, terrestres, infernaux, avec le vrai secret de faire parler les morts, de gagner toutes les fois qu'on met aux loteries, de découvrir des trésors cachés, etc.* » (imprimé sur un manuscrit de 1522, Paris, Librairie Populaire des Villes et Campagne, année de parution 1845).

À signaler au lecteur qu'il existe aussi d'autres possibilités avec d'autres techniques ésotériques (aspects magique et occulte), en matière de recherche d'un magot caché : l'onirisme, avec des rêves et des visions, la chiromancie (lecture dans les lignes de la main), l'astrologie et l'utilisation de talismans avec les tables magiques ou pantacles (amulettes utilisées dans les invocations magiques) ...

Par la suite, les baguettes de coudrier et le célèbre pendule du radiesthésiste furent utilisés par les chercheurs de trésors. Sur une gravure extraite du livre, qui représente des sourciers : « *De re metallica* » (« à propos des métaux »), paru dans l'année 1580, et concernant le thème des mines, dont l'auteur est Georgius Agricola (1494-1555), l'emploi de la baguette magique est préconisé pour la « recherche des trésors de la terre » (donc pour la récupération de métaux précieux comme l'or et l'argent).

Il faut dire que les pendules dans les prospections sur cartes comme sur le terrain sont très efficaces ; en effet, de nombreuses découvertes (et dans tous les domaines) ont pu être effectuées grâce à eux, par de simples utilisateurs. Les médiums pratiquent également cette activité (avec plus ou moins de succès) qui consiste à rechercher des objets ou des trésors perdus en terre ou immergés. Actuellement la radiesthésie est toujours pratiquée, afin de mettre la main sur des valeurs perdues, mais le détecteur de métaux, outil moderne et indispensable au prospecteur, s'impose dorénavant de nos jours dans toute démarche sérieuse.

Extrait du livre « *Le Petit Albert ou le Trésor des merveilleux secrets* » (un grimoire dit « de magie »), premier guide du chercheur de trésors, année 1668 pour la première édition sortie en France :

- Pour la découverte des trésors, et la manière de les sortir des endroits où ils sont cachés,

- Utilisation d'une chandelle mystérieuse pour la découverte des trésors.

Paracelse, dans son traité « *De la philosophie occulte* », à la page 489, dit :

> *« Que pour avoir des indices de certains lieux où il y a des trésors et des richesses cachées, il faut observer les endroits où durant la nuit des spectres ou fantômes apparoissent, ou quelqu'autre chose extraordinaire qui épouvante les passans et ceux qui habitent dans ces lieux, et particulièrement la nuit du vendredi au samedi. Si l'on y voit des feux volants, des tumultes et des fracas, ou quelqu'autre chose semblable, on peut former une conjecture raisonnable, qu'il y a dans ces lieux quelque trésor caché... Celui qui voudra s'appliquer à la recherche d'un trésor prétendument caché, doit examiner la qualité du lieu, non seulement par la situation présente de ce lieu, mais par rapport à ce que les anciennes histoires en disent...*
>
> *De l'or et de l'argent monnayé ou mis en œuvre d'orfèvrerie, et qui a été déposé en terre pour diverses raisons, comme de guerres, de pestes et autres ; et c'est ce que le sage rechercheur de trésors doit examiner, en considérant si ces circonstances conviennent au lieu dont il est question. Ces sortes de trésors d'or, d'argent monnayé, et de vaisselle d'orfèvrerie se trouvent ordinairement dans les débris et masures d'anciennes maisons de qualité et châteaux, ou proche de vieilles églises ou chapelles ruinées. Je finirai sur cette matière avec le secret que donne Cardan pour connoître si le trésor est dans un lieu où l'on creuse. Il dit qu'il faut avoir une grosse chandelle, composée de suif humain, et qu'elle soit enclavée dans un morceau de bois de coudrier (...) et si la chandelle étant allumée dans un lieu souterrain, y fait beaucoup de bruit en pétillant avec éclat, c'est une marque qu'il y a un trésor en ce lieu ; et plus on rapprochera du trésor, plus la chandelle pétillera, et enfin elle s'éteindra quand on sera tout-à-fait proche... Quand on a des raisons solides pour croire que ce sont des esprits des hommes défunts qui gardent les trésors, il est bon d'avoir des cierges bénis au lieu de chandelles communes, et les conjurer de la part de Dieu, de déclarer si l'on peut faire quelque chose pour les mettre en lieu de bon repos ; et il ne faudra jamais manquer d'exécuter ce qu'ils auront demandé ».*

La cache au trésor,
ou comment déceler ce lieu

Ce terme désigne le lieu où des objets précieux sont déposés pour y être dissimulés. Il s'agit pour cette expression de définir le contenant et non pas le contenu. L'usage de ce procédé de dissimulation des biens a toujours été pratiqué depuis l'Antiquité et de nombreuses caches non révélées restent encore à ce jour à découvrir dans notre pays.

Le prospecteur qui, pour des raisons financières ou non, ne dispose d'aucun matériel professionnel comme un radar de sol (géoradar) ou une caméra thermographique (caméra thermique et infrarouge), peut faire « sonner » les parois de murs, des plafonds ou du sol.

En effet, lorsque l'on frappe sur une paroi, celle-ci vibre et les vibrations qui en résultent se propagent de part et d'autre ; la cache renvoie alors un son que l'on peut qualifier de « creux ».

À signaler que le manque de lumière d'une cave ou d'un souterrain peut avoir été mis à profit par l'enfouisseur afin d'occulter la vision de cette fameuse cache à des yeux avisés…

La prospection géophysique est cependant idéale, car elle permet de sonder le sous-sol dans le détail et de localiser en surface, une structure enfouie (fondations de murs, cavités et souterrains, etc.).

Un conseil : pour sonder le sol simplement et sans moyens techniques, vous pouvez utiliser une baïonnette ou un poinçon afin d'identifier les endroits qui ont été bouleversés dans leurs niveaux archéologiques, et ainsi, de déterminer si la terre a été antérieurement remuée (et est donc toujours meuble).

Étymologie des mots trésor, tesoro ou treasure :

Dans ces mots il y a « OR » et l'étymologie vient du latin Thesaurus, lui-même issu du grec ancien thêsauros. Il s'agit de *« Toute quantité de monnaie (pecuniare) qui n'a pas de propriétaire »*, selon le juriste romain Julius Paulus.

Découvrir un trésor, c'est mettre la main sur plusieurs objets qui ont été réunis ensemble. La découverte d'un trésor entraîne, selon l'endroit et les circonstances, différents statuts relevant du droit (ensemble des dispositions qui règle le statut des personnes et des biens).

Le 2 mars 1476 : Requiem pour deux fabuleux trésors perdus en Suisse

« Charles le Téméraire perdit à Grandson le bien, à Morat le courage (à la suite de la destruction de son armée) *et à Nancy la vie »*. Il est né en 1433 au palais des ducs de Bourgogne à Dijon et était l'un des princes les plus riches de son temps. Il voit ses troupes massacrées lors de plusieurs batailles par les confédérés suisses qui lui ont déclaré la guerre le 25 octobre 1474. Les guerres de Bourgogne, qui se sont déroulées entre 1474 et 1476, constituent un tournant dans l'histoire de la France et de la Suisse. Elles vont entraîner la chute de l'État Bourguignon et renforcer la monarchie française. Lors de la bataille de Grandson, qui opposa l'armée bourguignonne aux États confédérés, les Suisses trouvèrent un riche butin dans le camp du Téméraire... Une nouvelle bataille se déroula le 22 juin 1476 à Morat où Charles – dit aussi *« le Hardi à l'excès »* – perdit 12 000 de ses hommes, son artillerie, sa vaisselle d'argent, ses archives et son trésor qui se trouvait dans sa tente de commandement... Le Grand Duc d'Occident sera tué le 5 janvier 1477 à la bataille de Nancy.

Pour la petite histoire, il est bon de signaler qu'un diamant blanc taillé comme joyau de chapeau (Le Sancy ou Grand Sancy) de 55,23 carats qui est au Musée du Louvre depuis 1979, avait été retrouvé, sur le site des combats de Morat et le jour de la bataille, par un mercenaire Suisse...

Liste de quelques trésors retrouvés dans notre pays

La plupart des personnes croient qu'il est rarissime de mettre la main sur des trésors, mais c'est faux, car ils sont régulièrement dévoilés dans la presse avec les quotidiens et les magazines, la radiodiffusion et la télédiffusion :

- À Paris, dans la capitale française, de nombreux trésors ont été mis au jour : le 6 juin 1882, au numéro 26 ou 28 de la rue Vieille-du-Temple, 7 832 monnaies en or apparurent sous les yeux d'un maçon ; rue Clovis avec 1 200 monnaies d'or ; dans le Jardin du Luxembourg des pièces romaines ; au lycée Corneille ; en 1938, rue Mouffetard dans un vieil immeuble avec 3 556 monnaies en or à l'effigie de Louis XV.

- Dans nos départements, des trésors sont régulièrement retrouvés : trésor d'Adrien (du prénom d'un enfant) ; d'Allonnes ; d'Amanlis ; d'Arnouville-les-Gonesse ; d'Auray ; d'Auriol ; de Boult-sur-Suippe (médailles romaines) ; de Cavaillon (303 deniers d'argent) ; de Chappes ; de Coesmes (1 576 monnaies romaines) ; de Balingheim et de Guines ; de Bassing (1 165 monnaies et 23 fibules) ; de Bazas ; de Beaurains ; de Bellenaves ; de Berthouville (environ 70 objets en argent d'art antique) ; de Boucq (200 pièces d'or) ; de Bourg-en-Bresse ; de Brion ; de Chizé ; de Clisson ; de Courlay ; d'Eauze (avec 28 003 monnaies d'argent, 44 en bronze et 6 aurei) ; d'Évreux ; de la Garonne (près de 4 000 pièces romaines soit 100 kg dans une gabare) ; de Fleury-la-Forêt ; de Gimont ; de Gourdon (calice, patène et monnaies) ; de Graincourt-les-Havrincourt ; de Grasla (1 200 monnaies) ; de Guingamp ; de

Laniscat, de Lava[1] en Corse (entre 500 et 600 aurei et multiples) ; de Mathay ; de Millau ; de Mirepoix ; de Montrichard ; de Notre-Dame-de-l'Isle (16 lingots et 600 pièces d'or de 20 dollars) ; d'Ouzilly ; de Pannecé, ; de Pouilly-sur-Meuse ; de Rennes (une patère romaine de 1 375 grammes avec 25 centimètres de diamètre) découverte près de la cathédrale (rue des Dames) et des milliers de monnaies dans le jardin de la préfecture) ; de Riceys ; des Sablons (Le Mans) ; de St-Aubin-duPavail (2 000 statères en or gaulois) ; de Saint-Germain-de-Varreville (14 500 monnaies romaines en bronze, dont des nummi) ; de Saint-Germain-les-Arpajon ; de Saint-Girons (13 000 monnaies romaines dans une amphore) ; de St-Jacques-de-la-Lande (des centaines de pièces gauloises) ; de Saint-Wandrille (319 louis d'or) ; de Tayac (un torque de 762 g., 74 lingots d'or et 325 statères gaulois) ; de Trébry ; de Troussey ; de Verrières-le-Buisson... Pour n'en citer que quelques-uns.

---

1 Le trésor de Lava (trésor national depuis 1986) : il s'agit de l'un des plus importants et des plus précieux trésors mis au jour dans notre pays au 20e siècle : un aureus (aurei au pluriel) ou denier d'or est une monnaie romaine qui correspond à 25 deniers d'argent, soit 100 sesterces. Ces aurei (plusieurs ateliers pour les émissions) de Lava ont été frappés par les quatre empereurs romains, lors des invasions barbares en Gaule : Gallien, Claude II dit « Le Gothique", Quintille et Aurélien.

Un "multiple "ou "médaillon "en or à l'effigie de l'Empereur Claude II représentant sur sa face le buste lauré de Claude II et, en côté pile, la Concorde debout tenant deux étendards romains est un exemplaire rarissime. Un autre multiple (40 mm de diamètre) de l'empereur romain Gallien, dont il n'existerait que trois exemplaires, est estimé à 150 000 euros. Cette dernière monnaie (40 grammes d'or) a été frappée en l'an 266 et valait 8 pièces d'un aureus. Elle porte la tête couronnée de l'empereur et, au revers deux mains avec la légende "CONCORD. PR. ET MILIT. "("L'entente du peuple romain et des soldats ").

À signaler aussi, une exceptionnelle patère (coupe ou plat antique avec 25 cm de diamètre et pesant 918 g) en or avec à son centre un médaillon de Gallien (non retrouvé par les douanes) qui a été sortie des fonds marins.

En novembre 1986, les douanes sont alertées par le service de la DRASSM – créé par André Malraux en 1966 – (Département des Recherches Archéologiques Subaquatiques et Sous-Marines), et une enquête est déclenchée à la suite de la vente aux enchères au Sporting d'Hiver à Monte-Carlo de dix-huit monnaies d'or dont un médaillon de Gallien estimé à 150 000 euros. Le procureur d'Ajaccio demande alors à INTERPOL d'envoyer un message aux polices du monde entier en précisant que toutes les pièces du trésor de Lava (trésor national depuis 1986) sont désormais invendables, car elles appartiennent à l'État français (tout trésor récupéré en mer est considéré comme une épave maritime, donc appartient de fait à l'État). Seulement 73 monnaies d'un ensemble de plusieurs milliers ont pu être saisis par les autorités françaises à ce jour...

Principales définitions du mot trésor

- Dans le langage commun ou au sens propre, le trésor est un ensemble d'objets de valeurs accumulés et dissimulés et dont l'existence était perdue ; il n'est pas toujours uniquement composé de monnaies et il peut s'agir de lingots d'or, d'un amas d'or, d'argent, d'une statue, de bijoux, d'un objet rare – d'un contenu ou d'un contenant (par exemple : une cruche à vin de 39 cm – en cuivre du 17e siècle – a été vendue à Mayenne en 2007 pour la somme de 9 050 euros lors d'enchères publiques), d'autres choses précieuses mises en réserve ou aussi, pour finir, d'une bourse avec ses monnaies qui sont enfouis ou cachés à la vue du commun des mortels…

- En droit, cela évoque toute chose précieuse (monnaies, bijoux, pierreries, médailles, vases précieux, objets d'art divers, etc.) cachée et découverte fortuitement sans que personne ne puisse en justifier la propriété,

- Pour l'archéologue, il s'agit de la trouvaille d'au moins deux monnaies ou du lieu d'un sanctuaire : édifice dédié par une cité ou un tyran et qui abritait des ex-voto ou des offrandes, comme le sanctuaire de Delphes dont il ne reste plus que six colonnes. Ce monument, qui était le « nombril du Monde » dans l'Antiquité, se trouvait au pied du Montparnasse (montagne du centre de la Grèce) avec sa pythie (oracle légendaire entre Apollon et les Hommes). Le temple d'Olympe qui est le domaine des Dieux de la mythologie grecque est aussi un trésor archéologique,

- Pour le numismate, un trésor est un lot de monnaies rassemblées volontairement (ce qui exclut les pièces d'origines diverses réunies par un « collecteur » ou un collectionneur moderne) et perdues par leur propriétaire, au cours d'une guerre, d'un naufrage ou de toutes autres circonstances.

- « Le Trésor » c'est l'endroit d'une église où l'on garde les reliques, les ornements et les objets précieux religieux (trésor de Saint-Denis, de

Conques, etc.), le lieu – secret ou non – où l'on gardait les archives, les papiers et titres divers d'une communauté (chartes d'abbaye, crosse épiscopale, anneaux en or avec des pierres précieuses, etc.), d'une seigneurie ou aussi l'emplacement d'un dépôt ducal, princier ou royal.

- En économie, il s'agit d'un ensemble de valeurs ou finances dont dispose un État (Trésor public avec un grand T).

- Dans le sens commun, le trésor peut être aussi une seule monnaie de grande valeur : un aureus en or de 8,19 grammes, frappé en Orient, vers – 48 ou – 47 avant Jésus-Christ, lors d'une campagne militaire de Jules César, a été adjugé à 215 950 euros en novembre 2017 dans une salle des ventes de Drouot-Richelieu à Paris. À son avers, une hache et un simpule (vase servant aux libations). À son revers, une couronne de laurier enserrant un vase à sacrifice et un lituus (bâton augural romain d'origine étrusque qui a donné par la suite la crosse des évêques dans la religion catholique).

Pour quelles raisons des trésors sont-ils trouvés dans notre pays ?

Autrefois, les banques n'existaient pas, et afin de se garantir des périodes de troubles, crises économiques – inflation, dévaluation de monnaie, réforme monétaire, absence de métaux en circulation, accumulation de pièces pour une fonte, etc. – les gens dissimulaient (souvent à la hâte) leurs monnaies (à l'époque, pas de billets de banque, car ils sont arrivés plus tardivement pour les transactions commerciales) et leurs autres biens précieux (orfèvrerie et argenterie, œuvres d'art, vaisselle, bijoux, etc.).

Une précision pour les billets de banque : après le billet de monnoye créé à la fin du règne de Louis XIV, la Banque Royale décide d'émettre en décembre 1718 des billets avec différentes valeurs. Les deux premiers et véritables billets de banque furent mis en circulation sous l'impulsion de Bonaparte (montants de 500 et 1 000 francs) en juin 1800. Ces deux coupures napoléoniennes ont une cote élevée pour les billetophiles (collectionneurs de billets).

Les origines de la constitution et de la dissimulation d'un ensemble monétaire peuvent être multiples : il peut s'agir du magot enfoui d'un particulier (thésaurisation d'un commerçant ou d'un laboureur, etc.), qui n'a pas indiqué le lieu de sa cache à ses héritiers, ou de tout autre trésor dont l'origine (de particuliers ou d'institutions) est variée : soldes de militaires ou de mercenaires...

Le plus souvent, les biens étaient dissimulés lors de catastrophes (naturelles ou autres), d'épidémies (avec la Grande peste noire – pandémie – entrée à Marseille à deux reprises en 1347 et 1720, etc.), révoltes ou Révolutions, exodes (comme celle de mai-juin 1940), émeutes, frondes, insurrections populaires, coups d'État militaire, invasions, guerres et conflits, batailles dont la liste complète est trop longue à citer (Alésia, Azincourt, Bouvines, Crécy, Gergovie, Lutèce, Poitiers, Questembert, Soissons, Vouillé, etc.), jacqueries[1] (dont celle de 1 358) en riposte à la levée d'impôts toujours plus lourds... Ce pouvait être des monnaies (constituées de métaux divers), des lingots d'or ou d'argent mis en terre, la vaisselle d'or d'un féodal ou d'un châtelain, des pierres précieuses, des bijoux emmurés, jetés dans un puits ou des valeurs immergées dans les fonds marins, suite au naufrage d'un navire.

Les trésors monétaires constituent une source de documentation des plus riches pour le numismate[2], le scientifique et l'historien.

En règle générale, l'étude numismatique et historique des dépôts permet une datation précise de l'enfouissement monétaire : la monnaie la plus ancienne donne la date après laquelle les pièces ont été enfouies et se nomme le « *Terminus post Quem* ». Il est à noter que, pour un ensemble monétaire, la pièce la plus récente est appelée par les numismates « *Terminus ante Quem* », et cette dernière permet, en principe, de dater l'enfouissement du trésor d'une manière précise et d'être informé éven-

---

1 Révolte paysanne.

2 Nota : la numismatique est une science auxiliaire de l'histoire et de l'archéologie).

tuellement sur la nature du commerce et de la circulation des espèces à une période donnée.

Plus de la moitié des trésors sont découverts à l'occasion de travaux d'aménagement divers (construction de routes, destruction de maisons ou de murs d'habitation, sols remués, cheminées abattues, plafonds enlevés, etc.) et principalement dans une habitation du domaine privé ou sur des terrains d'État.

Il convient de signaler au lecteur que 75 % des magots mis au jour en France ne sont pas déclarés aux Services du Ministère de la Culture... Et depuis la promulgation, en juillet 2016, de la loi « Cent pour cent État » concernant le code du patrimoine, les déclarations aux autorités françaises se font de plus en plus rares et désirées...

Un trésor à l'origine de la mort d'un roi

À Châlus dans la Haute-Vienne, serait enfoui un trésor qui remonterait à la période gallo-romaine. En effet, les « Annales manuscrites de Limoges » (manuscrit rédigé en 1638 et imprimé en 1872) parlent de ce trésor convoité par le roi d'Angleterre dit « Richard Cœur de Lion » qui était aussi duc de Normandie et duc d'Aquitaine. En l'an 1199, Adémar V, vicomte de Limoges, trouva dans son château, édifié sur une construction romaine du 1er siècle de notre ère, une grotte qui contenait un ensemble prestigieux (autel ou stèle en or massif de Lucius Capreolus, proconsul d'Aquitaine et fondateur du château). Informé de cette trouvaille, et devant le refus de ce vassal, le roi Richard 1er d'Angleterre veut récupérer par la force ce trésor. Il donne donc l'assaut de la forteresse, mais il sera atteint par un « carreau » d'arbalète qui lui sera fatal (à la suite de cette blessure infectée) le 6 avril 1199. Depuis cette date, on ignore ce qu'il advint de ce chef-d'œuvre, mais il serait, sans doute, toujours dissimulé dans les souterrains de cette forteresse (on parle aussi d'une cavité du château). Actuellement, il ne reste de cette place forte en ruines qu'une tour et un donjon de vingt-cinq mètres de hauteur.

L'exceptionnel trésor de Gourdon (Saône-et-Loire)

Ce dépôt est un ensemble d'objets d'orfèvrerie (un plateau et un calice en métal précieux décorés de turquoises et de grenats) avec 104 monnaies d'or, qui remonte à la période mérovingienne (fin du 5e ou début du 6e siècle). Il a été mis au jour, dans l'année 1845, par une jeune bergère de 13 ans qui jouait sur un terrain dépendant de la métairie de Vigny située sur la commune de Gourdon. En grattant la terre avec son pied, elle trouva fortuitement une monnaie d'or, en surface, dans un champ, à peu de distance de la ferme et en vue du village. Quelque temps après, elle revint à l'endroit de la découverte avec une tierce personne et à l'aide d'une pioche, fit apparaître une tuile romaine sous laquelle se trouvait une plaque avec, dessus, une croix. Le numismate Jean Lafaurie a constaté que les monnaies, dont la plupart ont été dispersées dans des ventes publiques, étaient des solidus et des triens d'Anastase et de Justin 1er. Ce trésor est visible partiellement au « Cabinet des médailles » de Paris (Département des monnaies, médailles et antiques de la B.N.F.).

Le fabuleux trésor marin de Partinico (au large des côtes de la Sicile)

Le trésor proviendrait du naufrage d'un bateau romain qui s'est déroulé au nord-ouest des côtes siciliennes, et en face du village de Partinico. À la fin des années 1950, ce dépôt, constitué de 174 monnaies romaines, de la fin du 3e siècle, est présenté sur le marché numismatique de Paris et de Londres à partir d'octobre 1958. Les ventes aux enchères publiques se sont poursuivies pendant des décennies, et les pièces dispersées ont permis de dresser un catalogue de ces monnaies rarissimes. Certains aurei remontés des fonds marins seront proposés à des ventes internationales et achetés par plusieurs prestigieux musées. Les monnaies, les plus récentes recensées, datent de 308 après le présent ; il est à signaler que dix-sept multiples d'or et cent-deux aurei ont été répertoriés. Par sa riche composition, ce dépôt se rapproche du trésor de Lava, et il a permis, grâce à son suivi par les numismates, de faire progresser la connaissance du monnayage romain en circulation lors de la période troublée de la fin du 3e siècle. Pour avoir plus de renseignements sur ce trésor, sorti des fonds marins, il convient de se référer au passionnant catalogue établi et imprimé en 2011 par la Bibliothèque nationale de France (BNF) : *Trésors monétaires, Volume XXIV.*

De l'or dans une cave de Millau (Aveyron)

En 2011, dans une maison de la rue Droite (la plus vieille de la ville), située sur une voie romaine, trente-quatre pièces en or sont découvertes. En effet, lors de travaux dans le sous-sol de leur habitation, à cinquante centimètres de profondeur, un couple récupère un petit pot de terre recouvert d'une tuile. À l'intérieur de la poterie étaient placées des monnaies en métal précieux datées entre l'année 1596 et la période de la Révolution. Il est à noter que parmi ces exemplaires se trouvait un double Louis XIII datant de 1640 du célèbre graveur Jean Varin (poinçon ou marque). Cet exemplaire rarissime, s'il était mis en vente, vaudrait plus de 6 500 euros selon un numismate de Millau. Les experts estiment l'ensemble de cette trouvaille à plus de 100 000 euros. Le problème majeur de cette découverte résulte dans le fait que ce couple n'a demandé qu'une simple estimation de ses pièces à ce numismate et qu'aucune déclaration officielle (qui est pourtant obligatoire) n'a été faite aux autorités. Sans déclaration à la mairie de la commune, qui est tenue d'avertir la DRAC[1] (représentant légal de l'État français qui dispose d'un délai maximum de cinq ans afin d'étudier ce trésor), le couple pourrait perdre entièrement ses droits sur cette découverte. Suite à la révélation publique du numismate, une plainte, dont l'origine est la DRAC, a été déposée à la gendarmerie pour non-déclaration aux autorités de trouvaille fortuite. Les deux inventeurs pourraient donc finalement perdre leur trésor à cause d'une absence de déclaration officielle, comme la loi française l'exige. Il est dommage qu'une étude scientifique avec les caractéristiques de ces pièces n'ait pas été possible (connaissance des ateliers, années, types, etc.), car cela aurait pu fournir des informations de premier ordre sur la circulation monétaire de la région.

Trésor celte à Bassing (Moselle)

Lors de fouilles menées par L'INRAP (Institut national de recherches archéologiques), et à l'occasion de travaux pour la création d'une ligne à grande vitesse (SNCF LGV EST), un trésor celte est mis au jour dans les

1 Direction régionale des affaires culturelles

ruines d'une villa gallo-romaine. Il comprend 1 165 pièces d'argent gauloises (1 111 monnaies en argent dites « quinaires » ou « deniers gaulois », valant un demi-denier romain, 51 pièces en cuivre et pour finir 3 monnaies en or), un poignard, des bijoux, dont 123 fibules (épingles vestimentaires). Les monnaies ont été émises par le peuple gaulois des Médiomatriques qui vivait autrefois sur le territoire de la Gaule Belgique et dont la situation actuelle se trouve dans le département de la Moselle.

Trésor de Trèves (Allemagne)

Il s'agit du plus gros trésor de monnaies d'or (une estimation entre 2518 et 2650 pièces) découvert à ce jour. Il a été ramené à la surface dans l'année 1993 et l'ensemble monétaire répertorié (2518 monnaies) correspond au salaire annuel de 130 soldats romains, car il est constitué de plus de 2500 pièces d'or pesant 18,5 kg. Les aurei retrouvés de ce dépôt concernent 27 empereurs romains : les pièces ont été frappées de l'empereur Néron (63-64 de notre ère) à Septime Sévère, né en 146 et mort en 211 (une frappe monétaire entre 193 et 196 après J.-C.). Les aurei (à l'origine, un dépôt de trésor public ou un fond militaire) ont été enterrés dans une cave lors de la guerre civile qui se déroula en 196 avec la révolte de Clodius Albinus, contre l'empereur Septime Sévère, à la suite de la nomination de son fils Caracalla sur le trône de l'Empire romain. Ce trésor a fourni aux historiens et numismates des informations essentielles et très détaillées sur le système monétaire romain en vigueur à cette époque. Plus de 99 % des pièces ont été frappées entre 63 et 168 après J.-C. Pour mémoire, 2650 aurei valaient 265000 sesterces, et un soldat romain recevait entre 1 et 2 pièces d'or pour sa solde mensuelle (soit entre 100 et 200 sesterces/an). Actuellement, ce trésor exceptionnel est visible au musée rhénan de Trèves.

Découverte majeure d'un dépôt de monnaies romaines à Côme (Italie)

En 2018, le ministère de la Culture italien a annoncé la découverte d'un ensemble monétaire exceptionnel, lors de fouilles archéologiques officielles, dans l'ancien théâtre Cressoni à Côme. Une jarre contenait, selon les archéologues, entre 500 et 800 monnaies dont certaines identifiées comme des aurei (pièces en or). Ce trésor reposait précisément à l'emplacement du forum de la cité antique de Novum comum. Les monnaies, ainsi que la jarre, ont été transférées au laboratoire de restauration de Mibac à Milan.

Trésor de Syrie retrouvé en 2010

Au nord de la Syrie, dans la ville de Manbej, 252 pièces grecques du 4e siècle av. J.-C. ont été mises au jour lors du creusement des fondations d'une habitation. Des drachmes et des tétradrachmes d'argent à l'effigie d'Alexandre le Grand se trouvaient dans une boîte en bronze. À l'avers, une tête imberbe d'Héraclès et au revers, celle du Dieu Zeus. Chaque monnaie, qui pèse dix-sept grammes, cote environ 1 000 euros dans un état de conservation numismatique correct (TTB).

Un trésor romain du 2e siècle apr. J.-C. en Israël

En 2012, à Qiryat Gat, près de Gaza, lors de fouilles archéologiques, sont découvertes 140 monnaies d'or et d'argent des empereurs romains Néron, Trajan et Nerva ainsi qu'une bague avec sur son intaille une déesse ailée en figuration. Ce dépôt aurait été dissimulé lors de l'insurrection des Juifs contre l'Empire romain (lors de la période de la révolte de « Bar Kokhba », entre les années 132 et 135 de notre ère).

En Floride, des pièces d'or espagnoles sont régulièrement révélées.

Pendant plusieurs siècles, de nombreux navires espagnols ont fait naufrage sur la côte est de la Floride, à cause de tempêtes ou d'ouragans. Ces galions étaient toujours chargés de métaux précieux lorsqu'ils retournaient vers l'Espagne ; voici deux exemples récents de trésors :

- En 2013, sur le site d'un naufrage et à une cinquantaine de mètres du rivage de Wabasso Beach, un plongeur professionnel possédant une « concession de chercheur de trésors » sur cette zone, a remonté des fonds marins 48 doublons en or (au diamètre de vingt-deux millimètres) d'une valeur de 200 000 euros.
- Le 24 juillet 1715, onze navires provenant du Nouveau Monde quittèrent La Havane à Cuba chargés de richesses, afin de regagner l'Espagne.

- Sept jours plus tard, un terrible ouragan frappa cette flotte qui coula non loin de la côte atlantique avec l'ensemble de son chargement.

En juin 2015, 51 pièces d'or, dont un exemplaire frappé sous le règne du roi d'Espagne Philippe V et une grande chaîne en or massif de douze mètres de longueur, furent extraites des eaux de la Floride (à environ 130 kilomètres de la ville de Miami). Cet ensemble exceptionnel provient de l'un de ces galions, et fut récupéré à seulement 4,5 m du rivage par la famille Schmitt. Il est estimé à plus d'un million de dollars.

Quelques autres trésors évoqués

- En février 2015, des plongeurs remontent 2000 monnaies d'or au large de Césarée (port antique en Israël).
- En 2012, un particulier met au jour un trésor ; étant l'inventeur, et aussi le propriétaire du terrain, la totalité de ce dépôt lui revient de droit. Il est composé de 941 pièces en argent (des blancs quénars), de deux monnaies en or (angel d'or ou mouton d'or – monnaie créée par Louis IX au 13e siècle et frappée en 1311) ainsi que de quatre bagues en argent, dont deux avec des pierres fines. Ce trésor d'Oissel (Seine-Maritime) aurait été enfoui lors de la guerre de Cent Ans. L'ensemble fut acheté par le Département des Antiquités de la ville de Rouen.
- En novembre 2014, à Castillonnès (Lot-et-Garonne), deux Anglais sortent du mur d'une habitation en rénovation quarante-cinq écus en métal précieux frappés au 16e siècle.
- Le « San José » coulé au large de Carthagène (Colombie), est retrouvé en 2015. Dans les soutes de ce galion se trouvent deux cents tonnes d'or et d'argent et une multitude d'émeraudes…

Avant la création des banques, les valeurs thésaurisées étaient cachées

Trésor romain de Pannecé (Loire-Atlantique)

En 2002, à Pannecé, des promeneurs mettent au jour – sans détecteur – dans un champ de maïs, des milliers de monnaies romaines dont une se révèle rarissime (un exemplaire dit « Tétricus », Empereur des Gaules au 3e siècle).

Orfèvrerie du Moyen Âge découverte à Pouilly-sur-Meuse

Sans matériel de détection, un particulier a récupéré il y a plusieurs années dans son jardin de Pouilly-sur-Meuse, un dépôt d'orfèvrerie (coupes, gobelets et aiguières aux poinçons des villes de Châlons-en-Champagne, Reims, Paris et Strasbourg. Vendues au musée français de Nancy pour la somme de 1 400 000 euros, ces 32 pièces fabriquées entre 1480 et 1570 ont été classées « Trésor national » en avril 2009 par la DRAC.

L'or « de l'Amiral du Chaffault », trésor de la révolution mis au jour, en 1993, grâce à un détecteur

En Vendée, l'or dit « de l'Amiral du Chaffault » (le véritable propriétaire de ce dépôt n'a en réalité jamais été identifié) a été détecté à trente centimètres de profondeur par un particulier dans le jardin d'un château. Ce trésor composé de 1 742 louis d'or et doubles louis d'or, frappés entre 1728 et 1789, avait été dissimulé lors de la Révolution française. Une partie des monnaies fut vendue aux enchères pour plusieurs millions de francs (avant la mise en circulation de la monnaie unique)... La totalité de ce dépôt est actuellement estimée à plus de 500 000 euros (le prix du marché pour le métal précieux augmente régulièrement depuis plusieurs années).

Dépôt monétaire dit « de Chaillouet »

À Troyes (Aube, Champagne), ce dépôt monétaire fut retrouvé lors de fouilles archéologiques en 1994/1995. Il se composait d'une amphore contenant 186 000 monnaies romaines, et d'ateliers locaux (des petits bronzes radiés). Ce trésor est visible au musée Saint-Loup.

Trésor médiéval de l'abbaye de Cluny

En septembre 2017, lors d'une fouille archéologique de la DRAC, une prodigieuse trouvaille est effectuée dans l'abbaye de Cluny qui était au Moyen Âge le plus grand monastère d'Europe occidentale. Il est rare de faire pareille découverte lors d'une fouille officielle : y furent trouvés deux mille monnaies (dont 21 dinars d'Espagne et du Maroc), des objets en or et un superbe anneau sigillaire portant l'inscription « À VE TE » et dont la pierre centrale en cornaline comporte la gravure d'un buste supposé être de l'empereur Caracalla sous les traits du demi-dieu Hercule.

Un trésor de l'âge de bronze à Mathay,

En 2016, fut mis au jour dans une forêt de Franche-Comté, un extraordinaire dépôt de plus de 3 000 ans. Ce trésor – la parure d'une princesse – était constitué de plus de 1 500 objets : colliers, perles en verre, ambre, feuilles d'or enroulées, bracelets en bronze, ceinture, anneaux de cheville coulés dans le bronze, plaques de métal recouvertes d'or. Ces merveilles se trouvaient dans un vase de céramique placé dans une tombelle dite « Antique ». C'est un prospecteur, qui grâce à son détecteur de métaux a découvert cette parure datée de plus de 1 000 ans avant notre ère. Comme la loi l'y oblige, il a averti le maire de cette commune et une déclaration officielle fut effectuée. Certaines pièces présentent des similitudes avec le trésor de Blanot en Côte-d'Or. Les éléments de cette exceptionnelle parure de l'Âge du Bronze ont été déposés au musée de Montbéliard.

L'extraordinaire trésor « de Jersey »

En 2012 à Grouville, à l'est de l'île de Jersey, 750 kilogrammes d'argent furent découverts par deux prospecteurs amateurs. Cet ensemble monétaire contenait 70 000 monnaies, pour la plupart des statères et quarts de statères frappés par le peuple gaulois des Coriosolites, dont l'atelier monétaire se trouvait à Saint-Malo (Ille-et-Vilaine). Les pièces avaient été émises pendant le 1er siècle avant Jésus-Christ, lors de la guerre des Gaules. La valeur numismatique de cet important dépôt est estimée à plus de 12 millions d'euros. Il faut signaler que ce dépôt (sans doute à l'origine un enfouissement de solde de mercenaires celtes) comprenait aussi deux torques gauloises, une broche en argent ainsi que des monnaies romaines.

D'autres trésors furent révélés récemment en Angleterre : Shrewsbury pour ses 10000 pièces romaines en argent et bronze ; Bunham-on-Crouch avec une dizaine de haches en bronze ; Frome avec 52503 monnaies romaines ; Vale of York avec un trésor viking ; Seaton Down trouvaille de 22000 monnaies romaines ; Hoxne avec de la vaisselle et des bijoux ainsi que 14865 pièces romaines en bronze, argent et or ; Silverdale avec un trésor de Vikings ; Burntwood, où sont récupérés 1 500 objets, constitués d'or, argent et bronze du VIIe siècle après J.-C., et pour finir, citons l'unique et extraordinaire masque de parade de cavalier romain en bronze trouvé près du mur d'Hadrien (Angleterre).

Épilogue d'une affaire judiciaire : « C'est l'histoire de l'homme au marteau-piqueur, de l'homme à la pelle et de l'homme au seau… »

Le 21 juillet 2015, trois ouvriers rénovent une cave à Vouzon (Sologne, Loir-et-Cher). L'un d'eux creuse à la pelle, mais une dalle en béton lui fait obstacle ; il demande alors à ses deux collègues de l'aider à la casser. L'un creuse au marteau-piqueur et l'autre dégage les débris à l'aide de son seau. Un coup de marteau-piqueur met au jour une boîte en plastique. L'homme à la pelle s'en saisit. L'homme au seau l'ouvre! Surprise! À l'intérieur se trouvent dix lingots d'or… Creusant à proximité de cet endroit, ils trouvent deux autres boîtes. Finalement ce sont trente-quatre lingots qui sont totalisés pour une valeur d'un million d'euros.

Le propriétaire des lieux propose alors aux « inventeurs » un arrangement afin de partager ce trésor : il réclame la moitié du pactole comme cela est prévu par la loi, et demande le partage de l'autre partie à l'entreprise chargée des travaux ; soit la somme de 139000 euros pour chacun avec un bonus pour l'employeur, le directeur technique et le chef d'équipe…

L'homme qui tenait le marteau-piqueur, et qui était à l'origine de la trouvaille se sentant floué, il refuse ce protocole d'accord et saisit la justice (tribunal de Blois). En effet, il estime être le premier et le seul au départ à avoir retrouvé ce trésor. La cour d'appel d'Orléans dans un premier temps lui donne raison et tranche qu'il y a deux inventeurs : l'homme au marteau-piqueur et la personne qui a utilisé la pelle lors de cette opération. Elle déclare que : « Celui qui tenait le seau se trouvant trop loin du point de la découverte ne peut être concerné par cette affaire et que les trois cadres de l'entreprise ne sont pas partie prenante dans la trouvaille du trésor ».

L'homme au seau qui avait ouvert la boîte le premier fait appel. Les juges examinent les photos, entendent les témoignages, et finissent par donner raison à Antoine Béguin1, nouvel avocat de l'homme à la pelle, qui rappelle que « L'inventeur est celui qui, le premier, a rendu le trésor visible »... En juillet 2019, le tribunal dans son jugement définitif considère que « ce travail en commun n'avait pas pour finalité de découvrir un trésor ; il n'existe donc pas de notion de co-inventeurs d'un trésor ». L'homme à la pelle ayant dépoussiéré les résidus qui cachaient la boîte avec ses doigts il fut officiellement déclaré « seul inventeur de la découverte », car premier à avoir rendu le trésor visible. En conséquence, le propriétaire dut uniquement partager le million d'euros avec l'inventeur du trésor ; les deux autres ouvriers ainsi que les cadres de l'entreprise durent donc rembourser l'homme à la pelle pour les sommes indûment perçues.

Le trésor de Vareilles (une actualité récente communiquée par les médias)

En septembre 2019, l'existence d'un fabuleux trésor du Moyen Âge est révélée par la presse. Ce magot, constitué de 14000 monnaies médiévales des 12e et 13e siècles, fut découvert dans la Creuse en 2014 sur la commune de Vareilles, au nord-ouest de Guéret, lors de travaux sur un terrain avec une pelleteuse dans une tranchée. La plus ancienne pièce était datée de 1106 et l'enfouissement remontait à 1223 (date de la plus récente monnaie de cet ensemble). Il s'agissait de deniers ou de demi-deniers (oboles et mailles), monnaies en billon, un alliage de

---

1 Dont le cabinet angevin est spécialisé dans ce type de procédures. Il est l'auteur d'un livre intitulé « *Le trésor de monnaies gauloises du Mans et la réglementation en la matière trésoraire* ».

cuivre et d'argent. Il est rarissime de mettre la main sur autant de monnaies médiévales dans un seul et même trésor. Roger Mutel (l'inventeur du trésor) a signalé le magot de Vareilles à la DRAC, qui a conservé l'ensemble numismatique afin d'effectuer sur cinq années une étude détaillée. Le découvreur et la propriétaire de la ferme sont les copropriétaires légaux (à partie égale) de ces pièces destinées à de prochaines ventes numismatiques au profit des cinq mille collectionneurs passionnés (estimation en nombre d'un expert en numismatique) qui recherchent ce type de monnaies anciennes.

Des milliards d'euros dorment sous nos pieds

La France, de par son histoire mouvementée, est (après l'Angleterre, la Suisse et l'Allemagne), l'un des pays, les plus prisés pour la recherche de trésors perdus... L'Association Française des Prospecteurs a recensé près de 2000 trésors dissimulés lors des siècles passés, dont plusieurs centaines ont déjà été mis au jour. Didier Audinot (1956-2011), auteur de nombreux livres sur la question, dont l'incontournable « *Guide des trésors enfouis* », a dévoilé plus de 700 sites (en tenant compte des traditions locales et de certaines légendes). Les domaines d'écriture de ce spécialiste des « trésors perdus et retrouvés » étaient par ailleurs l'histoire, le surnaturel et le paranormal. Ces chiffres impressionnants de caches potentielles démontrent qu'il reste encore de belles découvertes à faire en France et à l'étranger. Adrien Blanchet, numismate du siècle passé, en recensait pour sa part huit cent soixante-huit dans son ouvrage paru en 1900 « *Les Trésors de monnaies romaines et les invasions germaniques en Gaule* ».

Des trésors romains sont souvent retrouvés dans notre pays

Le trésor de Beaurains (ou trésor d'Arras)

En 1923, des ouvriers eurent la surprise de découvrir sous leurs pioches un pot de terre cuite contenant près de 700 monnaies romaines en d'or dont certaines étaient de grand module (grand diamètre), et d'autres objets. Une bonne moitié du trésor fut pillée puis dispersée la nuit suivante. Ce trésor impérial romain remontait à la fin du règne de Constance Chlore, vers 296 de notre ère, au moment où cet empereur entreprit une expédition contre Allectus. Pour vous donner une idée de la valeur d'un Aureus, un autre exemplaire de cette monnaie (découvert dans un champ du Kent) fut en 2019 vendu pour 620 000 euros à Londres lors d'une vente publique. Ce dernier exemplaire en or était estimé au départ de la vente à 110 000 euros.

Les monnaies de Carausius et surtout d'Allectus sont rarement mises au jour en France (on en trouve surtout en quelques exemplaires dans le nord de la France (trésors d'Amiens ou de Noyelles).

Cet ensemble comprenait une grande quantité de pièces d'or : aurei et grands médaillons d'or avec des pièces rares frappées dans la ville de Trèves en Allemagne. Ces médaillons exceptionnels étaient des monnaies commémoratives de grande valeur destinées à des cadeaux pour de hauts dignitaires romains (émission de « donativum », comme pour ceux du trésor de Lava en Corse).

L'un des médaillons conservés par la ville d'Arras, nous montre l'empereur, après avoir traversé la Manche, débarquant face à la tour de Londres (légende LON). Cette monnaie unique à la valeur inestimable est la plus ancienne représentation connue de la capitale anglaise.

Trouvaille romaine récente à Saint-Girons (Ariège)

En 1984, un véritable trésor est dévoilé dans une cave de cette ville. Des pièces romaines dont le poids avoisine les quarante kilogrammes dormaient dans une amphore depuis des siècles. Ce dépôt monétaire a été mis au jour lors du creusement du sol d'une cave de la rue de la République. En effet, à plus de trois mètres de profondeur, un terrassier déterra une amphore en terre cuite contenant un ensemble de 13 000 pièces en billon (en alliage de cuivre et d'argent) datant du 3e siècle après J.-C. des empereurs romains : Valérien, Gallien, Claude II, dit « le Gothique » et Aurélien. Le produit contenu dans ce récipient représenterait le troisième plus grand dépôt de pièces romaines du 3e siècle de notre ère mis à la lumière dans le département de l'Ariège.

Quelques autres trésors romains retrouvés

- À Sainte-Suzanne, dans l'Ariège, fut mis au jour en 1752 un trésor romain du 3e siècle, composé de 60 000 monnaies romaines en billon.
- Le trésor de Lectoure, dans le Gers, récupéré en 1964, comprend 3 731 monnaies frappées sous les règnes des empereurs Probus, Gallien, Claude II, Aurélien. (Un autre trésor se trouvait dans le même secteur : il s'agit de celui d'Eauze).
- Le trésor romain d'Évreux, récupéré en 1890 : l'un des plus importants, car plus de trois cent quarante kilogrammes de monnaies furent exhumés du site.

Un trésor en or romain à pister

Dans les Gorges du Nant ou de Nan, l'or ruisselle... En effet, près de Cognin-les-Gorges et à proximité d'un splendide petit village dans le massif du Vercors (Isère) se trouvent des « merveilles ». À plusieurs reprises au cours des 19e et 20e siècles furent récupérées des monnaies en or de différents empereurs romains. Celles-ci étaient disséminées sur le sable du torrent, après les pluies d'orage ; à ce jour, il n'a jamais été possible de déterminer l'origine de ce gisement précieux...

Mais attention de bien vérifier la législation avant de vous lancer dans toute recherche de magots enfouis !

Multiple en or, 8 solidi, de Constance Chlore

PARTIE 2

LA LÉGISLATION FRANÇAISE AVEC SES TEXTES DE LOI

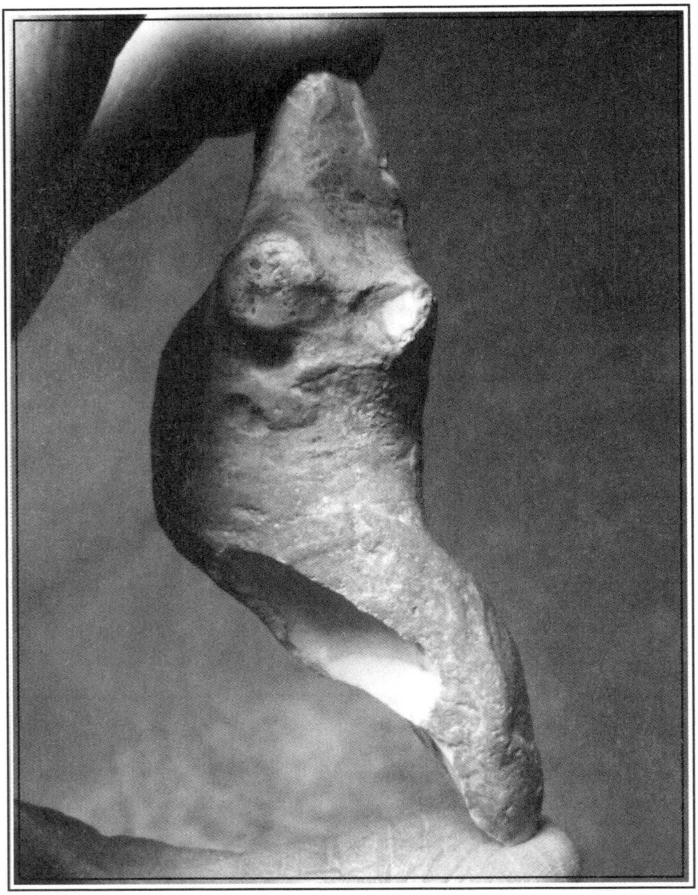

Vénus préhistorique en silex retrouvée sur le Champ de Mars à Paris.

Définition du trésor en droit français

« Le trésor est toute chose cachée ou enfouie sur laquelle personne ne peut justifier sa propriété, et qui est découverte par le pur effet du hasard ».

Les biens sont meubles de par leur nature ou par la détermination de la loi (article 527 du Code civil).

Dans la définition du trésor en droit français, il faut distinguer trois choses :

- Les choses mobilières constituant un ensemble : jugé que constituent un « seul et unique trésor », deux lots de pièces anciennes découverts sur le même site, l'un fortuitement et l'autre à la suite de fouilles archéologiques provoquées par la première découverte. Le plus souvent, les prospecteurs sont spoliés par la DRAC lorsqu'une déclaration est effectuée par un inventeur, et que d'autres monnaies sont révélées par la suite lors d'une fouille officielle (en effet, la DRAC conserve – il s'agit donc d'une véritable spoliation – systématiquement les artefacts sortis des fouilles archéologiques, et peu importe pour elle, l'emplacement et la circonstance de la découverte).
- Les choses cachées ou enfouies : le caractère du trésor réside non dans sa plus ou moins grande valeur, mais dans le fait que, jusque-là cachée et ignorée, son existence a été révélée par le pur hasard de la trouvaille ; c'est l'ouvrier qui a découvert un pot contenant des pièces d'or qui est l'inventeur du trésor et non le propriétaire de l'immeuble qui n'a pas lui-même mis au jour les pièces contenues dans le pot. De plus, il existe une règle primordiale : il ne faut pas que le bien meuble soit visible à l'œil de « l'inventeur ».
- L'absence de justification de la propriété : les biens dont une personne justifie la propriété ne peuvent constituer un trésor ; les nouveaux

acquéreurs d'une cuisinière d'occasion découvrirent qu'elle contenait des lingots d'or. Mais le vendeur de la cuisinière ayant pu produire un acte de propriété, la Cour d'appel a apprécié souverainement que, malgré la vente, ils restaient seuls propriétaires des lingots en question. En effet, et comme on le sait, « *Le trésor est toute chose cachée ou enfouie sur laquelle personne ne peut justifier sa propriété...* ». L'insuffisance d'une justification de la propriété reposant sur la seule transmission héréditaire, le fait que le vendeur d'un immeuble, où ont été découvertes des pièces d'or ou l'héritier des anciens propriétaires de l'immeuble ne peut, à lui seul, avoir une influence sur la détermination de la propriété des pièces d'un ensemble monétaire.

Précisions utiles sur la notion de « trésor »

- Un bien meuble qui est récupéré dans une poubelle, sur la voie publique, peut être revendiqué par son inventeur, car il ne s'agit pas d'un trésor et les choses sans maître ou abandonnées auront pour propriétaire celui qui les trouve. Un trésor est nécessairement un bien meuble en opposition à un bien immeuble ; ainsi des dessins préhistoriques découverts dans une grotte ou une statue scellée ne constituent en aucun cas des trésors (voir à ce sujet le jugement de l'affaire de la découverte de la grotte Chauvet en Ardèche au mois de décembre 1994). Il faut dire aussi qu'un coffre est un bien meuble, car il peut être déplacé. Comme on le sait, toute chose mobilière, quelle que soit sa valeur, peut être un trésor : monnaies, métaux divers, bijoux, tableaux (anciens ou modernes), parchemins et manuscrits, de la vaisselle, armes anciennes, timbres, etc.
- Une mosaïque romaine ou d'une autre origine, un crâne d'ours ramassé sur le sol d'une grotte, ou un ossement humain (statut particulier depuis 1997) est un vestige ou un reste.
- Les biens meubles dont une personne justifie être propriétaire ne peuvent en aucun cas constituer un trésor.

- Le trésor, comme on le sait, doit être obligatoirement trouvé par le fait du hasard. Lors d'un chantier, si un ouvrier trouve un trésor, il en est automatiquement le propriétaire pour moitié, dès lors que les travaux n'ont pas été effectués à cette fin, mais, si la recherche est programmée par le propriétaire du fonds, il n'a droit à rien (il a été mandaté à cet effet et touche en conséquence une rémunération pour ce travail).
- L'acheteur d'un terrain, d'un appartement ou d'une maison qui a été averti que des lingots d'or ou d'autres valeurs pouvaient être dissimulés se rend coupable d'un vol si, prévenu par le vendeur, le notaire ou un tiers, après une découverte, il ne les restitue pas à l'ancien propriétaire.
- Les objets qui présentent un intérêt pour le patrimoine national, et ont été trouvés dans la mer ou dans le lit des rivières ou fleuves, constituent des épaves et non des trésors qui reviennent en principe à l'État français ; voir l'affaire médiatique du trésor romain (monnaies d'or) de Lava.

La notion de reconnaissance de biens archéologiques comme « ensemble cohérent ».

Lorsque les biens archéologiques mobiliers mis au jour constituent un *« ensemble cohérent dont l'intérêt scientifique justifie la conservation dans son intégralité »*, l'autorité administrative reconnaît celui-ci comme tel (notion récente reprise dans la nouvelle loi sur le patrimoine avec sa promulgation le 7 juillet 2016).

Il est important de dire que la déclaration de trouvaille de trésor aux autorités compétentes est une obligation légale en France. En cas de non-déclaration, le législateur a prévu pour le ou les contrevenants une amende (car il s'agit d'une infraction).

Toute aliénation à titre onéreux ou gratuit d'un bien archéologique mobilier ou d'un ensemble n'appartenant pas à l'État et reconnu comme cohérent sur le plan scientifique en application du premier alinéa, ainsi que toute division par lot ou pièce d'un tel ensemble, est soumise à déclaration préalable auprès des services de l'État chargés de l'archéologie.

Une précision importante : en droit français, l'inventeur d'un trésor est *celui qui aperçoit le premier et trouve la première monnaie ou le premier objet, quel que soit le nombre, et provenant du même et unique trésor* (cas de jurisprudence, suite à l'affaire du « Trésor des Sablons » au Mans).

Expressions latines utilisées en droit civil (droit des biens) :

- **Res nullius**

Res nullius ou *la chose de personne*, est une expression latine utilisée en droit civil, qui désigne une chose sans maître, c'est-à-dire sans propriétaire, mais qui est cependant appropriable. Le droit français désigne « Les biens sans maître » : *Biens meubles ou immeubles susceptibles d'appropriation, dont le propriétaire a disparu ou est inconnu.*

Comme on le sait, un trésor est un bien meuble, c'est-à-dire un objet que l'on peut déplacer, et qui n'est pas solidaire d'un immeuble. Un objet ou une chose qualifiée de *res nullius* ne doit pas avoir ou ne jamais avoir eu de propriétaire identifié.

Ce terme *res nullius* est à comparer avec :

- **Res communis :**

Expression latine qui désigne les choses communes qui, de par leur nature, ne peuvent être appropriées et appartiennent à tous.

- **Res derelictae :**

Expression latine qui désigne, parmi les choses sans maître ou res *nullius*, les choses qui ont été volontairement abandonnées.

- **Terra nullius :**

Expression latine qui désigne les terres sans maître qui ne sont possédées par personne.

- **Res delictae**

Cette expression latine désigne les choses abandonnées par son possesseur ou par le premier occupant (abandon de tout droit). Acte volontaire d'abandon sur la chose par son propriétaire.

À qui appartient un trésor mis à jour ?

Reconnaissance de la qualité d'« inventeur » en cas de découverte par l'effet du hasard

L'inventeur d'un trésor est celui qui, par le seul effet du hasard, met le trésor au jour, serait-il au service d'une entreprise, dès lors que les travaux ayant amené la découverte n'ont pas été effectués à cette fin.

Le propriétaire d'un trésor est la personne à laquelle appartient le lieu, terrain, bâtiment... sur lequel la découverte a été réalisée.

Mais pour être reconnu « inventeur » d'un trésor, il faut être « tombé » sur celui-ci par hasard, ce qui exclut toute recherche volontaire, même récréative.

La jurisprudence (suite à plusieurs procès récents en France) a établi que, la détection des métaux étant une recherche volontaire d'objets, elle exclut automatiquement la notion de hasard : donc, il ne faut pas que l'inventeur d'un trésor ait fait des recherches sur son bien personnel (sa propriété, maison ou terrain) ou sur le fonds d'autrui dans le seul but de trouver un magot

Travaux commandés par un propriétaire :

Des ouvriers qui ont découvert des pièces d'or en travaillant au déblaiement des décombres d'un immeuble sinistré peuvent se voir attribuer la qualité d'inventeurs, sauf si le propriétaire de la maison peut démontrer avoir lui-même ordonné et dirigé des recherches en vue de la découverte d'un trésor (de famille – de moins de 150 ans – par exemple), auquel cas il serait lui-même, à l'exclusion des ouvriers employés au déblaiement, l'inventeur du trésor.

Le statut du découvreur de trésor, un problème de droit

Il est primordial, pour le prospecteur, de prendre connaissance de l'ensemble des textes législatifs et réglementaires concernant le patrimoine afin de bien comprendre ses droits et ses devoirs.

Toute fouille est soumise à une autorisation de l'État en vertu de la loi de 1941 : « *Nul ne peut utiliser du matériel permettant la détection d'objets métalliques, à l'effet de recherches de monuments et d'objets pouvant intéresser la préhistoire, l'histoire, l'art ou l'archéologie, sans avoir au préalable, obtenu une autorisation administrative…* ».

L'État peut revendiquer les trouvailles dont la propriété ne lui revient pas moyennant une indemnité fixée à l'amiable ou à dire d'expert. Selon la DRAC qui relève du Ministère de la Culture, les objets découverts, à l'aide d'un détecteur de métaux, ne peuvent être considérés comme des trésors, et ne sont, par conséquent, pas destinés à être partagés entre l'inventeur et le propriétaire du terrain. Dans la réalité, la réglementation est plus complexe et mérite d'être étudiée dans le détail, car en droit la SRA[1] et la DRAC[2], des institutions étatiques françaises, ne peuvent être nommées expertes, juges et parties prenantes… À la fin d'un procès, la décision finale se trouve donc toujours entre les mains du juge qui interprète la loi, évalue la preuve dont il est saisi et contrôle le déroulement des audiences et instructions.

---

1 SRA : Service Régional de l'Archéologie qui existe depuis l'année 1991. Il s'agit du service de l'État français compétent en matière d'archéologie et qui œuvre au sein de chaque Direction Régionale des Affaires culturelles (DRAC ; voir sur Internet la liste régionale et collectivités d'Outre-mer).

2 DRAC : dans notre pays, une Direction Régionale des Affaires Culturelles, qui existe depuis 1977, assure principalement la politique culturelle de l'État sur l'ensemble du territoire français. Chaque DRAC est placée sous l'autorité du préfet de région ou du département pour certaines attributions.

Propriété d'une chose perdue :

Les choses perdues concernant des biens meubles égarés par leur propriétaire appartiennent toujours juridiquement à ces derniers, et donc lorsque vous perdez une chose vous demeurez toujours propriétaire de ce bien.

Doute sur la propriété des objets trouvés

En application de l'article 716 du Code civil, si la propriété des objets découverts fortuitement ne peut être établie, la propriété des objets est partagée entre l'inventeur de la découverte et le propriétaire du terrain.

Renonciation de l'inventeur lors de la découverte d'un trésor

Le fait que l'inventeur ait remis volontairement des pièces d'or au propriétaire d'un l'immeuble et qu'il ait accepté de celui-ci une récompense, ne constitue pas une renonciation à ses droits, laquelle doit être expresse et ne peut se présumer.

La déclaration de découverte

La déclaration de trouvaille est obligatoire pour les vestiges mobiliers ou immobiliers découverts de manière fortuite ou dans le cadre autorisé par l'État français de prospections ou de fouilles archéologiques officielles.

L'auteur ou l'inventeur d'une découverte fortuite d'objets ou de vestiges, ainsi que le(s) propriétaire(s) du lieu où ils ont été découverts, sont tenus d'en faire une déclaration officielle et immédiate au maire de la commune, qui doit la transmettre sans délai au préfet de région et qui la fera suivre à la Direction Régionale des Affaires Culturelles (DRAC). Le propriétaire du terrain est responsable de la conservation provisoire des artefacts trouvés sur son terrain. Il est à signaler que le dépositaire des objets assure à leur égard la même responsabilité.

La déclaration de la découverte doit être effectuée par écrit et adressée au maire de la commune concernée par la trouvaille. Une copie de cette déclaration doit être adressée au préfet de région à destination de la DRAC. À cette « déclaration fortuite de trésor trouvé », il faut joindre un plan de situation extrait d'une carte IGN au 1/25 000e, un plan cadastral avec indication du lieu, et il convient aussi de joindre des photographies des objets découverts en signalant leur contexte de trouvaille. La déclaration officielle aux autorités pour cette découverte doit intéresser uniquement les domaines de la Préhistoire, de l'histoire, de l'art, de l'archéologie ou de la numismatique.

En cas de trouvaille de trésor, il est important de savoir que la déclaration de découverte doit être signée et datée par les différentes parties concernées (informateur, propriétaire du terrain ou inventeur).

Le protocole d'accord

Signé par le prospecteur, et le ou les propriétaires, ce document mentionne précisément les modalités de partage en cas de découverte. Le demandeur qui est le prospecteur doit toujours préciser sur ce document que 50 % de la valeur de la trouvaille doit lui revenir (ce pourcentage est prévu par la loi).

L'autorisation de prospection

Cet acte papier signé par le propriétaire d'un terrain vous autorise à prospecter au détecteur de métaux dans sa propriété ou sur ses terres. À noter que cette autorisation de prospection ne remplace en rien le protocole d'accord.

À retenir, quatre articles extraits du Code civil (1 382, 1 383, 2 279, 2 280) :

L'achat, avec un règlement par chèque dans une vente publique, efface toute origine frauduleuse de l'acquisition. Un acquéreur peut donc ignorer la provenance douteuse d'un objet « blanchi ». Si l'acheteur l'apprend après la transaction, la bonne foi prévaut et elle est retenue par un juge lors d'un procès.

En effet, l'acheteur peut se retrancher derrière l'article 2279 du Code civil, selon lequel « Possession vaut titre ».

L'article 2280 du Code civil oblige l'ancien propriétaire, victime d'un vol et voulant récupérer ce bien, à indemniser et à rembourser le détenteur de l'objet en question à hauteur de son débours. La période de revendication pour un propriétaire légitime en cas de vol est de trente ans. L'ancien propriétaire peut, par ailleurs, essayer d'obtenir réparation auprès du vendeur, dont la responsabilité ne sera retenue que s'il a commis une faute professionnelle (articles 1382 et 1383 du Code civil).

Cas de découverte de monnaies modernes de valeur (moins de 150 ans d'âge)

Il faut savoir que dans le cas d'une découverte fortuite de lingots en métal précieux, de pièces d'argent ou d'or, récentes et sans caractères artistiques, c'est l'ancienne législation française qui s'applique, et non la nouvelle loi du 7 juillet 2016.

Détecteurs de métaux
Lois en vigueur

De nombreux utilisateurs de « poêles à frire » pensent ou disent que la possession d'un détecteur de métaux et la détection sont légales dans notre pays… Cependant, il faut toujours préciser que : *« l'utilisation d'un appareil est strictement réglementée en France »*.

L'adage dit que *« Nul n'est censé ignorer la loi »* (nemo censetur ignorare lege), et la loi reconnaît à chacun le droit d'être informé sur ses devoirs et ses droits. Il est évident que personne ne peut connaître l'ensemble des textes de loi et leurs détails (environ 318000 articles législatifs et réglementaires en vigueur). Cette expression est en fait une fiction juridique, donc un principe, dont la réalisation est impossible. L'adage existe pour empêcher tout citoyen, poursuivi sur le fondement d'une loi, d'invoquer, et même de prouver cette impossibilité, afin que son ignorance supposée du texte en cause lui permette d'échapper à une sanction.

(Portail de l'Administration française – avec une mise en place d'une édition électronique du journal officiel, effective depuis le 1er juin 2004 : www.service-public.fr)

La pratique de la détection métallique en France est régie par des lois, des décrets, et même par des arrêtés (qui sont d'ailleurs d'origines diverses : ministérielle, préfectorale, municipale et autres agents du pouvoir ou autorités) pour des interdictions nationales, régionales ou locales.

Journal officiel du vendredi 20 octobre 1989

Le député Emmanuel Hamel précise que « *Seule la détention archéologique est soumise à autorisation administrative. Le projet de loi préserve ainsi la liberté de détection de loisir. S'il advenait que des juges soient saisis pour appliquer les sanctions prévues par ce projet de loi, je souhaite qu'ils se souviennent que ce dernier n'aura été voté qu'en fonction de cet élément important qui est contenu dans le rapport* ».

Il a été rappelé à plusieurs reprises que la détection des métaux, en dehors de tout site archéologique était libre, et que si la France venait à restreindre cette liberté elle se verrait sanctionnée par les « Instances européennes » et devrait en conséquence s'acquitter d'amendes (il en existe cinq classes avec des montants entre 11 et 1 500 euros au maximum).

La question des détecteurs de métaux débattue à l'Assemblée nationale

- Question N° 15336-12ème législature de Mr Pierre Lang (Union pour un mouvement Populaire-Moselle),

- Question publiée au JO le 31 03 2003, page 2337,

- Réponse publiée au JO le 27 10 2003, page 8194,

- Rubrique : patrimoine culture/protection,

- Analyse : détecteurs de métaux, utilisation, réglementation.

Texte de la question :

> *« Mr Pierre Lang attire l'attention de Mr le Ministre de la Culture et de la Communication sur l'utilisation des détecteurs de métaux par des particuliers, sans rapport avec une quelconque prospection archéologique.*
>
> *La loi No 89-900 du 18 décembre 1989 pose dans son article 1er, que l'utilisation de détecteurs de métaux – à l'effet de recherche de*

monuments et d'objets pouvant intéresser la préhistoire, l'histoire, l'art ou l'archéologie, nécessite une autorisation administrative –. Cependant, Mr Jack Lang avait alors précisé dans une réponse ministérielle publiée au Journal officiel du 9 avril 1990 :

« Le régime d'autorisation administrative institué par la loi n'a pas une portée générale. Son champ d'application est limité à la prospection archéologique. Reste donc tout à fait libre, sous réserve de réglementations particulières relatives, notamment, à la sécurité, l'utilisation de ces détecteurs à des fins autres ».

Il souhaiterait savoir si, conformément à l'interprétation donnée à l'époque, l'utilisation des détecteurs de métaux dans les champs ou les bois demeure libre – à condition qu'elle n'ait aucune visée archéologique.

Texte de la réponse :

"Ainsi qu'il a été indiqué dans la réponse ministérielle citée par l'honorable parlementaire, le régime d'autorisation administrative institué par la loi No 89-900 du 18 décembre 1989 relative à l'utilisation des détecteurs de métaux n'a pas une portée générale et son champ d'application est limité à la protection archéologique.

Une difficulté d'application, que l'on ne saurait dissimuler, réside dans le fait que le champ géographique dans lequel l'utilisation de détecteurs de métaux serait assurée de n'avoir aucune incidence archéologique ne peut, hormis quelques zones géographiquement limitées, être fixé de manière définitive.

En dépit de l'intensification des recherches archéologiques, notamment sous forme de prospection-inventaire ou de prospection thématique, de nouveaux lieux d'intérêt archéologique sont découverts très fréquemment et il est impossible d'exclure de l'application de la loi certaines parties du territoire plutôt que d'autres.

Néanmoins, comme l'indiquait la réponse publiée le 09 avril 1990, en application de la loi précitée :

En conclusion : « L'utilisation de détecteurs de métaux sans visée archéologique est libre en France ».

Article L. 542-1 du code du patrimoine (qui reprend la loi 89-900 du 18/12/1989)

Il résulte de cet article de loi que seule la détection archéologique est soumise à autorisation administrative dans notre pays. Il est aussi à retenir qu'un trésor doit toujours être le fruit du hasard ; juridiquement, découvrir un magot grâce au hasard vous donne le statut" d'inventeur" dans le sens de découvreur et vous octroie automatiquement la moitié de votre découverte et même la totalité en cas de trouvaille sur votre propriété. Par contre, si vous trouvez ce fameux trésor, en le cherchant (à l'aide, par exemple, d'un détecteur de métaux qui est considéré comme une sonde), vous n'avez droit à rien aux yeux de la loi et de la justice…".

À la lecture de la législation actuelle, il est donc autorisé de chercher un magot perdu, mais pas de mettre la main dessus avec l'aide d'un appareil capable de détecter les métaux, car vous seriez alors spolié, lors d'une déclaration de découverte, par les services du « Patrimoine étatique français ».

La loi 89-900 du 18 décembre 1989 relative à l'utilisation des détecteurs de métaux et décret No 91787 du 19 août 1991 – Utilisation des détecteurs de métaux :

ART. 1er – Nul ne peut utiliser du matériel permettant la détection d'objets métalliques, à l'effet de recherches de monuments et d'objets pouvant intéresser la préhistoire, l'histoire, l'art ou l'archéologie, sans avoir, au préalable, obtenu une autorisation administrative délivrée en fonction de la qualification du demandeur ainsi que de la nature et des modalités de la recherche.

ART. 2 d – Toute publicité ou notice d'utilisation concernant les détecteurs de métaux doit comporter le rappel de l'interdiction mentionnée à l'article 1er de la présente loi (L. 542-1), les sanctions pénales encourues, ainsi que les motifs de cette réglementation.

L'article L. 542-1 du Code du patrimoine reprend désormais ce premier article de loi 89-900. Il convient donc de se reporter au nouveau Code du patrimoine, et en particulier aux articles L. 542 et L. 543 avec L. 544. L'article L. 542-3 fixe avec un décret en conseil d'État les conditions d'application du présent chapitre.

Décret no 91-787 en date du 19 août 1991

ART. 1er - L'autorisation d'utiliser du matériel permettant la détection d'objets métalliques, prévue à l'article 1er de la loi du 18 novembre 1989, est accordée, sur demande de l'intéressé, par arrêté du préfet de région dans laquelle est situé le terrain à prospecter. La demande d'autorisation précise l'identité, les compétences et l'expérience de son auteur, ainsi que la localisation, l'objectif scientifique et la durée des prospections à entreprendre. Lorsque les prospections doivent être effectuées sur un terrain n'appartenant pas à l'auteur de la demande, ce dernier doit joindre à son dossier le consentement écrit du propriétaire du terrain et, s'il y a lieu, celui de tout autre ayant droit. L'arrêté accordant l'autorisation fixe les conditions selon lesquelles les prospections devront être conduites. Lorsque le titulaire d'une autorisation ne respecte pas les prescriptions, le préfet de région prononce le retrait de l'autorisation.

ART. 2 d – Quiconque aura utilisé à l'effet de recherches mentionnées à l'article 1er de la loi du 18 décembre 1989, du matériel permettant la détection d'objets métalliques sans avoir auparavant obtenu l'autorisation prévue à l'article 1er du présent décret ou sans avoir respecté les prescriptions de cette autorisation sera puni de la peine d'amende applicable aux contraventions de la 5e classe. Le matériel qui aura servi à commettre l'infraction pourra être confisqué à la demande du juge.

LE STATUT JURIDIQUE DES RESTES HUMAINS (OSSEMENTS, MOMIES, RELIQUES DIVERSES)

Le statut des restes humains se présente dans une catégorie à part quant à sa définition légale du corps humain. En effet, la loi est formelle : depuis 1997, le corps humain a un statut d'inviolabilité. Il faut savoir que tout élément le constituant : os, peau, membre momifié, tête réduite (par exemple celle d'un indien Jivaro, très recherchée par les collectionneurs d'objets d'art ethnique), etc., ou tout autre reste humain ne peut être acquis ou détenu par un particulier en France. Les momies égyptiennes et sud-américaines bénéficient de la même protection, et seuls les musées et les laboratoires agréés peuvent donc en posséder légalement. Ce statut juridique récent s'applique à tous les restes humains, qu'ils soient contemporains ou très anciens.

Deux points importants sont à préciser au sujet des ossements humains :

. Toute violation de sépulture, même antique, est sanctionnée par une amende de 15 000 euros et d'un an d'emprisonnement au maximum.

- Il est interdit d'effectuer des fouilles ou des sondages sur les champs de bataille, et particulièrement sur ceux des deux dernières guerres mondiales.

Cas particulier de découverte d'une grotte ornée de peintures préhistoriques

Une grotte ornée est un trésor de l'humanité : Lascaux, avec une occupation humaine estimée entre - 20 000 et - 15 000 ans, a été révélée en 1940 par des adolescents, la grotte Cosquer (du nom de l'inventeur) est trouvée en 1985 par un plongeur amateur, celle de Chauvet est annoncée en 1994, et pour finir, la cavité de Cussac (un « Lascaux de la gravure préhistorique » fermé à double tour par les archéologues depuis plus de vingt ans...) est découverte par un spéléologue amateur en l'an 2000.

Chaque année, dans notre pays et ailleurs, les médias évoquent la découverte de nouvelles cavités renfermant de l'art paléolithique.

En droit, la grotte est considérée comme un vestige immobilier. La loi prévoit, dans ce cas précis, une appropriation publique.

Lors de la découverte de ce genre de « Patrimoine de l'humanité », s'il y a lieu à exploitation, l'article L. 541-3 dit que :" *La personne qui assure cette exploitation verse ou, à défaut, intéresse ce dernier (l'inventeur) du résultat de l'exploitation du bien*".

À titre d'exemple, la grotte Chauvet, située dans le département de l'Ardèche, a été découverte par trois personnes lors d'une prospection sur le terrain (recherche de grottes préhistoriques) : Jean-Marie Chauvet, Eliette Brunel et Christian Hillaire. Le 26/01/2018, après vingt-trois ans de conflit avec les services de l'État, les inventeurs ont signé un accord avec l'État et la société d'exploitation de la grotte préhistorique. Cet accord, avec deux conventions, permettra à ces trois personnes d'encaisser annuellement un pourcentage de 0,57 % HT sur le montant des entrées réalisées pendant toute la durée de l'exploitation de « l'espace de restitution de la grotte de Pont-d'Arc » (Ardèche).

Les peintures paléolithiques de la grotte Chauvet sont pour les plus anciennes vieilles de 36000 ans ; celles de Lascaux en Dordogne d'environ 20000 années et celles de la grotte sous-marine – unique au monde – de Cosquer, de 19000 à 27000 années.

L'amendement Chauvet : *ordonnance N° 2004-178 du 20 février 2004 relative à la partie législative du code du Patrimoine. Livre V : archéologie. Titre IV : dispositions diverses. Chapitre 1er : régime de propriété des vestiges immobiliers.*

Une révélation récente : la grotte préhistorique de l'île de Célèbes ou Sulawesi (à l'est de Bornéo sur le site de Leang Bulu Sipong).

Dans les années 1990, dans une grotte en Indonésie, une équipe d'archéologues a mis au jour une scène de chasse dont l'ancienneté est estimée en 2018 à 43900 ans (méthode de datation utilisant le taux d'isotopes des minéraux contenus dans la calcite). Cette fresque est la représentation d'un mythe chamanique : le vol magique d'un personnage fabuleux dans un monde de l'au-delà. Ces figurations dites « de conception mi-humaine et mi-animale » ont été exécutées sur des parois calcaires. Ces nombreuses représentations fabuleuses font penser à une religion ancienne disparue (s'appuyant sur des pratiques spirituelles chamaniques). On voit sur ce panneau large de 4,5 mètres des mammifères (buffles nains, cochons sauvages...) et des créatures fabuleuses dites « *Petits hommes avec une tête à bec d'oiseau ou de reptile* ». Tous les animaux représentés dans cette grotte forment un bestiaire surnaturel poursuivi par des chasseurs armés de lances et de cordes. En 2017, une fresque de sanglier, aujourd'hui considérée comme la plus ancienne œuvre d'art figuratif préhistorique connue, y fut découverte.

Les haches polies et les bifaces taillés de la période préhistorique sont des trésors

Certains artefacts qui remontent à la période du Paléolithique valent des petites fortunes :

- Le 2 août 2007, deux vacanciers anglais qui ramassaient des coquillages à Saint-Pierre-Quiberon (Morbihan) trouvent sur du sable et à une quarantaine de centimètres de profondeur, quatre haches en jadéite (d'origine alpine pour la matière) de la période préhistorique du Néolithique. Chaque pièce polie mesure 25 cm de long et se révèle remonter à plus de 6 500 ans.

Ces artefacts ayant été déclarés légalement aux autorités responsables du patrimoine, les inventeurs ont reçu une récompense de 30 000 euros pour ces objets exceptionnels trouvés sur la plage du Petit-Rohu à Saint-Pierre-Quiberon. Les haches polies ont été déposées au musée de Carnac (Morbihan) pour exposition permanente au public.

Trésor du Paléolithique ; artefact - silex taillé provenant de Paris et figurant un mammouth laineux de l'âge glaciaire

- Certains bifaces possédant de grandes longueurs (entre 25 et 36 cm) valent une petite fortune ; un biface exceptionnel de 35,5 cm découvert dans l'Aisne, s'est vendu aux enchères à Paris en juin 2016, pour 58 000 euros. Initialement, il avait été « modestement estimé » par un commissaire-priseur à 4 000 - 5 000 euros... Cet objet fabriqué dans un bloc en quartzite de couleur marron faisait partie de la collection d'Henri Jouillé.

Le plus grand biface de France, trouvé lors de fouilles archéologiques, est exposé au musée de préhistoire à Tautavel (Pyrénées-Orientales), et il mesure 36 centimètres dans sa plus grande dimension. Les silex taillés préhistoriques, lors d'une transaction en salle des ventes, peuvent ne se vendre que pour quelques euros, comme atteindre plusieurs milliers d'euros pour des pièces exceptionnelles (suivre les deux ventes annuelles de l'étude Millon et Associés en Archéologie et Préhistoire qui se déroulent à Drouot, ainsi que d'autres ventes régionales d'objets préhistoriques).

En France, les trésors de « l'ancien palais d'été » des empereurs de chine

En septembre 1860, Napoléon III, en collaboration avec les Anglais, expédia à Pékin un corps expéditionnaire afin d'obliger le « libre commerce en Chine ». L'empereur chinois refusant toute négociation, la Seconde Guerre de l'opium fut alors déclenchée. Le 18 octobre 1860, Lord Elgin, le haut-commissaire anglais, ordonna la destruction du Palais d'Été (monument construit principalement en 1709) en représailles à la torture et à l'exécution de plusieurs prisonniers européens. Les soldats français et anglais mirent alors le feu à l'ensemble des bâtiments appartenant à l'empereur de Chine Xianfeng. Cette résidence, renfermant une multitude d'œuvres d'art et une bibliothèque avec des ouvrages inestimables, fut alors pillée et plusieurs centaines d'objets saisis par les officiers français furent offerts à Napoléon III (ils sont au château de Fontainebleau). D'autres objets furent dérobés par les soldats : sceaux en jade, monnaies en métaux précieux, meubles, vases, bijoux, etc. Une fontaine-horloge avec douze statues en bronze symbolisant les douze signes astrologiques du zodiaque chinois : bœuf, cheval, chèvre, chien, cochon, coq, dragon, lapin, rat, singe, serpent et tigre, fut même emportée... Les têtes en bronze du rat et du lapin, achetées en 1989 à un collectionneur anglais par Yves Saint-Laurent et Pierre Bergé furent proposées à une vente aux enchères le 26 février 2009 pour 14 millions d'euros malgré les protestations chinoises, mais ne furent finalement pas vendues... Ces deux têtes furent restituées à la Chine grâce à un don du groupe Pinault. Sept têtes sont, à ce jour, retournées en Chine, mais cinq autres têtes manquent toujours à l'appel : chien, coq, chèvre, serpent et dragon (animal le plus vénéré du peuple chinois). De nombreux objets volés lors de cette expédition du 20e siècle ont été récemment vendus en France (surtout des vases et des sceaux). Ils resurgissent régulièrement dans les salles de ventes aux enchères à Paris et en province...

Actuellement, certains objets chinois anciens atteignent des prix fabuleux :

À partir des années 2006/2008, des sceaux chinois d'empereurs et des pots en porcelaine sont proposés à la vente et atteignent des prix astronomiques : à Toulouse, le 14 juin 2008, un sceau de l'empereur chinois Kangxi, en stéatite beige de 14 cm de hauteur sur 10 de largeur, et pesant 3 kg s'est vendu 4,7 millions d'euros.

En avril 2010, un cachet (en jade néphrite) a été acquis pour 2,4 millions d'euros et un autre sceau acheté en avril 2012 pour la somme de 3,1 millions d'euros. Le pot du 13e ou du 14e siècle (28,5 cm), vendu en 2006, a lui, atteint 3,5 millions d'euros.

Il doit certainement exister d'autres sceaux anciens chinois chez des particuliers dans notre pays ; en effet, l'empereur Quianlong, à lui seul, en a fait sculpter un millier pour ses besoins personnels... Inspectez donc les malles et valises de vos greniers ou partez donc dans vos caves à la recherche d'objets chinois, et vous aurez peut-être de bonnes surprises après une expertise chez un commissaire-priseur !

Trésor de la Néapolis Empuries (cité grecque)

Un dépôt monétaire antique est mis en ligne dans *Collections - Google arts et culture* (anciennement *Google Art Project)* par le Musée National d'Art de Catalogne à Barcelone. Ce site exceptionnel créé en février 2011 permet de visiter virtuellement des musées situés dans le monde entier. Il contient plus de 32000 œuvres appartenant à 151 musées de 40 pays.

Très important à prendre en compte : aucune recherche, avec ou sans détecteur de métaux, ne peut être effectuée sur les sites repris dans ce livre, sans l'autorisation préalable du ou des propriétaires de ces lieux.

Le « juridique » à appliquer en cas de découverte d'un trésor maritime

« Quiconque aura prélevé de manière volontaire, dans les eaux intérieures ou territoriales nationales un bien culturel, est tenu d'en faire la déclaration et la remise aux autorités locales compétentes ».

Trésors immergés :

Les plus grands musées du monde reposent sous les eaux.

Selon l'UNESCO, il y aurait trois millions de sites culturels sous les mers, dans les fleuves ou les rivières...

En France, se trouvent environ 200000 épaves dont 5000 sont connues et répertoriées au Ministère de la Culture.

En cas de découverte maritime, la déclaration par l'inventeur est obligatoire aux autorités : la législation applicable lors de la trouvaille d'un bien sur le domaine public maritime de l'État prévoit que tout trésor sous-marin détecté dans les eaux françaises appartient d'autorité à l'État. Cette disposition existe dans un texte de Colbert (sous le règne du roi Louis XIV) nommée « Ordonnance sur le fait des eaux et forêts » ; elle stipule que « *Les objets mobiliers trouvés dans le lit des rivières flottantes et navigables, ainsi que dans les étangs et les lacs domaniaux appartiennent à l'État* ».

Le droit français des cours d'eau est complexe, car les cours d'eau domaniaux et les cours d'eau non domaniaux disposent chacun d'un régime juridique spécifique.

Deux catégories de cours d'eau :

La loi française définit deux catégories bien distinctes : les cours d'eau (langage de la navigation et du droit) navigables ou flottables donc domaniaux qui appartiennent à l'État, et relèvent bien du domaine public fluvial et les autres qui sont régis par le droit privé ; il faut signaler cependant que les mares, étangs et puits sont du domaine privé.

Archéologie sous-marine :

Une loi récente, no 89-874 du 1er décembre 1989 portant la réglementation sur l'archéologie sous-marine avec l'article L. 532-2 du code du patrimoine dit que désormais :

« ... *Tout bien présentant un intérêt préhistorique, archéologique ou historique, situé dans la limite des vingt-cinq milles nautiques des côtes françaises, constitue un bien culturel* ».

En règle générale, l'épave et sa cargaison appartiennent à leurs propriétaires ou à leurs héritiers, et s'il n'y en a pas (dans le cas de propriétaires non identifiés) un trésor maritime appartient donc à l'État. Une exception à cette loi française : les navires étrangers ne sont pas concernés par cette réglementation. Cependant, si tout trésor maritime appartient à l'État, des récompenses peuvent être éventuellement attribuées au découvreur d'une épave (voir l'article 6-89 ci-dessous). Pour conclure, l'archéologie sous-marine est donc uniquement du domaine et de la compétence du Ministère de la Culture.

Article 6 de la loi de 1989 :

« Toute personne qui a découvert et déclaré un bien culturel maritime, dont la propriété est attribuée à l'État, peut bénéficier d'une récompense dont la nature ou le montant est fixé par l'autorité administrative ».

Une découverte en Bretagne

Les trouvailles de monnaies grecques en or sont rares dans notre pays. Mais en mars 1960, un retraité brestois a trouvé sur la plage de Porsgwenn (la Grève Blanche) en Lampaul-Ploudalmézeau, (une commune du Finistère), placée sur la « Route atlantique de l'étain » – un statère d'or de Cyrénaïque (région de Lybie). Il serait sans doute en relation avec le voyage de Pythéas (explorateur grec originaire de Massalia) vers les Cassitérides (avec la visite d'Ouessant et du pays des Osismii entre -325 et – 300 avant J.-C.). Cette pièce exceptionnelle, visible au musée de Bretagne à Rennes (35), fait 24 carats (or pratiquement pur) et pèse 8,53 grammes avec un module de 19 mm environ.

Trésor maritime : le mystère des pièces d'or de Donville-les-Bains en Normandie

En avril 2014, un couple lors d'une promenade, découvre quatre monnaies en or frappées en Espagne sur une plage à proximité de Granville dans la Manche. La trouvaille de Donville-les-Bains a été déclarée officiellement par les deux inventeurs, comme la loi l'exige, au Département des Recherches Archéologiques Subaquatiques et Sous-Marines (DRASSM).

En 2016, lors d'une prospection archéologique officielle, seize autres pièces ont été retrouvées sur le site fortuitement, et en 2017, une nouvelle recherche, avec un détecteur de métaux, a permis de mettre au jour quatre autres monnaies du même type en or. Tous ces artefacts, dont le poids en gramme est de 6,76 grammes d'or à 22 carats, étaient localisés dans un rayon de trois mètres et faiblement enfouis dans une barre rocheuse dont la zone est recouverte lors de la mer haute. Il s'agissait de pistoles ou doubles écus d'or de qualité « Fleur de Coin » (état numismatique d'une monnaie considéré comme neuf) frappés vers 1620 à Séville. En mai 2015, un accord est signé entre les inventeurs des monnaies de Donville-les-Bains et l'État : les quatre pièces (et uniquement elles) seront réglées aux deux promeneurs au prix du marché de l'or à la demande de la DRASSM... Cependant, l'estimation de chaque monnaie en qualité « FDC » est de l'ordre de 2000 à 3000 euros selon l'état.

Les trésors peuvent « tomber du ciel »

Des pierres précieuses et de l'or dans un glacier

Dans le massif du Mont-Blanc, un alpiniste a récupéré dans le glacier des Bossons, une boîte métallique contenant des émeraudes, des saphirs et des rubis. L'origine de cette trouvaille provient d'un avion, venant d'Inde, qui a subi un crash (entre 1950 et 1966) à cet emplacement. Un bijoutier a estimé l'ensemble de ces pierres précieuses entre 130 000 et 246 000 euros. L'inventeur a déclaré légalement sa découverte (comme la loi l'exige) à la gendarmerie de Bourg-Saint-Maurice (Savoie) en septembre 2013. Si le propriétaire ne se manifeste pas, les pierres seront partagées entre l'inventeur et la commune.

Le glacier des Bossons, situé dans les Alpes, charrie régulièrement des débris de catastrophes aériennes : un Junker 81 s'est écrasé dans ce glacier en 1938 avec à son bord un chargement d'or, que le Führer et Chancelier du Reich d'Allemagne, Adolf Hitler (1889-1945) faisait expédier vers Italie à Benito Mussolini (1883-1945).

Cette fabuleuse richesse devrait arriver prochainement en bas du glacier, car avec le réchauffement climatique, celui-ci avance chaque année à vitesse « grand V. »... En 1953, des débris de cet avion sont sortis du glacier, et chaque printemps, des prospecteurs assidus sondent in situ...

Le code du patrimoine

Cette loi s'applique à l'ensemble du territoire français, et même sur les terrains privés.

Article L. 541-4 sur les biens archéologiques mobiliers – Loi du 7 juillet 2016

> *Le patrimoine archéologique appartient désormais à 100 % à l'État français comme le stipule le Journal officiel (voir aussi les articles suivants).*

Les articles 552 et 716 du Code civil ne sont pas applicables aux biens archéologiques mobiliers mis au jour à la suite d'opérations de fouilles archéologiques ou de découvertes fortuites réalisées sur les terrains dont la propriété a été acquise après la date d'entrée en vigueur de la loi no 2016-925 du 7 juillet 2016 relative à la liberté de la création, à l'architecture et au patrimoine.

L'article 552 du Code civil dit que « *La propriété du sol emporte la propriété du dessus et du dessous* » et l'article 716 du Code civil donne la définition juridique du trésor : « *Le trésor est toute chose cachée ou enfouie par laquelle personne ne peut justifier sa propriété et qui est découverte par le pur effet du hasard* ». Les biens archéologiques sont présumés appartenir à l'État dès leur mise au jour au cours d'une opération archéologique et, en cas de découverte fortuite, à compter de la reconnaissance de l'intérêt scientifique justifiant leur conservation.

Article L. 541-5

Les biens archéologiques mis au jour sur des terrains acquis avant la date d'entrée en vigueur de la loi no 2016-925 du 7 juillet 2016 relative à la liberté de la création, à l'architecture et au patrimoine sont confiés, dans l'intérêt public, aux services de l'État chargés de l'archéologie pendant le délai nécessaire à leur étude scientifique, dont le terme ne peut excéder cinq ans. L'État notifie leurs droits au propriétaire du terrain, et en cas de découverte fortuite, à l'inventeur. Si, à l'issue d'un délai d'un an à compter de cette notification, le propriétaire, et en cas de découverte fortuite, l'inventeur, n'ont pas fait valoir leurs droits, une nouvelle notification leur est adressée dans les mêmes formes. Si, à l'issue d'un délai d'un an à compter de cette nouvelle notification, le propriétaire et, en cas de découverte fortuite, l'inventeur, n'ont pas fait valoir leurs droits, la propriété des biens archéologiques mis au jour est transférée à titre gratuit à l'État... Lorsque seul l'un des deux a fait valoir ses droits, les biens archéologiques mobiliers sont partagés entre l'État et celui-ci, selon les règles de droit commun.

En 2017, ce texte a fait l'objet d'une nouvelle disposition réglementaire que voici :

Article R.541-5 Version en vigueur depuis le 11 mai 2017

Lorsqu'un vestige immobilier découvert fortuitement donne lieu à une exploitation, l'exploitant et l'inventeur conviennent :

1° Du versement à l'inventeur, à la charge de l'exploitant, d'une indemnité forfaitaire en relation avec l'intérêt archéologique de la découverte ;

2° A défaut, d'un intéressement de l'inventeur à l'activité pendant trente ans, sous la forme d'un pourcentage du résultat dès la première année d'exploitation ; cet intéressement est fonction de l'importance archéologique de la découverte.

Le ministre chargé de la culture saisi par la partie la plus diligente évalue, après avis du Conseil national de la recherche archéologique, l'importance de la découverte en fonction d'une échelle commune aux modalités mentionnées aux 1° et 2°. Dans le cas prévu au 2°, l'intéressement ne peut excéder 25 % du résultat.

Article L. 542-1

Nul ne peut utiliser du matériel permettant la détection d'objets métalliques, à l'effet de recherches de monuments et d'objets pouvant intéresser la préhistoire, l'histoire, l'art ou l'archéologie, sans avoir, au préalable, obtenu une autorisation administrative délivrée en fonction de la qualification du demandeur ainsi que de la nature et des modalités de la recherche.

Article L. 542-2

Toute publicité ou notice d'utilisation concernant les détecteurs de métaux doit comporter le rappel de l'interdiction mentionnée à l'article L. 542-1, des sanctions pénales encourues ainsi que des motifs de cette réglementation.

Article L. 542-3

Un décret en Conseil d'État fixe les conditions d'application du présent chapitre.

Décret No 91-787 du 19 août 1991 pris pour l'application de l'article 4 bis de la loi No 80-532 du 15 juillet 1980 relative à la protection des collections publiques contre les actes de malveillance et de la loi N° 89-900 du 18 décembre 1989 relative à l'utilisation des détecteurs de métaux.

Article L. 544-1

Est puni d'une amende de 7500 euros, le fait, pour toute personne, de réaliser sur un terrain lui appartenant ou appartenant à autrui, des fouilles ou des sondages à l'effet de recherches de monument ou d'objet pouvant intéresser la préhistoire, l'histoire, l'art ou l'archéologie :

a) Sans avoir obtenu l'autorisation prévue aux articles L. 531-1 ou L. 531-15,

b) Sans se conformer aux prescriptions de cette autorisation,

c) Malgré le retrait de l'autorisation de fouille en application des dispositions de l'article L. 5316.

Article L. 544-2

Est puni d'une amende de 7500 euros le fait, pour toute personne ayant demandé et obtenu l'autorisation de réaliser des fouilles ou des sondages, de ne pas les réaliser elle-même en violation de l'article L. 531-3 ou d'enfreindre l'obligation de déclaration et de conservation prévue à ce même article.

Article L. 544-3

Le fait, pour toute personne, d'enfreindre l'obligation de déclaration prévue à l'article L. 531-14 ou de faire une fausse déclaration est puni d'une amende de 3750 euros.

Article L. 544-4

Le fait, pour toute personne, d'aliéner ou d'acquérir tout objet découvert en violation des articles :

L. 531-1, L. 531-6 et L. 531-15 ou dissimulé en violation des articles L. 531-3 et L. 531-14 est puni d'un emprisonnement de deux ans et d'une amende de 4500 euros.

Le montant de l'amende peut être porté au double du prix de la vente du bien. La juridiction peut, en outre, ordonner la diffusion de sa décision dans les conditions prévues par l'article 131-35 du Code pénal (article L. 544-4).

Article L. 544-12

Toute infraction aux dispositions des articles L. 542-1 et L. 542-2 et des textes pris pour leur application est constatée par les officiers, agents de police judiciaire et agents de police judiciaire adjoints, ainsi que par les fonctionnaires, agents et gardiens mentionnés à l'article L. 114-4.

Article L. 544-13

Les procès-verbaux dressés par les diverses personnes désignées à l'article L. 544-12, font foi jusqu'à preuve contraire et sont remis ou envoyés sans délai au procureur de la République près le tribunal dans le ressort duquel l'infraction a été commise.

Une disposition législative importante à connaître de la loi du 27 septembre 1941

Titre IV – Article 17 – Dispositions diverses et sanctions : le droit de revendication prévu par les articles 5, 11 et 16 ne peut s'exercer à propos des trouvailles consistant en pièces de monnaie ou d'objets en métaux précieux sans caractère artistique.

Article 131-14 du Code pénal

Deux des six points de ce texte (points en 2 et 6) sont susceptibles de concerner un prospecteur et concernent l'immobilisation et confiscation d'un véhicule.

En effet, pour toutes les contraventions de la 5e classe, une ou plusieurs des peines privatives ou restrictives de droits suivants peuvent être prononcées :

Point 2 : L'immobilisation, pour une durée de six mois au plus, d'un ou de plusieurs véhicules appartenant au condamné.

Point 6 : La confiscation de la chose qui a servi ou était destinée à commettre l'infraction ou de la chose qui en est le produit. Toutefois, cette confiscation ne peut pas être prononcée en matière de délit de presse.

Les textes internationaux sur le patrimoine archéologique

La France a renforcé son arsenal juridique en introduisant en 2016 six mesures complémentaires concernant la lutte contre le trafic illicite d'objets culturels (voir l'article 322-3-2 du Code pénal qui vise à sanctionner la participation intentionnelle à un trafic illicite de biens culturels ainsi que les suivants repris dans le code du Patrimoine : L. 111-8, L. 111-9, L. 111-10, L. 111-11 et L. 124-1).

- *Le patrimoine archéologique,* défini par la Convention de Malte, est transposé en droit français par le décret N° 95-1039 du 18 septembre 1995 (Convention entrée en vigueur le 10/01/1996). Convention Européenne pour la Protection du Patrimoine Archéologique, signée le 16 janvier 1992 : « ... *Sont considérés comme éléments du patrimoine archéologique tous les vestiges, biens et autres traces de l'existence de l'humanité dans le passé* ». « *Sont inclus dans le patrimoine archéologique les structures, constructions, ensembles architecturaux, sites aménagés, témoins mobiliers d'autre nature, ainsi que leur contexte, qu'ils soient situés sur le sol ou dans les eaux* ».

- *La recommandation 921* du Conseil de l'Europe est un texte ancien qui est sans valeur juridique. Ce texte européen date de l'année 1981, et c'est la Commission de la Culture et de l'Éducation qui est à son origine.

- *La convention européenne* sur les infractions visant des biens culturels (Delphes, le 23 juin 1985).

- *La convention d'unidroit* sur les biens culturels volés ou illicitement exportés (Rome, 24 juin 1995).

- *L'UNESCO :* Convention concernant les mesures à prendre pour interdire et empêcher l'importation, l'exportation et le transfert de propriétés illicites de biens culturels (14/11/1970).

Adresses utiles en archéologie

- Direction Régionale des Affaires Culturelles (DRAC) – 45 rue Le Peletier, 75009 Paris – Tél. : 01 56 06 50 00 – www.culturecommunication.gouv.fr
- Institut National de Recherches Archéologiques Préventives (INRAP) – 7 rue de Madrid – 75008 Paris, Tél. : 01 40 08 80 00 – www.inrap.fr
- Service Régional de l'Archéologie (SRA) : il existe un service dans chacune des directions régionales des affaires culturelles (DRAC) – www.culturecommunication.gouv.fr

Adresse indispensable à connaître pour une déclaration de trésors sous-marins :

- Département des Recherches Archéologiques Subaquatiques et Sous-Marines (DRASSM) – 147, plage de l'Estaque – 13016 Marseille – Tél. : 04 91 14 28 00 – e-mail : ledrassm@culture.gouv.fr

Lors de la trouvaille d'un trésor terrestre ou maritime (dans certaines situations) deux cas peuvent se présenter :

- Si le propriétaire est identifié soit par une lettre, un testament, etc., l'inventeur ou le propriétaire du lieu de la trouvaille ne peuvent rien revendiquer. Seuls les descendants vivants de l'ancien propriétaire se partageront le trésor en tant qu'héritiers.
- Si aucun document n'accompagne le dépôt, l'article 716 du Code civil s'applique.

Légifrance : consultation des textes de loi

LÉGIFRANCE est le site Web et officiel du gouvernement français créé pour la diffusion des textes législatifs et réglementaires ainsi que des décisions de justice des Cours suprêmes et d'appel de droit français. Il a été instauré par l'arrêté du 06 juillet 1999 et il est relatif à la création du site internet LÉGIFRANCE (arrêté modifié en octobre 2002 qui est basé sur un décret d'août 2002).

LÉGIFRANCE : service public gratuit de la diffusion du droit par l'Internet qui a pour objet de faciliter l'accès du public aux textes en vigueur ainsi qu'à la jurisprudence. Ce site est d'accès libre et il est complet avec ses textes de loi encore en vigueur, dont le plus ancien date de 1539.

POUR ACCÉDER AU SITE INTERNET LÉGIFRANCE, et ainsi avoir accès aux textes de loi en vigueur, il faut suivre le lien suivant : legifrance.gouv.fr

Trésor et droit fiscal

En France, la découverte d'un trésor n'est pas taxée, car l'enrichissement provoqué par un trésor n'est pas considéré comme un revenu. En revanche, il existe une taxe sur la plus-value réalisée lors de la revente d'un objet d'art selon le « régime de la plus-value des particuliers ». Donc, que l'on parle de trésor ou de plus-value, le traitement fiscal est nettement plus « doux » en France que dans d'autres pays.

Cependant, il est bon de signaler que les règles fiscales doivent être conciliées avec les règles du droit civil. En effet, dans notre pays, lors d'une vente, la fluidité du marché est limitée par des règles basées sur l'interdiction du profit indu (« Bien mal acquis ne profite jamais »). Il est donc plus difficile pour un acquéreur de faire l'affaire du siècle aux dépens d'un vendeur…

De plus, celui qui trouve un trésor doit obligatoirement le partager avec le propriétaire du fonds, donc cela limite l'enrichissement de l'inventeur.

Le trésor de Boucq a été détecté en 1997 sur un terrain communal non reconnu comme archéologique, par deux prospecteurs amateurs en retraite près de Toul en Meurthe-et-Moselle. Ce pot en terre cuite, trouvé à faible profondeur, contenait 200 monnaies d'or. La découverte fut déclarée – comme la loi l'exige – mais après cinq années de procédure, les monnaies furent attribuées à la mairie du lieu de la trouvaille : le juge avait considéré la détection illégale et de fait, délictueuse. Si le prospecteur déclarant n'avait pas précisé que la trouvaille avait été effectuée avec un appareil de détection, il aurait eu droit à la moitié du pactole. S'il avait déclaré que le magot avait été trouvé dans son jardin, il aurait pu prétendre à la totalité du trésor (cas du fonds propre).

Ce trésor de Boucq, mis en vente aux enchères le 12 décembre 2009, a atteint la somme de 161 972 euros. Dans cette affaire, il est dommage que l'honnêteté de ces deux retraités, dont l'un décéda lors de la procédure judiciaire, n'ait pas payé... Et depuis cette affaire, qui se termina d'une façon malheureuse, la décision judiciaire définitive fait jurisprudence en France.

Dates clés de cette affaire du trésor de Boucq

- Le 15 avril 1997 : découverte d'un pot en terre cuite avec des monnaies en or des 15e, 16e et 17e siècles.
- Le 24 avril 1997 : déclaration de trouvaille par lettre recommandée adressée à la mairie par les deux « inventeurs »,
- Le 28 mai 1997 : une plainte de la mairie de Boucq est déposée pour fouilles illégales,
- Le 18 septembre 1997 : un classement sans suite de la plainte de la mairie,
- Le 07 mai 1998 : une nouvelle enquête est demandée suite à la demande de restitution d'une partie du trésor pour les « inventeurs de ce trésor »,
- Le 05 mai 1999 : une condamnation lors du procès en première instance,
- Le 19 octobre 2000 : la confirmation de la condamnation,
- Le 26 juin 2001 : en cour de cassation, rejet du pourvoi,
- Le 12 décembre 2009 : la vente des monnaies d'or aux enchères publiques se fait uniquement au bénéfice de la mairie concernée par cette affaire.

Commentaires sur le problème juridique de la détection métallique

Le partage prévu par l'article 716 du Code civil ne s'applique pas, comme on le sait, pour la prospection métallique, car un appareil de détection est considéré comme un outil de recherche (ou comme l'utilisation d'une sonde). Il convient de voir à ce sujet, le jugement en cassation du 26 juin 2001 de l'affaire du trésor de la commune de Boucq qui est traitée en droit pénal. Par conséquent, selon la justice (donc la jurisprudence), un utilisateur de détecteur de métaux menant ses recherches ne peut revendiquer aucun droit de propriété sur les objets découverts. Si le prospecteur a passé une convention, avec un propriétaire, définissant à l'avance le partage des trouvailles éventuelles, celle-ci n'a aucune valeur juridique puisqu'un tel document ne peut prendre en compte que les biens déjà répertoriés et dont les valeurs sont estimées. L'affaire du « Trésor de Boucq » est révélatrice de ce problème juridique : deux retraités bien qu'ils aient déclaré leur découverte s'en sont vus spoliés.

Pire encore : la justice a traité les deux inventeurs comme des délinquants avec un premier procès en instance, lors de l'année 1999, puis en appel le 19 octobre 2000. Celui des deux qui était encore en vie à la fin du procès fut condamné à 10 000 francs d'amende dont 9 000 francs avec sursis pour les délits, et à 3 000 francs d'indemnités à verser à la mairie de Boucq. Il lui fallut rajouter, à cela, 5 900 francs de frais de procédure (avocat, huissier, etc.) avec, en outre, une inscription de la condamnation à son casier judiciaire... Le 26 juin 2001, la Cour de cassation confirma le jugement d'appel d'une manière définitive. La vente aux enchères de ce trésor a eu lieu à Nancy le 12 décembre 2009. Les 200 monnaies réparties en 148 lots sont parties chez des collectionneurs et numismates pour la somme de 161 972 euros.

Des arrêtés préfectoraux interdisent la prospection avec du matériel de détection en raison des risques d'explosion d'engins de guerre. Quatre départements français sont strictement interdits aux prospecteurs de métaux : la Somme (département 80), la Meuse – en grande partie sur ce territoire – (département 55), l'Oise (département 60) et l'Aisne (département 02) et certaines communes de Normandie, dont les plages du débarquement (évènement du 6 juin 1944). La raison officielle de ces interdictions réside dans le danger que représentent pour les personnes et les biens, les « *munitions des deux dernières guerres (1914-1918 et 1939-1945)* ». En effet, il faut constater que de nombreux engins de mort non explosés sont toujours « présents et actifs » sur plusieurs communes de ces territoires. Plusieurs accidents survenus lors de prospections d'amateurs, repris dans les médias, sont à déplorer ces dernières années... Pour la réglementation, il existe aussi des arrêtés municipaux qui interdisent la détection métallique sur certaines plages (interdiction totale ou partielle – certains jours de la semaine ou à certaines heures de la journée) ou dans des lieux bien précis (se renseigner auprès des mairies concernées pour la réglementation en vigueur).

Précisions sur la détection métallique en forêt

En forêt domaniale, la détection est très réglementée, voire même strictement interdite. Les massifs forestiers sont en général gérés par l'ONF (Office national des forêts) pour le compte de l'état, ce qui en fait donc, en finalité, un domaine privé. À partir de ce fait, il vous faut donc obligatoirement une autorisation en bonne et due forme de cet organisme pour pouvoir détecter en toute légalité. Certaines forêts communales sont aussi gérées par L'ONF, donc la même réglementation est appliquée ; si elles ne le sont pas, il vous faut une autorisation de la mairie concernée pour pratiquer votre loisir. Hormis le cas de recherches archéologiques, réalisées conformément à la réglementation en vigueur, donc avec autorisation, rien ne peut donc justifier l'emploi de détecteurs de métaux dans les bois et forêts gérés par l'État (en l'état actuel de la réglementation française en vigueur).

À partir de cette constatation, certains se risquent à détecter dans cet environnement, mais ils se font très discrets, prudents et vigilants... et prévoient toujours un sac à dos pour dissimuler rapidement leur matériel, et ainsi de passer pour de simples promeneurs en milieu forestier. L'ordonnance de Colbert d'août 1669, rédigée sous le règne de Louis XIV, « *sur le fait des Eaux et Forests* », est à l'origine du Code forestier français. À titre d'information, il convient de lire la circulaire, diffusée par l'ONF aux gardes forestiers en 1997, et concernant la réglementation de la détection métallique introduite dans le Code forestier.

Complément d'information pour la détection sur des terrains boisés du domaine privé :

- Il faut dire que la prospection dans les bois et forêts qui relève du domaine privé, hors fouilles archéologiques (donc sans recherches pouvant intéresser la Préhistoire, l'histoire et l'art) n'est pas soumise à autorisation des autorités ; dans ce cas précis, une simple autorisation verbale ou écrite du ou des propriétaires est suffisante pour pratiquer votre loisir sans avoir de compte à rendre aux autorités.
- Il faut préciser que l'automne est la meilleure saison pour effectuer une prospection dans la nature ; en effet, la végétation étant réduite, le terrain est ramolli par les pluies et la terre étant plus meuble cela permet au détecteur d'avoir, in situ, une meilleure « pénétration des ondes » dans le sol.

La détection sur les plages

Dans notre pays, pour effectuer des recherches sur des plages privées, il suffit d'obtenir une autorisation de son propriétaire.

Sur les plages publiques, il est possible de « promener » son appareil de détection si aucun site historique ou archéologique n'est présent. La détection est libre et autorisée (sauf exception) sur les plages qui sont gérées en général par la mairie de la commune concernée.

Il se peut – entre autres pour des raisons de sécurité – qu'existe un arrêté municipal particulier (par exemple à cause de la présence d'explosifs datant de la dernière guerre). La mairie est en mesure de vous fournir toutes les informations nécessaires à ce sujet.

Les artefacts en provenance de plages qui ne sont pas identifiables appartiennent au prospecteur.

Dans le cas d'objets identifiables (bijoux divers, etc.), il convient de les déposer au « Service des Objets Trouvés » de la commune concernée. Si le propriétaire ne les récupère pas dans un délai d'un an et un jour, ils vous reviendront de droit. Cependant, ils ne vous seront définitivement et légalement accordés qu'après un nouveau délai de trois ans. En cas de non-déclaration, le propriétaire légitime d'un objet peut vous poursuivre en justice pendant un délai de trente ans (voir l'article 2279 du Code civil). Concernant les pièces ou même les billets trouvés sur le sable d'une manière isolée comme dans un portefeuille, la loi française ne précise rien, vous en deviendrez donc l'heureux propriétaire.

Dispositions et sanctions prévues par la loi

Différences entre amende et délit (qui relèvent du Code pénal français)

- AMENDE : Montant d'argent versé à l'État ou à une administration en sanction d'une infraction.
- DÉLIT : Sauf exception, le délit relève du tribunal correctionnel. Il s'agit d'un fait prohibé et dont la loi prévoit une sanction par une peine. En droit pénal français, un délit est un degré de qualification d'infractions pénales. Il s'agit d'une infraction d'une gravité intermédiaire entre la contravention et le crime.

Loi du 27 septembre 1941 – Dispositions diverses et sanctions

Titre IV – Article 19

Quiconque aura enfreint l'obligation de déclaration prévue à l'article 14 ou fait une fausse déclaration sera puni d'une amende de 80 à 2250 euros.

Titre IV – Article 20

Quiconque aura fait des fouilles en infraction aux dispositions des articles 1 et 3, 6 et 15 sera puni d'une amende de 150 à 8000 euros.

Titre IV – Article 21

Quiconque aura sciemment aliéné ou acquis tous objets découverts en violation des articles 1 et 6, et 15 ou dissimulés en violation des articles 3 et 14 sera puni d'un emprisonnement d'un mois à deux ans et d'une amende de 80 à 4500 euros ou de l'une de ces deux peines. Le montant de l'amende pourra être porté au double du prix de la vente du bien.

À noter que la juridiction pourra, en outre, ordonner la publication par voie de presse de sa décision aux frais du condamné, sans que le coût maximal de cette publication puisse excéder celui de l'amende encourue.

Code pénal

À la lecture du Code pénal français, il est évident qu'aucun prospecteur ne peut donc, avec la réglementation actuellement en vigueur, revendiquer la propriété des objets qu'il a collectés, ni les échanger ou même les vendre... Il s'expose alors à un simple rappel à la loi ou à régler (au maximum) une amende de 5e classe – Tribunal de police – (soit une somme allant jusqu'à 1500 euros). Les contraventions sont classées de 1 à 5 et celle de classe 5 est la plus grave.

Article 322-2 : *interdiction de détruire, dégrader ou détériorer une découverte archéologique.*

Article 311-4-2 (L. N° 2008-696 du 15 juillet 2008, article 34) : *le vol est puni de sept ans d'emprisonnement et de 100000 euros d'amende lorsqu'il porte sur :*

- *Un objet mobilier classé ou inscrit en application des dispositions du Code du patrimoine ou un document d'archives privées classé en application des dispositions du même code,*
- *Une découverte archéologique faite au cours de fouilles ou fortuitement,*
- *Un bien culturel qui relève du domaine public mobilier ou qui est exposé, conservé ou déposé même de façon temporaire, soit dans un musée de France, une bibliothèque, une médiathèque ou un service d'archives, soit dans un lieu dépendant d'une personne publique ou d'une personne privée assurant une mission d'intérêt général, soit d'un édifice affecté au culte. Les peines sont portées à dix ans d'emprisonnement et 150000 euros d'amende lorsque l'infraction prévue au présent article est commise avec l'une des circonstances prévues à l'article 311-4.*

Les peines d'amende mentionnées au présent article peuvent être élevées jusqu'à la moitié de la valeur du bien volé.

Article 311-9 : *le vol en bande organisée est puni de 15 ans de réclusion criminelle et de 150000 euros d'amende.*

En cas de procès suite à un problème de détection, ayez bien à l'esprit que pour la justice, c'est l'intention qui compte... En conséquence, décider de détecter sur un chemin où l'on sait que l'on est susceptible de trouver des objets pouvant intéresser l'archéologie, l'histoire, l'art, la numismatique ou la préhistoire sans autorisation est contraire à la loi.

De plus, effectuer des recherches de sites archéologiques à partir de cartes ou de tout autre document, voire utiliser des images satellites est également à proscrire. Donc, il convient, lors d'un procès, de ne pas faire preuve de compétences dans le domaine archéologique ou numismatique ou aussi de « ramener sa science » devant un juge à l'affût d'un faisceau d'indices lui permettant de trancher... Logiquement et selon la loi (donc pour un juge), il faut, pour creuser, avoir une autorisation du propriétaire et obtenir une autorisation de sondage ou de fouille délivrée par le Service Régional d'Archéologie de la région concernée (S.R.A.) – À signaler au lecteur que seules quelques dizaines d'autorisations sont accordées annuellement par les services du patrimoine de l'État français.

Il faut en outre rajouter que le propriétaire qui a donné son accord pour des recherches sans autorisation légale au demandeur peut être inculpé de complicité de vol de bien archéologique. La prescription pour un délit est de 6 ans (articles 133-2-3 – et 4 du Code pénal).

Le recel : infraction de conséquence en France (article 321-1 du Code pénal)

Il n'y a pas de prescription en cas de détention d'objets provenant d'un crime ou d'un délit. Il est bon de signaler qu'il existe pour cette infraction deux types de recel :

- Le recel par la détention d'objets provenant d'un crime ou d'un délit : « *Le recel est le fait de dissimuler, de détenir ou de transmettre une chose ou encore de faire office d'intermédiaire afin de la transmettre, en sachant que cette chose provient d'un vol ou d'un délit* ».
- Le recel par profit tiré d'un crime ou d'un délit :

« *Constitue également un recel, le fait, en connaissance de cause, de bénéficier, par tout moyen, du produit d'un crime ou d'un délit* ».

Pour le recel, la chose révélée doit provenir exclusivement d'une action qualifiée de crime ou de délit. L'élément moral est le suivant : le receleur n'a aucun doute ou ne peut avoir aucun doute sur l'origine de la chose qu'il détient ou qu'il utilise.

Les juges apprécient souverainement les faits (étude de faisceaux d'indices concordants lors d'une affaire à juger).

Une notion importante sur le recel : un prospecteur lors d'un procès reste condamnable, et ce, même si le fait originaire est couvert par la prescription du vol.

Les sanctions prévues par le législateur pour le recel

- La sanction du recel simple : 5 ans d'emprisonnement et 375 000 euros d'amende.
- La sanction du recel aggravé : 10 ans d'emprisonnement et 750 000 euros d'amende et peines attachées à l'infraction d'origine : si elle est supérieure à celle prévue pour le recel.

LE "MILITARIA" ET LES TEXTES LÉGISLATIFS EN VIGUEUR

La détention et le transport des armes est réglementée dans notre pays :

. La détention ainsi que le transport des armes de 1ère catégorie sont interdits (décret No 95-589 du 06 mai 1995 relatif à l'application du décret en date du 18 avril 1939 fixant le régime des matériels de guerre, armes et munitions).

. Les armes de la catégorie A se divisent en deux sous catégories : A1 et A2.

Les armes ainsi que les munitions trouvées de manière fortuite ou non doivent être déclarées et ne peuvent être en aucun cas être conservées par le prospecteur.

. Code de la Sécurité Intérieure : articles L. 311-1 à L. 317-11.

. Décret No 2013-700 du 30 juillet 2013 portant application de la loi No 2012-304 ; "L'acquisition et la détention des matériels, armes, éléments d'arme, munitions et éléments de munition des quatre premières catégories sont interdites, sauf autorisation" .

. Arrêté du 07 septembre 1995 fixant le régime des armes, des munitions historiques et de collection qui est à consulter obligatoirement lors d'une trouvaille d'armes ou de munitions anciennes.

Les trouvailles et la justice

Les découvertes de trésors en France peuvent rapidement se transformer en affaires judiciaires :

"La parole est d'argent et le silence est d'or", mais pour avoir respecté cet adage, amateurs archéologues comme simples prospecteurs sont régulièrement poursuivis par la justice (trésors illégaux, car non déclarés aux autorités suite à des actions de sondages ou de fouilles illicites).

Les trois ouvriers avaient un chantier en or

Le TRACFIN1, est la cellule du Ministère de L'Économie en charge de la surveillance des mouvements d'argent suspect. Trois ouvriers ont été jugés par le tribunal d'Évreux en décembre 2014 dans l'Eure pour avoir volé quinze lingots et 600 pièces de 20 dollars d'or américains frappés entre 1924 et 1927 lors de travaux de terrassement dans la maison d'un particulier située à Notre-Dame-de-Isle, en mars 2011. Ils se sont partagés le pactole, estimé à 900 000 euros, sans en parler aux propriétaires. À la suite de la souscription d'une assurance-vie de l'un d'entre eux, la cellule Tracfin de Bercy, informée par la banque, enquête alors sur des mouvements de fonds, auditionne les suspects et remonte jusqu'à un numismate d'Évreux chez qui les monnaies avaient été revendues. Ce numismate risque dix ans de prison pour avoir manqué à ses obligations professionnelles et les ouvriers eux risquent d'effectuer cinq années de prison. La justice, en perquisitionnant à leurs domiciles, n'a retrouvé que trois pièces d'or ; les seules monnaies que les ouvriers avaient gardées en souvenir de cette trouvaille...

---

1 Traitement et Action Contre les Circuits Financiers Clandestin : cellule française de lutte contre le blanchiment de capitaux et le financement du terrorisme. Ce service de renseignement est rattaché aux ministères financiers de l'État. Il concourt au développement d'une économie saine en luttant contre les circuits financiers clandestins, le blanchiment d'argent (argent sale) et le financement du terrorisme. Il est chargé aussi de recueillir, d'analyser et d'enrichir les déclarations de soupçons que les professionnels assujettis sont tenus, par la loi, de lui déclarer. Il n'est pas habilité à recevoir et à traiter les informations transmises par des particuliers.

L'inventeur du trésor du Mans a failli perdre sa trouvaille de statères gaulois

En 1993, un couple se promenait le long de la rivière l'Huisne, aux environs du Mans lorsqu'ils aperçurent des monnaies en or sur plusieurs déblais de terre, ce, sans utilisation du moindre détecteur ; quatre-vingt-deux pièces d'origine gauloise sont ainsi récupérées. Après expertise, il s'avéra que la plupart de ces monnaies celtiques avaient été frappées par deux tribus gauloises : les Aulerques Cénomans et les Vénètes au premier siècle avant notre ère. Ces deux découvreurs de trésor ne firent pas de déclaration de découverte fortuite officielle, mais se contentèrent de passer une petite annonce dans une revue numismatique afin de négocier leurs monnaies. Un archéologue de la DRAC, suite à leur annonce, se présenta à leur domicile comme un acheteur et fit confisquer l'ensemble de la trouvaille. Les archéologues après cette spoliation, et ayant connaissance du lieu précis de la découverte, retournèrent à l'endroit de la trouvaille et découvrirent 70 autres statères de la période gauloise. La DRAC (service du Patrimoine géré par l'État), refusant de reconnaître leurs droits, les deux "inventeurs", se virent dans l'obligation d'effectuer une procédure judiciaire le 07 septembre 1999.

Un jugement du tribunal du Mans reconnut alors leur qualité d'inventeurs et attribua au couple la moitié du trésor soit 152 pièces, l'autre partie revenant, conformément à la loi, à la commune du lieu de la trouvaille.

Notion d'un seul et unique trésor : le juge a décidé que toutes les monnaies faisaient parties d'un seul et unique trésor (jurisprudence à faire appliquer systématiquement pour tous les futurs trésors, en cas de litige avec la DRAC). Sur les 152 monnaies, 66 pièces sur les 76 mises en vente lors d'enchères trouvent des acquéreurs pour la somme de 207 000 euros (en valeur actuelle, car à l'époque, la monnaie en usage était le franc).

À titre d'information, un statère gaulois de 7,63 grammes et de diamètre 21 mm frappé par les Aulerques possède à ce jour une valeur numismatique d'environ 10 000 euros.

Un vigneron archéologue amateur, condamné en justice

Ce "détectoriste" adepte de la recherche des monnaies gauloises (surtout) et romaines a été condamné pour fouilles illégales et vente d'objets archéologiques trouvés dans la Marne. En avril 2012, les douanes de Melun (Île-de-France), arrêtèrent cet homme qui détenait d'une collection d'objets gaulois et gallo-romains provenant de fouilles archéologiques illégales. À son domicile, ils découvrirent un véritable musée personnel, de 2321 pièces archéologiques présentées dans des vitrines. Il fut arrêté au volant de sa voiture avec quatre passagers, alors qu'il se rendait à une bourse aux monnaies anciennes pour vendre quelques artefacts et monnaies anciennes. Il aurait été interpellé lors d'un simple contrôle routier par des douaniers qui trouvèrent en sa possession une pochette contenant notamment 112 monnaies et trois rouelles gauloises dont les prix étaient étiquetés. Une perquisition à son domicile permit la récupération de monnaies en or et en argent, mais aussi des torques et des colliers gaulois ainsi que des fibules, un glaive, des poteries et des poids en bronze... Depuis des dizaines d'années, ce prospecteur amateur d'antiquités effectuait ses propres fouilles, se repérant grâce à des photographies aériennes, et étudiant les revues archéologiques de la Marne, de la Seine et du département de l'Aube. Dans ces trois départements, il existe des tombes gauloises champenoises qui sont des sanctuaires funéraires de guerriers celtiques. Il faut dire que depuis le 19e siècle, plus de 300 tombes à char de l'Âge du Fer ont été répertoriées, dans la région Champagne-Ardenne, mais peu de ces tombes nous sont parvenues intactes, car des pillards viennent récupérer régulièrement leurs contenus. Ces monuments funéraires gaulois possédaient la dépouille d'un guerrier aristocrate, son char, ses parures, son armement (boucliers, casques, glaives, lances) et aussi ses vases, gobelets en céramique et offrandes remontant à la période du second Âge du Fer (vers 450/500 avant notre ère). Dans la région de nombreuses trouvailles ont été effectuées : un casque gaulois d'un modèle rarissime a été trouvé dans une tombe à char, près de Prunay (Marne), une rouelle en or celte provient de Balesne dans la Haute-Marne et un torque (collier) d'or vient de Mailly-le-Camp... L'or des gaulois a toujours frappé les imaginations ; un métal précieux, que les peuples celtiques ont traqué pendant des siècles dans les rivières et les entrailles de la terre de France. Du métal avec lequel ils faisaient de somptueux bijoux, et dont peu d'exemplaires, depuis l'Âge du Fer, nous sont parvenus. Les chefs celtes portaient des torques en métal précieux, des vêtements scintillants de paillettes et de plaques d'or ouvragées. Les tribus gauloises frappaient de superbes monnaies en or qui sont, à l'heure actuelle, très prisées des numismates. Les monnayeurs ont d'abord imité le statère d'or de Philippe de Macédoine, ramené par les mercenaires gaulois en Gaule, et ensuite ont donné libre cours à leur imagination pour leurs créations personnelles. Les objets en or étaient réservés aux puissants celtes et aux Dieux...

Fouiller en quête de trésors, cela se fait depuis la nuit des temps ; cette pratique existait couramment dans l'Antiquité (depuis le 4e millénaire avant J.-C. au 4e siècle de notre ère) : les pyramides d'Égypte, les tombes d'Aksoum (Éthiopie), les divers lieux de toutes périodes des deux Amériques, de certains sites d'Afrique et de bien d'autres endroits dans le monde ont révélé des traces anciennes de pillages sur les sites archéologiques de toutes les périodes de l'humanité...

Revenons à ce "détectoriste" dans le collimateur de la justice : ce vigneron de son état, âgé de 60 ans, amateur archéologue, accusé, avec raison, d'avoir dérobé des centaines d'artefacts anciens sur des sites archéologiques, a été condamné le 8 août 2014, par le tribunal correctionnel de Meaux (Seine-et-Marne) a payer une amende de 197 000 euros pour fouilles illégales (amende douanière correspondant au *double de* l'évaluation des objets saisis par la justice – expertise archéologique de la DRAC –). Selon un avocat général (magistrat placé sous les ordres du procureur général), la formule latine "Dura lex, sed lex" s'applique entièrement dans cette affaire : ce qui veut dire" La loi est dure, mais c'est la loi".

Tentative de spoliation par l'État du trésor archéologique de Tavers dans le Loiret

Depuis des années, archéologues, musées, commissaires-priseurs, chercheurs de trésors et agriculteurs en retraite se livrent une bataille autour d'un trésor qui remonte au 6e siècle avant notre ère.

Le 19 février 2012, un couple d'agriculteurs en retraite donna son accord à deux prospecteurs pour qu'ils procèdent à des recherches métalliques sur leurs terres. Un dépôt, à vocation non funéraire fut détecté (signalé aux services de l'État) et déclaré "trésor national" par le Ministère de la Culture en avril 2016. Il se composait de soixante-cinq éléments (cinquante-huit pièces en alliage de cuivre et sept autres en fer et en plomb) avec cinq colliers (torques) entiers ainsi que cinq autres pièces fragmentaires, dix-huit bracelets dont six entiers, quatre anneaux de chevilles ou bracelets fragmentaires, trois armes et des fragments de vaisselle. Ce trésor gaulois détecté a été mis au jour à une profondeur d'environ trente centimètres.

Cet antique dépôt remonte à la période de l'Hallstatt (entre 625 et 520 avant notre ère), et a été mis au jour dans un champ par les deux passionnés d'archéologie à l'aide d'un détecteur de métaux. A leur grande stupéfaction, lorsqu'il voulurent faire la déclaration légale de leur trouvaille, les agriculteurs, propriétaires du dépôt, subirent des menaces des Services du Patrimoine de l'État : "*Vous pourriez finir en prison pour une durée de sept ans et recevoir une amende de 3000 euros voire plus, pour recherche archéologique interdite au détecteur* »...

Lors d'une expertise à la DRAC d'Orléans, au sujet de la valeur des objets, il sera même répondu au fermier : "*Pour la valeur, voyez avec un brocanteur*".

De guerre lasse, les propriétaires envisageaient de vendre ce trésor de l'âge de fer aux enchères au plus offrant. Cela souleva l'émoi dans le milieu des archéologues, et suscita la convoitise des plus grands musées internationaux.

La Maison Rouillac, chargée de la vente, affirme avoir subi lors de la vente publique et avant le contrat de gré à gré, des pressions énormes et inédites, avec une campagne de dénigrements d'ampleur odieuse et injurieuse, à laquelle elle n'était pas préparée. Une plainte à ce sujet a d'ailleurs été déposée par cette société de ventes aux enchères contre plusieurs personnes du Ministère de la Culture...

Selon Aymeric Rouillac, commissaire-priseur, il s'agirait du dernier trésor archéologique mis en vente légalement dans notre pays.

C'est grâce à l'intervention personnelle du directeur du Musée de Saint-Germain en Laye, que cette affaire litigieuse s'arrangea.

Une nouvelle loi, concernant le patrimoine (07/2016) stipulait que : "Toute découverte archéologique est la propriété de l'État français". Cela induisait donc l'interdiction systématique de la vente d'artefacts archéologiques mis au jour, et permit au musée d'Archéologie Nationale de Saint-Germain-en-Laye d'acquérir ce "morceau de patrimoine national" pour la somme de 50000 euros (estimation de base lors d'une expertise) le 04 mai 2019 lors d'enchères au château de Meung-sur-Loire.

L'affaire du trésor de Laignes (Côte-d'Or)

Cette affaire judiciaire est un exemple symptomatique parfait, des enjeux actuels de l'archéologie en France.

En octobre 2012, cinq individus, munis d'appareils de détection mirent au jour, dans le champ d'un agriculteur, 2000 monnaies celtiques en argent. En 2013, un "archéologue internaute" signala à la DRAC la diffusion de monnaies lors d'une discussion sur le réseau social Facebook...

La gendarmerie, diligenta une enquête. Des perquisitions aux domiciles des prospecteurs révélèrent que ces pièces gauloises provenaient d'un champ du Châtillonnais (pays voisin de l'Auxois). Averti, le propriétaire du terrain déposa une plainte pour vol et les cinq personnes furent jugées *pour fouilles clandestines et vol* au tribunal correctionnel de Dijon. L'ensemble numismatique, aux dires d'experts, était estimé à 200000 euros (soit 100 euros pour chaque exemplaire). Deux lots avaient déjà fait l'objet d'une transaction financière pour la somme de 30000 euros et d'autres parties fractionnées de cet ensemble avaient également été vendues à plusieurs collectionneurs. La majeure partie des monnaies fut cependant récupérée par la police à l'exception de celles mises en vente sur Internet. Cette affaire fut révélée au public en 2014 et les cinq personnes furent condamnées au même titre qu'un retraité ayant servi d'intermédiaire dans la vente de plusieurs pièces.

Le tribunal de Dijon prononça les peines suivantes :

- De la prison avec sursis ;

- Des amendes allant jusqu'à 3000 euros

- Le versement solidaire à l'association L'APPAH de la somme de 10 000 euros en plus des frais de procédure.

Le propriétaire du champ, concerné par cette affaire, se vit attribuer 14 000 euros de dommages et intérêts mais dut verser à l'État 5 000 euros. Une partie du trésor lui fut restituée.

Une autre partie fut destinée à un musée. Les monnaies sont toujours en cours d'étude (cela doit prendre cinq années au maximum), car il s'agit d'un magot historique en relation avec l'occupation du site d'Alésia par les troupes de César lors de la Guerre d'indépendance des Gaules (lieu à une heure de marche de l'oppidum). Ce trésor, d'après certains archéologues, serait donc en lien avec la solde de guerriers et mercenaires gaulois ayant participé au siège d'Alésia.

La détection serait-elle devenue illégale en France ? La circulaire dite "Fiche technique patrimoine" du ministère de la justice ?

Un document édité par les services de l'État, en avril 2017, donne des précisions sur l'art, l'archéologie ou l'histoire.

Cette fiche du Ministère de la justice intitulée" Traitement judiciaire des atteintes au patrimoine culturel archéologique et historique" fut largement diffusée dans tous les services concernés par la protection du patrimoine.

Actuellement, il ne possède aucune valeur juridique, mais même sans aucune valeur de loi, ce texte explique aux juges et aux forces de l'ordre la conduite à tenir dans le traitement des infractions au patrimoine et notamment dans le cas précis de l'utilisation d'un détecteur de métaux par un particulier. Il explique notamment qu'en cas de réquisition, le conservateur en chef du patrimoine, près du SRA de la DRAC, est compétent pour des expertises judiciaires avec une évaluation des artefacts délictueux donc sur une base officielle servant pour une amende douanière ou pénale.

Il est choquant de constater, à la lecture de ce texte, que les autorités culturelles et notamment la DRAC sont de fait juges et parties dans une affaire d'utilisation de matériel de détection, et susceptibles d'effectuer une interprétation erronée de la loi française (un expert devant être indépendant)...

Contrôle d'identité abusif, rappel systématique à la loi, convocation au poste de police, amende, perquisition, confiscation de matériel et immobilisation de véhicule se multiplient chez les "détectoristes" avec pour intention manifeste de décourager et d'interdire définitivement la pratique de la détection métallique.

Et pourtant! La Commission Européenne a déclaré encore récemment que cette activité est parfaitement légale" hors site archéologique", et elle a aussi affirmé qu'elle pourrait punir d'une forte amende l'administration française en cas de limitation, même partielle, de ce loisir.

Il est, par ailleurs, surprenant d'entendre par l'intermédiaire des médias, de la part de la DRAC et aussi de l'HAPPAH (Association "anti-détection" très médiatique) que la détection n'est pas un loisir et que ceux qui pratiquent cette activité méritent le flagrant délit et des poursuites judiciaires !

De nombreuses personnes se sont donc retrouvées, ces dernières années, poursuivies et même condamnées pour "pillage archéologique".

Les pillards de Betteville-sur-Laize (Calvados)

Par exemple, en 2014, trois archéologues amateurs qui prospectaient dans un champ de la commune de Betteville-sur-Laize, furent repérés par un archéologue de la DRAC qui savait le site en question répertorié comme recelant des vestiges anciens. Lee professionnel nota l'immatriculation du véhicule des contrevenants. Les fouilles menées à leur domicile conduisirent - entre autres - à la découverte de 227 monnaies gauloises, romaines et médiévales.

Les trois hommes furent condamnés en juillet 2018 par le tribunal de Caen à des peines de 3 à 9 mois de prison avec sursis et à des amendes de 400 à 1 300 euros.

L'enquête de l'OCBE a donc débouché sur un réel délit de fouilles. Ces trois individus risquaient lors de leur procès 150 000 euros d'amende et jusqu'à dix ans de prison (avec sursis ou ferme selon la décision des juges).

L'OCBC

L'OCBC (Office Central de lutte contre le trafic de Biens Culturels) a été créée dans l'année 1975 et le commandement de ce service d'État relève d'un officier de gendarmerie depuis 2002.

Cet établissement centralise les informations (recherches de renseignements, traitement des antécédents judiciaires, écoutes téléphoniques, pose de moyens de géolocalisation, perquisitions, etc.), et appuie les différents services lors des enquêtes policières.

Il travaille avec les douanes, les services fiscaux, les banques et la DRAC (en collaboration avec les services régionaux ainsi qu'avec le Ministère de l'Europe et des Affaires Étrangères – car l'art a maintenant, avec la mondialisation, une dimension internationale).

Lorsqu'un témoin, suite à une détection considérée comme pillage archéologique, alerte la DRAC, cette dernière contacte la gendarmerie qui constate immédiatement le flagrant délit. Dans ce cas précis, une plainte est systématiquement déposée, dans la commune du lieu concerné, par le responsable du service de la Direction Culturelle de la DRAC.

Le champ de Ligné en Loire-Atlantique

Autre affaire récente, révélatrice du climat délétère entre la DRAC et les prospecteurs : un archéologue amateur qui avait déclaré en 2018 une fibule (agrafe ou épingle qui servait à retenir les extrémités d'un vêtement) remontant à la période du Moyen Âge qu'il avait trouvé dans un champ de Ligné (près de Nantes), a été signalé par les archéologues au Procureur de la République.

Ce dernier a poursuivi et condamné le prévenu pour fouille illégale et le "détectoriste" a dû régler au trésor public la somme de 200 euros d'amende et 129 euros de frais de procédure après une audience de jugement au tribunal de Nantes.

Ce prospecteur de l'ouest de la France a en outre été averti, par le juge, qu'en cas de récidive, l'amende serait majorée de 700 euros.

Nous savons tous que les détecteurs de métaux sont en vente libre, mais il serait donc actuellement interdit de les utiliser, à en croire l'administration chargée de notre Patrimoine mais aussi les décisions prises par la justice et son application toute relative de la loi.

Pour clore ce dossier, voici une dernière affaire de détection qui pose question :

Bretagne, le 02 avril 2012, un retraité breton de 73 ans déterre un millier de monnaies romaines du 3e siècle dans un champ à proximité d'une voie romaine.

Cette personne qui prospectait dans un environnement de briques romaines sur la commune de Plouagat (Côtes-d'Armor) disposait de l'accord du propriétaire du champ afin de rechercher des métaux.

La déclaration de trouvaille a été effectuée en bonne et due forme et, comme cela est réglementaire, la DRAC a conservé les pièces dans ses locaux pour étude numismatique durant cinq années.

L'origine de ce trésor remonte à la période des empereurs Gallien (253-268), Claude II (268-270), Victorin (269-271) et Marius (268-269).

Après étude, une partie de ce dépôt fut vendue le 11 juillet 2017 aux enchères par l'hôtel des ventes de Saint-Brieuc en 55 lots. Le total de cette vente atteignit la somme de 10500 euros et le lot le plus élevé est parti pour la somme de 420 euros.

Le prospecteur est donc rentré en possession de la moitié du trésor, le propriétaire du champ en a gardé l'autre partie et la DRAC a conservé les autres monnaies trouvées en fouille (ce qui n'est pas légal – un seul et unique dépôt –). Malheureusement cette histoire risque de mal finir, car un conflit existe entre L'HAPPAH et le retraité depuis la vente aux enchères. Cette "Association antidétection" a en effet déposé plainte contre l'inventeur, considèrant qu'il a mis au jour les artefacts en détection avec certes l'accord des propriétaires, mais sans autorisation des services de l'État, et qu'il existe donc dans cette affaire une transgression des articles L. 531-1 et L. 542-1 du code du patrimoine.

Donc, selon L'HAPPAH, le prospecteur serait hors la loi ne devrait logiquement bénéficier du produit de la vente. Affaire intéressante à suivre, comme on dit, sachant qu'une procédure judiciaire est susceptible de durer des années...

L'APPAH, UNE ASSOCIATION" ANTI-DÉTECTION" DE PLUS EN PLUS PROCÉDURIÈRE

L'APPAH (Association Halte au Pillage du Patrimoine Archéologique et Historique), créée en 2007, dont le président fondateur est Jean-David Desforges, est une association agréée "Patrimoine" depuis 2012 et qui a pour première action la lutte contre les utilisateurs de détecteurs de métaux qui sont systématiquement considérés comme des pilleurs du Patrimoine national archéologique et historique. Il faut savoir que l'HAPPAH peut se porter partie civile dans les affaires impliquant des "découvreurs de trésors".

Ministère Public : le procureur et le magistrat du parquet œuvrent sous l'autorité du procureur général et ils sont au cœur du processus judiciaire. Le procureur est un avocat de la société qui travaille pour l'intérêt public et veille au respect de l'ordre public. Il décide ou non de faire passer en jugement l'auteur d'un délit. Lors d'un procès, il soumet une décision au juge au nom de la société.

Rappel d'une nouvelle donne en matière législative : la loi dite "Le 100 % État français"

Jusqu'à présent, et ce, avant la loi "*Liberté de la création, architecture et patrimoine*" publiée dans l'année 2016, le statut des vestiges archéologiques, mis au jour sur le territoire français, relevait d'un droit de propriété complexe et multiple.

Le nouveau texte sur le patrimoine, voté et promulgué en catimini par les députés et les sénateurs change les rapports entre le citoyen et l'administration, faisant "pencher la balance" du côté de l'État, et conduisant à une véritable spoliation de l'inventeur.

Il s'agit donc d'une appropriation abusive... qui devient légale !

Un texte de loi voté par nos institutions ne doit pas porter atteinte aux droits fondamentaux des citoyens...

La pratique de la « poêle à frire » est encadrée en France, mais depuis une vingtaine d'années, les services du ministère de la culture font une chasse effrénée aux chercheurs de trésors, considérant que les biens culturels français représentent un patrimoine national, ils doivent être soumis à une réglementation très stricte.

L'inventeur du trésor de Montrichard fait appliquer l'article 716 du code civil

Le 28 mars 2007, à Montignac dans le Loir-et-Cher, un maçon portugais, nommé Paulo Ferreira, voit sa vie basculer...

En effet, creusant lors de travaux au rez-de-chaussée d'un ancien commerce, il met au jour un pot en grès contenant 570 pièces d'or et d'argent (pour la majorité d'entre elles remontant aux règnes des rois Louis XIII et Louis XIV).

Conformément à la loi, le trésor sera partagé en deux parties égales entre le propriétaire et le maçon.

Mais cette trouvaille fortuite fut convoitée par l'ancienne propriétaire de la maison (mise au courant de la réalité de cette dissimulation à cet endroit) et par l'employeur de l'inventeur du trésor. La première réclama la moitié du dépôt, mais le juge refusa de prendre en considération sa demande, car elle n'était plus la propriétaire du bien et ne put prouver être le véritable détenteur de ce dépôt de valeur... Le patron de l'entreprise de maçonnerie, pour sa part, estima pouvoir demander une partie du magot de Montrichard, mais il fut aussi débouté par la justice qui conclut ainsi le jugement : « *En droit, il ne peut y avoir qu'un seul découvreur d'un trésor : celui qui l'a vu en premier* ». Suite à ce verdict, l'employeur, s'estimant lésé, licencia son maçon.

La part de l'inventeur, composée de 104 monnaies d'or et de 181 pièces d'argent, fut mise en vente le 06 juin 2008 au château de Chevigny par Philippe Rouillac, commissaire-priseur, et la somme de 272350 euros fut versée au pauvre chômeur à l'origine de la trouvaille.

Petite précision numismatique : lors de cette vente, un double louis d'or "à la mèche longue et à l'effigie de Louis XIV", frappé en 1647 à la Rochelle (1520 exemplaires au diamètre de 30 mm pesant 13,27 grammes), a été adjugé pour la somme de 10000 euros.

2019 : du nouveau pour le trésor gaulois de Piolaine (Ille-et-Vilaine)

Louis-Pol Delestrée dans les *Cahiers numismatiques* de décembre 2019 (revue trimestrielle de la Société d'études numismatiques et archéologiques) révèle l'abandon scientifique du trésor armoricain de Saint-Aubin-du-Pavail par l'État français.

Il y a plusieurs années, deux particuliers trouvèrent lors d'une sortie de détection, dans un champ labouré privé, 603 statères en billon qui furent déclarés et déposés en 2012 au Service Régional de l'Archéologie (SRA) de la DRAC de Bretagne.

À la suite de cette trouvaille, les deux inventeurs participèrent avec une équipe de l'Institut National de Recherches Archéologiques (INRAP) à titre bénévole à une campagne de sondages et de fouilles in situ. 484 monnaies supplémentaires furent à nouveau détectées, en partie grâce à leur participation (monnaies issues de sondages qui furent trouvées à l'aide d'appareils de détection). 1087 monnaies furent réparties en trois lots (inventeurs, propriétaire et INRAP) et un arrangement financier fut trouvé pour que l'État puisse racheter l'ensemble du trésor qui sera attribué au Musée d'Archéologie National (MAN).

De source bien informée, le MAN avait provisionné à l'avance cet achat afin d'acquérir ce trésor dans sa totalité. L'affaire était entendue, mais un fonctionnaire parvint à saboter le processus engagé, en faisant interdire…Cet idéologue de l'archéologie reprochait en effet une atteinte à la bonne conservation de cet ensemble de 1 087 monnaies gauloises.

S'estimant floués, en dépit de leur coopération, les propriétaires (les deux inventeurs et le propriétaire du terrain) reprirent leurs pièces gauloises et le MAN ne conserva finalement qu'une partie du dépôt celtique. Il est vraiment dommageable que ce trésor exceptionnel soit dispersé et qu'une partie échappe à une étude numismatique complète.

PARTIE 3

VALEURS ET NUMISMATIQUE

Matrice de sceau en plomb provenant de Normandie - Sceau dit "paysan", d'époque médiévale.

L'or et le Carat

L'or est généralement ajusté de 2 (soit 8,33 % d'or) à 24 carats (soit 99,9 % d'or) ; le poinçon caractéristique est une tête d'aigle (en France).

L'or, métal mou, est généralement allié à d'autres métaux, comme l'argent ou le cuivre. En bijouterie, le carat est une mesure de pureté de métaux précieux.

Un carat représente 1/24 de la somme totale d'un alliage.

Par exemple, lorqu'on parle « d'or à 15 carats », cela signifie que, dans 24 grammes d'alliage, se trouvent 15 grammes d'or pur. Dans un jonc en or de 18 carats pesant 24 grammes, il y a 18 grammes d'or pur.

L'ambre

Un objet en ambre transformé en œuvre d'art est un trésor

L'ambre que l'on retrouve de l'Europe à la Chine est une résine fossile, remontant à plusieurs millions d'années, qui contient souvent des inclusions animales ou végétales. Cette matière naturelle fascine l'homme depuis la période préhistorique du Néolithique. Ce matériau rare et précieux est considéré au même titre que l'or, et il a toujours fait l'objet d'un commerce florissant (route de l'ambre). Les collectionneurs et les scientifiques recherchent de beaux spécimens et certaines personnes le portent en bijou pour ses prétendues vertus médicales. Autrefois, les Cours royales ou princières se devaient de posséder des objets sculptés dans de l'ambre pour une question de prestige. Cette matière, toujours recherchée de nos jours, affole souvent les enchères lors de ventes publiques. En effet, les œuvres d'art en ambre peuvent atteindre des prix fabuleux à ces occasions...

Quelques exemples de prix constatés lors des ventes aux enchères : le buste italien d'un empereur, daté du 19e siècle, d'une hauteur de vingt centimètres, sculpté dans un bloc d'ambre, a atteint la somme de

22752 euros le 9 mars 2018 à Drouot et une coupe, simulant une coquille sculptée en son centre avec en pied de soutien une femme ou Vénus, s'est vendue le 9 avril 2014 pour un montant de 236550 euros. Un buste d'homme au turban d'une hauteur de 7,5 cm est parti le 16 juin 2017 pour la somme de 1264 euros. Un porte-cigarette orné d'une bague en or cote 766 euros et un « fume-cigare », représentant la naissance de Vénus, en écume de mer et ambre peut monter jusqu'à 6630 euros.

L'ambre est surnommé « Pierre du soleil » par les peuples de la Baltique. Il est possible de trouver ce genre de matière naturelle lors d'une détection, car il a été souvent été transformé en œuvre d'art alliée avec du métal par des artisans. On prête à cette résine végétale fossile (âgée entre 45 millions et 1 million d'années) de nombreux bienfaits pour la santé (propriétés et vertus).

LA NUMISMATIQUE TÉMOIN DE NOTRE HISTOIRE

Histoire de monnaies

Le terme numismatique vient du grec « nomisma » et du latin « numisma » qui veut dire monnaie. Il s'agit de l'étude scientifique des monnaies et des médailles avec pour chacune leur historique d'émission.

La première monnaie apparaît en Lydie sous le règne de Crésus au 6e siècle avant notre ère.

Dès le 7e siècle avant le présent, les monnaies étaient frappées sur une face unique (comme l'Épi de blé de Métaponte, ci-contre).

Athènes et Corinthe furent les premières cités à frapper leurs propres monnayages. En Grèce, près de 1 500 villes fabriquèrent des pièces sur lesquelles étaient représentés les symboles qui leur étaient propres : au 5e siècle avant notre ère, les Athéniens avaient choisi une chouette ; les citoyens de Syracuse avaient, eux, opté pour un dauphin, etc.

En Égypte, furent mis au jour de petits lingots d'argent qui servaient aux échanges commerciaux avant l'apparition de la monnaie.

Au 4e siècle, toujours avant le présent, apparurent les statères de Corinthe...

Lors des 3e et 2e siècles, les superbes exemplaires d'argent d'Alexandre et de Philippe de Macédoine circulent.

Le monnayage grec finira par disparaître avec la création de l'Empire romain en l'an 27 av. J.-C.

Les premières civilisations étant agricoles, on payait en tête de bétail, « per capita » en latin, d'où vient le mot « capital » signifiant richesse. Le terme « pecunia » est tiré de pecus (troupeau) qui était une unité de compte.

À Rome et succédant au troc, arrivent des morceaux de bronze bruts variés (« Aes rude »), mais les premières formes de monnaies ne voient le jour qu'au 4e siècle av. J.-C. avec des lingots de bronze plats, moulés, rectangulaires : les « Aes signatum » qui pesaient 1,5 kg (5 livres romaines) chargés d'une image symbolique, taureau, truie, etc.

Le premier monnayage romain date vers 289 av. J.-C., avec l'ouverture d'un atelier installé près du Capitole.

« L'Aes grave » – bronze lourd – (280 à 212 av. J.-C.) est la première pièce coulée avec diverses valeurs.

Les lingots étant encombrants, les Romains frappent, comme en Grèce, des monnaies en argent à tête de Mars ou d'Apollon avec l'inscription ROMANO.

Vers 240 av. J.-C., l'Aes disparaît au profit d'une monnaie de bronze ou d'argent. Par la suite est mis en place le système du denier en argent et en bronze (quinaire, sesterce, as semis, triens, quadrans, sextans, once).

Lors de la réforme du Haut-Empire (entre 23 et 215 apr. J.-C.), le système romain repose sur l'aureus, le denier (ci-dessous), le sesterce, le dupondius et l'as.

Pour finir, au 3e siècle apr. J.-C., lors d'une période d'inflation, l'Antoninianus remplace le denier d'argent.

Le système monétaire romain est celui qui a connu la plus longue durée et la plus grande expansion géographique.

À la chute de l'Empire romain et à la fin du Bas-Empire, on revient à l'économie du troc et le système monétaire de l'Antiquité s'effondre...

Avant la guerre des Gaules, les Gaulois qui servaient de mercenaires à Rome, Athènes ou Carthage se faisaient rémunérer en monnaies d'or. Ces pièces ramenées en Gaule ont servi par la suite de modèles pour leur propre production. Des ateliers officiels et aussi locaux produisaient de la monnaie en Gaule. Au début, le peuple gaulois faisait de médiocres copies de monnaies romaines de la République puis gravait ensuite, selon sa propre inspiration, ses exemplaires avec des motifs celtiques de plantes, d'animaux et signes divers (dessins stylisés souvent avec des animaux ; tels que le taureau, le loup ou le sanglier...).

Les potins qui circulaient avec les monnaies d'or et d'argent étaient en bronze coulé et ils servaient pour des paiements de faible valeur.

Après la décadence romaine, en Occident, le monnayage mérovingien se met alors en place en France de 428 à 752 puis les monnaies carolingiennes prennent le relais de 752 à 987.

Les pièces féodales portent le plus souvent, et cela jusqu'au 13e siècle, des formes dégénérées du système carolingien qui a succédé à celui des Mérovingiens.

En principe, les féodaux émettent des pièces avec des figures géométriques ou des croix, symboles de la chrétienté et aussi des légendes en latin.

Au Moyen Âge, le droit de battre monnaie a été accordé par le roi de France et ce privilège était donné aux principautés, duchés, comtés, vicomtés, marquisats, archevêchés, évêchés, abbayes, prieurés, seigneuries et cités... Par la suite, les États germaniques et Byzance imitent les frappes impériales.

Il faudra attendre le 14e siècle pour voir l'apparition du « florin » d'or à Florence et les premiers « ducats » d'or (à l'image du Christ et de Saint-Marc) qui sont frappés à Venise.

Le ducat, dit aussi « sequin », se retrouvera même en circulation courante dans les pays orientaux. En 1484, l'once d'argent germanique est normalisée et cette norme se généralise dans de nombreux pays d'Europe : l'écu est frappé en France, le peso en Espagne, le crown en Grande-Bretagne, le scudo en Italie, le rouble en Russie, le dollar en Amérique, le ryal en Orient...

Actuellement, les monnaies royales françaises (allant de 939 à 1848), dont les louis d'or des rois de France, sont très recherchées par les collectionneurs de monnaies anciennes.

Les monnaies dites « Modernes » concernent la période historique récente qui commence, en principe, à la Révolution, et ce, jusqu'à nos jours (d'abord avec les francs et ensuite avec les euros à partir du 1er janvier de l'année 1999).

La numismatique est la science ayant pour objet l'étude des monnaies, des médailles et des jetons, et se révèle indispensable à l'histoire, l'archéologie et la détection métallique. La numismatique ou art des monnaies est donc un loisir passionnant pour le détectoriste qui est également collectionneur de pièces anciennes ou modernes.

La numismatique est une science auxiliaire de l'Histoire antique et moderne qui sert aussi en archéologie, et en particulier comme critère de datation des vestiges.

Cette discipline permet d'apporter de précieux témoignages sur les civilisations, la géographie, l'iconographie... avec l'apport de la connaissance des échanges et de l'économie à toutes les époques de notre histoire.

En France, nous avons plus de 3000 ans d'histoire des métaux. Le plus souvent, ce sont des monnaies, en cuivre des 17e et 18e siècles qui sont détectées : liards, doubles tournois et deniers tournois, monnaies anciennes en bronze qui remontent à la période révolutionnaire, à l'époque de Napoléon III voire des temps modernes avec la 4e ou 5e République en divers métaux.

Il arrive aussi au prospecteur de trouver des pièces moins communes, comme des gauloises (souvent des potins, monnaies coulées dans un moule) ou des romaines en cuivre, en bronze ou en argent (deniers, sesterces, etc.), dont certaines possèdent une grande valeur numismatique. Les pièces en métaux précieux de toutes les périodes sont rarement détectées sous la palette d'un détecteur... L'or, notamment, est rarement mis au jour par les détecteurs de métaux, car il n'était pas utilisé autrefois pour les transactions courantes (sur les marchés, etc.). Les statistiques sont parlantes : près de 80 % des pièces trouvées par des détectoristes sont en cuivre ou en alliage de cuivre. Le métal précieux était presque uniquement utilisé pour les transactions importantes (achats de biens immobiliers, par exemple).

Nota : le double tournois entre 1577 et 1684 était la monnaie du peuple qui a été frappée à des millions d'exemplaires. À noter que les liards de France, royaux ou féodaux ont été émis de 1607 à 1715.

Qui sont les numismates ?

Les monnaies et les médailles n'ont plus de secrets pour les numismates. Dans notre pays, le nombre de collectionneurs est estimé entre 80000 et 150000 et les professionnels sont répertoriés au nombre de 450. Au départ, les numismates sont eux aussi de simples collectionneurs, mais ils ont choisi de faire de leur passion un métier.

Une solide culture générale et une bonne connaissance de l'histoire de l'humanité dans tous les domaines sont indispensables pour exercer cette profession.

Ce sont des professionnels de la monnaie et des médailles, en permanence *sur le métier*, humbles et enthousiastes, ne cessant jamais d'approfondir et de diversifier leurs connaissances.

Le mot « numismate » désigne donc les collectionneurs de monnaies et de médailles ainsi que ceux qui en font profession.

Estimer l'état de conservation d'une pièce est un art et la numismatique est une science

Depuis le 19e siècle, une échelle très rigoureuse d'appréciation des monnaies, adoptée sur le plan international, est mise en place par les numismates ; un mot ou des lettres pour l'état d'une pièce.

Il arrive parfois que la qualité de l'avers diffère de celle du revers, auquel cas deux appréciations seront à fournir à l'acheteur.

En ce qui concerne l'état de conservation de la monnaie, son degré d'usure, il est exprimé en France en six états différents.

Une monnaie est destinée au départ à circuler dans des buts d'achats ou d'investissements, mais elle peut aussi avoir été conservée pour l'épargne, la collection ou le souvenir.

La démarche qui consiste à acheter une pièce destinée à la collection n'est pas anodine, car, plus son état de conservation sera bon, meilleure sera sa cote numismatique.

Pour conclure, l'état idéal d'une pièce de collection doit se rapprocher le plus possible de son aspect d'origine.

N'achetez que des exemplaires au moins en qualité superbe pour les pièces récentes.

Il ne faut jamais oublier que les critères de la valeur d'une monnaie sont multiples : une monnaie ancienne découverte au gré d'une balade en bordure d'une ruine gallo-romaine n'a pas toujours une valeur inestimable et son prix numismatique dépendra de nombreux critères :

- le métal utilisé pour la frappe : or, argent, bronze, cuivre, etc.,
- son origine historique (monnaie émise par un roi ou un empereur, etc.),
- son pedigree (lignée distinguée de l'ancien propriétaire),
- son ancienneté,
- sa rareté (tirage ou nombre d'exemplaires),
- ses anomalies de frappe
- et pour finir, le plus important, son état de conservation (voir ci-dessous).

L'état de conservation définit seulement le degré d'usure et tous les autres défauts doivent être signalés séparément : rayures, coups sur la tranche, polissage... sauf lorsqu'ils sont mineurs.

Le marché numismatique américain (États-Unis) utilise l'échelle de Sheldon, à 70 degrés. Cette échelle américaine est très précise, et particulièrement pour définir les états de conservation les meilleurs avec des estimations qui peuvent doubler, tripler ou même quadrupler d'un exemplaire à un autre. Il faut dire aussi que d'autres pays utilisent des choix de critères différents pour leurs « échelles d'évaluation ».

L'état d'une monnaie est le critère fondamental de sa valeur marchande : en effet, par exemple, une monnaie en qualité dite « splendide », mais présentant un choc sur la tranche, ne pourra pas être considérée dans cet état et sera rétrogradée à un rang inférieur. Il faut dire au lecteur « que plus haut est le degré de conservation et plus le plaisir esthétique visuel sera grand ».

Un conseil important : il faut toujours garder en mémoire que les collectionneurs amateurs et les numismates professionnels refusent systématiquement d'acheter des monnaies qui ont été nettoyées (à cause de l'absence de patine).

Les six niveaux de qualité d'une monnaie définis par les numismates en France

1 – B ou BEAU : il s'agit d'une monnaie de qualité médiocre dont les reliefs sont peu visibles avec une circulation importante. Malgré sa longue circulation, elle reste toujours identifiable dans tous ses détails (date, atelier, marques du graveur). La pièce a perdu son intérêt numismatique sauf lorsqu'il s'agit d'une monnaie rarissime, voire unique.

2 – TB ou Très Beau : la conservation de la monnaie est médiocre avec des reliefs visibles. L'usure est présente et raisonnable sans d'importants défauts. Elle a une longue circulation avec un listel diminué, mais la pièce est toujours identifiable.

3 – TTB ou Très Très Beau : la conservation de la monnaie est dite moyenne. Elle présente une faible usure, de petites traces de chocs et reste agréable à regarder.

4 – SUP ou Superbe : très faible usure des reliefs de la pièce. La monnaie n'a presque aucune trace de circulation, mais il peut apparaître une infime usure. De très petits chocs de manipulation sont visibles, mais la plus grande partie du velours de frappe est toujours présente sans défaut(s) décelable(s), ni sur le flanc, ni sur la tranche.

5 – SPL ou Splendide : aucune usure, la monnaie n'a presque pas circulé. Exemplaire dans son état de frappe, sans la moindre trace d'usure, mais avec de très petits chocs de manipulation visibles à l'œil nu. Le « velours de frappe » de la pièce est presque intact.

6 – FDC ou Fleur de Coin : pièce strictement dans son état d'origine de frappe et qui possède l'intégralité de son velours. En estimation, sa cote numismatique est donc à son maximum.

Une estimation avec l'utilisation de l'échelle de Sheldon est conseillée, car pratique et très précise. Cependant, certains numismates et auteurs de livres sur les monnaies utilisent, en plus de la lettre C (Courant), la notation R (pour Rareté) suivie d'un chiffre.

Dans le Catalogue Gadoury de cotation de monnaies françaises, est employé, pour les monnaies royales, un système à 5 grades (R1, R2, R3, R4, R5) plus la lettre C (Courant) et donc une évaluation avec 6 degrés.

La société numismatique CGB Paris utilise un système avec 3 notations pour une monnaie :

- R1 pour assez courant,
- R2 comme rare,
- R3 pour très rare avec aussi les deux lettres H.C. (hors cote).

Les différentes monnaies susceptibles d'être détectées lors d'une sortie de loisir :

- Les monnaies grecques sont rarement retrouvées en France lors de prospection (sauf dans le sud du pays – Marseille). Elles ont été émises par les cités entre 650 et 491 apr. J.-C.,
- Les byzantines de 491 à 1453 après J.-C. ne sont que rarement détectées dans notre pays,
- Les gauloises qui sont à l'origine des imitations de pièces grecques et macédoniennes. Les gaulois utilisaient dans leur système monétaire trois métaux différents (or, argent et bronze),
- Les romaines : les sesterces sont actuellement très recherchés par les numismates professionnels et les collectionneurs amateurs pour leur module de taille importante (superbes réalisations de portraits d'empereurs romains). Ces pièces aux scènes diverses, en avers et en revers avec leurs patines de diverses couleurs sur leurs surfaces métalliques, sont le plus souvent usées à cause d'une longue circulation monétaire, et se révèlent souvent oxydées (la patine verte est celle qui est la plus courante). Les sesterces romains ont donc une haute valeur numismatique, car leurs modules fournissaient aux graveurs un espace large pour créer des portraits très détaillés avec de splendides revers. Les plus recherchés par les numismates sont ceux de l'empe-

reur Néron. Les sesterces furent produits pendant plus de trois siècles à des millions d'exemplaires, mais actuellement seuls quelques milliers ont survécu. La valeur numismatique des exemplaires les moins bien conservés se négocie aux alentours de 15 euros. Les pièces rares, et en excellent état, peuvent atteindre des milliers d'euros lors d'enchères en salle des ventes. Incroyable, mais vrai ! Un sesterce de l'empereur Hadrien a même été adjugé pour la somme de 2 millions de francs Suisses à Genève en décembre 2008. À son avers, le portrait d'Hadrien avec une tête nue et une barbe et au revers en figuration, la « Paix » debout tenant une corne d'abondance et une branche d'olivier. Cette fameuse enchère fait de ce petit « monument Antique » un record de prix en numismatique,

- Les mérovingiennes et les pièces des Wisigoths de 470 à 751 sont des plus rares (cote numismatique élevée). Par exemple : une monnaie en or (3 ou 4 g) vaut plus de 400 euros,

- Les carolingiennes frappées entre 751 et 987 sont des monnaies françaises très recherchées,

- Les féodales et les royales de 987 à 1 793 (fin des frappes en 1736 pour les monnaies féodales en France) sont régulièrement détectées par les passionnés de détection,

- Les modernes françaises de 1793 jusqu'en 2001 (dernière année de frappe des françaises),

- Les euros à partir de 1999 dont la frappe millésimée continue toujours de nos jours pour les pays de l'Union Européenne. Il convient de conserver ceux de certains petits États (avec un faible tirage) ou aussi ceux présentant des défauts (frappe décentrée, face et revers identiques, centre cuivré, monnaie incuse[1], tranche défectueuse, décalée, etc.). Certains exemplaires fautés peuvent valoir plusieurs centaines d'euros sur le marché numismatique, ce qui n'est rien comparé à la cote des pièces fautées américaines qui sont estimées entre 30 000 et 350 000 dollars. Quand l'imperfection d'une monnaie vaut de l'or,

1 Se dit d'une empreinte monétaire en creux ; d'une monnaie présentant au revers le même type qu'à l'avers, mais en creux et inversé.

il convient d'ouvrir ses yeux et de conserver précieusement les euros fautés de son porte-monnaie.

À SAVOIR AVANT DE VENDRE UNE MONNAIE ANCIENNE

Nombreuses sont les personnes qui possèdent des pièces démonétisées : détectées dans la nature, récupérées chez des tiers ou bien qui en héritent de leurs proches...

Ne connaissant pas la valeur de ces monnaies, et désirant souvent s'en séparer afin d'en tirer profit, elles ont toutes les chances, ou plutôt la malchance, de rencontrer chez les commerçants, numismates, marchands d'antiquités, dans les brocantes, braderies et vide-greniers, des personnes peu scrupuleuses, prêtes à leur acheter leurs pièces pour une bouchée de pain.

Cependant, dans le domaine de la numismatique, la prudence s'impose, car, si la plupart des monnaies anciennes ou modernes n'ont pas une grande valeur, certains particuliers détiennent parfois de grandes raretés. Ainsi, des exemplaires uniques ou rarissimes pouvant valoir plusieurs centaines, voire des milliers d'euros, peuvent rester dormir pendant des années dans de vieilles boîtes sans avoir été expertisés par un numismate professionnel et vendus à vil prix à des amateurs éclairés ou à des professionnels malhonnêtes. À signaler qu'il existe aussi des monnaies des médailles françaises des 15e, 16e et 17e siècles avec une excellente cote numismatique : en effet, depuis le début de la Renaissance, de nombreuses médailles créées en l'honneur des rois et des hauts dignitaires du royaume peuvent être collectionnées. De grands artistes ont été des médailleurs de talent et leur production compte parmi les œuvres d'art les plus réussies. Cependant, les médailles sont néanmoins moins recherchées que les monnaies par les collectionneurs amateurs et les professionnels donc leurs cotes numismatiques sont moins élevées.

La vente de votre trésor ou de vos monnaies à un professionnel est dans votre intérêt

Dans un catalogue de vente numismatique, vos monnaies sont répertoriées, pesées, référencées avec leurs axes de coins, classées et photographiées avec l'assurance de l'authenticité, de la qualité et de la provenance. Il s'agit de la garantie d'avoir un prix de vente correcte (estimation souvent dix fois plus élevée que lors d'une vente bradée de vos exemplaires à un amateur ou un commerçant non spécialisé). Il est indispensable donc de faire appel à un numismate professionnel, qui a pignon sur rue, (voir la liste de quelques numismates professionnels sélectionnés et conseillés) afin de vendre vos « trésors » relevant de la numismatique.

Qu'est-ce qu'une monnaie rare ?

Il s'agit d'une pièce dont il est connu moins d'exemplaires qu'il n'y a de collectionneurs à la rechercher. Par exemple, le nombre de numismates à rechercher des monnaies modernes est estimé à environ une trentaine de milliers en France.

La patine chimique d'une monnaie

La création d'une patine est une réaction qui se fait à la surface des pièces sous l'action de l'oxygène et des particules chimiques qui sont présentent dans l'air. Chimiquement, une oxydation se colore de manière des plus diverses selon les métaux et l'environnement d'un dépôt monétaire (plusieurs couleurs de patine existent selon le milieu d'enfouissement et l'exposition à l'air).

Conseil numismatique important : comme il a déjà été signalé, il est impératif de ne jamais toucher à la patine d'une monnaie (une preuve d'authenticité) qui peut devenir une véritable couche d'oxyde : verte sur le cuivre, noire sur l'argent ou autre si métal différent des deux précédents.

Nettoyage d'une monnaie :

Vous trouvez une monnaie ? Limitez-vous à un nettoyage avec de l'eau : il ne faut jamais utiliser les produits de décapage proposés par les bijoutiers et qui sont destinés à rendre le brillant d'origine d'une pièce ancienne ou moderne, car elle perdrait immédiatement une partie de sa valeur. Important à retenir : on ne répétera jamais assez, au collectionneur amateur, que seuls un numismate professionnel ou un spécialiste des métaux sont habilités à nettoyer une monnaie de qualité.

La qualité belle épreuve d'une pièce (BE)

Une belle épreuve (BE) est une frappe spéciale réalisée avec des coins neufs ; c'est le niveau de perfection et de conservation le plus élevé en numismatique.

En qualité BE, le relief de la monnaie est mat avec le fond qui se présente comme un miroir. Cette qualité de frappe correspond à l'anglais « PRF » ou « PROOF ». Les pièces « BE » sont destinées uniquement à la collection numismatique.

La qualité brillant universel (BU)

La monnaie est tirée en série limitée avec des flancs neufs. La pièce possède un relief régulier et conserve son aspect brillant d'origine (tirage uniquement affecté aux numismates).

Le velours de frappe

Un coin monétaire, après plusieurs centaines de frappes, se dégrade progressivement, ce qui est la conséquence des chocs répétés à la suite des opérations du professionnel dit « Monétaire ».

La présence d'un velours intact est donc synonyme d'un état de conservation parfait (un coin neuf, pas de contact sur le métal et sans circulation de la monnaie). Il est important de dire que le statut d'une pièce frappée avec une matrice neuve qui n'a pas été mise en circulation est parfait et ainsi la valeur numismatique de l'exemplaire est au top niveau (avec une cote élevée sur le marché).

Remarques importantes sur l'état d'une monnaie moderne

La mention FDC ou *Fleur de Coin* est initialement et exclusivement réservée aux pièces qui se présentent dans les meilleures conditions (cadence réduite de frappe, utilisation de coins neufs, absence de défauts) et que l'on ne retrouve que dans des coffrets FDC et BU de la Banque de France.

Il existe très peu de pièces dans un état FDC frappées avant l'année 1964 pour les pièces modernes françaises. Rappelez-vous qu'une monnaie qui n'a jamais circulé (dite « *uncirculed* », en anglais) ne doit présenter aucun dommage ou éraflure sur sa tranche. Dans le cas d'une pièce sortie d'un sac de banque ou d'un rouleau avec une éraflure, cela lui fera perdre son statut de pièce qui n'a pas circulé.

En cas d'échange, par correspondance, ne pas hésiter à demander un « scan » ou une photographie pour juger par vous-même de son état de conservation réel.

Si vous mettez la main sur une monnaie d'avant l'année 1900 dans un état FDC, surtout conservez-là ! Sa valeur réelle pourrait vous surprendre. Consultez les ouvrages numismatiques récents pour avoir sa cote réelle.

Comment commencer une collection ou comment se procurer des monnaies ?

L'amateur de monnaies anciennes ou modernes démarre souvent sa collection avec la vision de quelques pièces au fond d'un porte-monnaie ou d'un tiroir de famille.

Collectionner les monnaies, c'est vouloir retrouver ce que les anciennes générations avaient dans leur bourse ou dans leur porte-monnaie.

Collectionner, c'est aussi tout simplement remonter l'histoire de l'humanité, de son pays, de ses ancêtres, de ses proches ou même de sa propre histoire personnelle...

Le plaisir premier de la collection est la quête des monnaies, vient ensuite la culture et la connaissance de l'histoire. La recherche d'informations dans les bibliothèques publiques et privées, les archives diverses (notariales, d'assureurs, etc.), les revues numismatiques et la collecte de renseignements d'origines diverses est passionnante, et permet un enrichissement continuel de l'esprit grâce à ces petits supports métalliques anciens ou modernes. Tous les documents anciens ou modernes sur la numismatique (les monnaies) ou les trésors (perdus ou retrouvés) constituent un fonds inépuisable et de première importance pour celui qui mène sa course aux trésors.

Les différentes possibilités qui s'offrent aux numismates pour constituer une collection :

- Cherchez dans votre porte-monnaie des pièces en bon état ayant peu circulé dans des états supérieurs à la normale : SUP, SPL et FDC.
- Réclamez des monnaies à vos proches (en parlant de votre passe-temps aux parents, amis, etc.).

- Présentez-vous à votre banque : récupération de rouleaux de pièces neuves ou de monnaies de différents millésimes en privilégiant les années rares donc avec un faible tirage.
- Voyez auprès d'autres collectionneurs, clubs et associations numismatiques.
- Visitez les numismates professionnels qui offrent un choix important de monnaies.
- Effectuez des achats de pièces par Internet ou par correspondance.
- Procédez à des achats de pièces sur les marchés aux puces, dans les braderies, brocantes, salons de numismatique qui se déroulent dans toute la France et foires aux antiquités.
- Investissez dans des monnaies lors de ventes aux enchères (Drouot à Paris ou dans des sociétés de ventes aux enchères régionales).
- Détectez avec un appareil moderne de type VLF ou PI (termes anglais) dans l'espoir de mettre au jour une monnaie ancienne ou moderne avec un détecteur de métaux ou de découvrir un trésor (ensemble de monnaies de plus ou moins de valeur) d'une manière fortuite…

Il est possible de collectionner les pièces de la façon suivante :

- Par atelier : cette manière de collectionner est difficile à réaliser.
- Par valeur faciale : il faut réunir par exemple toutes les monnaies de cinq centimes ou tous les écus de cinq francs.
- Par type : le but de cette collection est de collecter un exemplaire de chaque modèle.
- Par période ou par règne : par exemple, le choix est fait de réunir toutes les pièces d'un empereur ou d'un roi. Une idée pour une collection numismatique peu coûteuse : il est possible d'accumuler les monnaies modernes par millésime.

Les différents métaux et leur nettoyage

- OR : métal précieux d'un jaune brillant et inaltérable à l'eau et à l'air. Cette matière de grande valeur marchande ne s'oxyde pas, mais elle ne doit jamais être passée à l'électrolyse. L'or est le plus malléable de tous les métaux et il est présent sur tous les continents. À noter que seules quelques compositions chimiques peuvent l'altérer ou même le dissoudre comme « l'eau régale » que l'on trouve en bijouterie et qui permet de connaître la teneur en or d'un bijou. Le mercure est utilisé par la majorité des orpailleurs pour récupérer ce métal précieux, mais ce procédé est malheureusement très polluant pour l'environnement. À signaler qu'un kilogramme d'or tient dans un paquet de cigarettes. L'or se trouve à l'état pur et sous forme de veines mélangées au quartz dans les dépôts alluvionnaires ou sédimentaires. Ce métal précieux se manifeste sous la forme de pépites ou de paillettes. Il faut dire qu'une monnaie constituée d'or est à nettoyer uniquement avec de l'eau savonneuse bouillante. Le point de fusion de l'or est de 1064 (degré Celsius) ; symbole chimique : AU ; densité : 19,3 ; nombre atomique : 79.

- ÉLECTRUM : il s'agit d'un alliage d'or et d'argent. Ce métal est de couleur jaune pâle et moins brillant que l'or pur, mais sa couleur peut varier suivant les proportions d'or et d'argent. Cet alliage était souvent utilisé pour la frappe des monnaies grecques, gauloises et romaines.

- ÉTAIN : rarement utilisé pur à cause de sa trop grande malléabilité et de son problème de conservation dans le temps, ce métal est l'un des ingrédients du bronze.

- ARGENT : il se conserve assez bien dans le temps et ne d'oxyde que très peu (couleur noirâtre ou violette que l'on rencontre le plus souvent selon les circonstances et les conditions de conservation). Pour le nettoyage du métal composé d'argent, il convient d'utiliser une solution à trente pour cent d'acide formique en rinçant fréquemment l'objet ou la monnaie et en faisant bouillir dans de l'eau distillée ;

ou encore de laver le métal à l'alcool ou à l'éther, voire dans de la lessive.

- BILLON : il est composé d'un alliage de cuivre à plus ou moins forte teneur d'argent. Une monnaie avec 50 % d'argent est un « billon blanc ». Une pièce est dite « saucée » lorsqu'elle est recouverte d'une mince couche d'argent (le plus souvent sur une monnaie romaine ou royale).

- BRONZE : alliage composé principalement de cuivre et d'étain. Pour le nettoyage, il faut frotter la monnaie avec de l'huile végétale et essuyer l'exemplaire avec un chiffon doux. Ce métal est réservé à la monnaie divisionnaire.

- MAILLEFORT : du nom de deux ouvriers lyonnais qui l'inventèrent par erreur en se trompant dans une coulée : Maillot et Chorrier. Cet alliage utilisé de manière variable est à base de cuivre et de nickel.

- ORICHALQUE : genre de laiton (métal utilisé en numismatique romaine et pour quelques frappes gauloises).

- POTIN : variante du billon, alliage de métaux différents (étain, 25 %, laiton, plomb). Les monnaies gauloises en potin (les plus courantes à trouver lors d'une détection) étaient coulées dans un moule et non frappées. Ce type de pièce ancienne est à nettoyer avec de l'eau savonneuse. Il est à signaler que certains potins gaulois sont très rares et que d'autres non répertoriés sont même uniques.

- CUIVRE : un des plus vieux métaux monétaires utilisés par l'homme. Ce métal se conserve plus difficilement que le bronze ; les monnaies à haute teneur en cuivre se dégradent donc plus vite, par exemple, les « *double d*enier tournois « dit aussi « double tournois » furent émis par les rois de France à destination du peuple pour le règlement des petits achats à partir du 13e siècle. Il est à noter que six deniers tournois valaient un sou tournois. Le cuivre se traite facilement par électrolyse ou avec un traitement identique à celui du bronze.

- PLOMB : les objets fabriqués dans ce métal sont relativement fragiles. Le plomb s'oxyde en présence de l'air (oxydation blanchâtre visible sur l'artefact). Le traitement de ce métal se fait par électrolyse comme pour les monnaies constituées de cuivre.

- ALUMINIUM : l'utilisation de ce métal très léger et de teinte gris clair est récente en numismatique. Ce matériau est présent dans notre pays depuis le milieu du 19e siècle. Il est souvent difficile de nettoyer un élément fabriqué dans l'aluminium. Une monnaie frappée dans ce métal est à nettoyer à l'eau chaude et au savon liquide.
- LAITON : alliage de cuivre et de zinc (fragile à la conservation) qui donne des monnaies dégradées avec le temps. Très peu utilisé en dehors de la frappe de monnaies *de nécessité*.
- NICKEL : un des métaux les plus couramment utilisés de nos jours (par alliage ou pur).
- SPECULUM : alliage d'étain, de plomb, de cuivre et de fer.
- ZINC : métal de nécessité (gris mat) pour les frappes officielles durant la seconde guerre mondiale en Europe à partir de 1942. Il ne faut jamais nettoyer une monnaie constituée de ce métal
- FER : pratiquement jamais utilisé dans la fabrication des pièces, car il s'agit d'un métal lourd et oxydable. Peu de monnaies ont donc été conçues dans cette matière (hormis une pièce moderne française et quelques autres monnaies dites « de nécessité »). Les exemplaires frappés dans ce type de métal en fer sont à nettoyer à l'eau et au savon. Il est ensuite conseillé d'essuyer leurs surfaces.

Ces pièces négociables qui valent de l'or

Les monnaies d'or (modernes) cotées en bourse continuent actuellement de prendre toujours plus de valeur et ce, sur le long terme. Si vous en possédez quelques-unes, vous serez sans doute surpris par les cotes numismatiques (les pièces françaises dites « Napoléons » sont les plus courantes à trouver).

Thésaurisation

Terme technique économique décrivant la volonté de garder son argent en dehors du circuit économique.

Actuellement, les Français détiennent entre 3000 et 5000 tonnes d'or, soit deux fois plus que l'or détenu dans les coffres de la Banque de France (selon une estimation officielle). Ces lingots ou pièces d'or sont thésaurisés soit par des institutions diverses (banques, sociétés, etc.) soit par des particuliers. Elles ne sont ni mises en circulation, ni placées.

Liste des monnaies en or actuellement négociables sur le marché

- Les 20 francs or Napoléon : monnaies frappées entre 1803 et 1914 ; on distingue les : Coq, Marianne, Génie, Napoléon 1er, Napoléon III avec un poids pour chacune de ces pièces de 5,80 grammes d'or.

- Les 10 francs Napoléon : elles furent émises entre 1850 et 1914.

- Les 20 francs or suisses : ces pièces furent produites de 1883 à 1949 ; deux types existent pour ce modèle de 20 francs : le « *Liberté à la Confédération helvétique* » et le « *Vréneli* » avec 5,80 grammes.

- Les 20 francs Union Latine : ces pièces regroupent des exemplaires en titre, poids et diamètre équivalents à la pièce de 20 francs or française. Elles sont créées à l'effigie des souverains Victor-Emmanuel d'Italie, Léopold de Belgique, en Hongrie, Autriche, Grèce, Belgique, Monaco, Roumanie, Russie, Sardaigne, Bulgarie, Serbie et frappées de 1816 à 1922. Le poids de ces différentes pièces de 20 francs est de 5,80 grammes.

- Les souverains anglais : ces monnaies modernes, qui sont l'équivalent du 20 francs Napoléon, furent produites de 1817 (à partir du roi Georges III) à 1932 avec les effigies des souverains Georges III,

Georges IV, Guillaume III, de la reine Victoria, des rois Édouard VII et Georges V ; le poids de ces exemplaires est de 7,32 grammes, le premier souverain Anglais a été créé dès 1489 sous le règne de Henry VII.

- Les pièces en or de 50 pesos mexicain : elles ont été frappées entre 1921 et 1947 ; ces monnaies contiennent 37,50 grammes de métal précieux (nota : d'autres monnaies existent),

- Les 20 et 10 dollars or : elles pèsent respectivement 30,09 et 15,04 grammes.

- Les pièces de 20 dollars qui sont des « Têtes de liberté » frappées entre 1849 et 1907. Les monnaies américaines « Statue de la Liberté » *type de Saint-Gaudens* (du nom du sculpteur qui les a dessinées) ont été émises entre 1907 et 1933. La frappe de cette pièce se termine dans l'année 1933 ; millésime qui, à quelques exceptions (moins d'une dizaine d'exemplaires), ne sera pas mis en circulation en 1933 aux États-Unis. En effet, le New Deal de Roosevelt a interdit la circulation et la détention d'espèces en métal précieux. Le 20 dollars US, pièce en or à la date de 1933, est donc l'une des monnaies les plus rares et des plus chères du monde pour la numismatique moderne (son nom est le « double aigle d'or »),

- Les pièces de 5 dollars : monnaies américaines fabriquées entre 1834 et 1908 pour ce qui concerne les « Têtes de Liberté » et entre 1908 et 1929 pour les « Têtes d'Indiens ». Le poids de ces exemplaires est de 7,52 grammes.

- Les 20 reichsmarks allemands : ils se trouvent entre les années 1871 et 1915 dans les états indépendants de l'empire allemand ; il en existe plus de cent modèles différents au poids de 7,17 grammes.

- Les 20 francs Tunisie : chaque exemplaire pèse 5,80 grammes.

- Les 10 florins de Hollande : ces monnaies pèsent 6,05 grammes d'or.

- Les 5 roubles Nicolas II : ils ont un poids de 3,87 grammes d'or,

- Les Krugerrands d'Afrique du Sud : ces monnaies possèdent un poids de 31,10 grammes.

Nota : un trésor composé de 497 monnaies de 20 dollars américains, frappées entre 1851 et 1928, a été découvert en février 2012 par des ouvriers, dans le plafond de l'établissement Alexandre Bonnet du groupe Lanson, (Champagne Riceys) dans l'Aube ; soit un total de 17 kg d'or pour une valeur d'environ 750000 euros (estimation en 2016). Ces pièces seraient liées « *aux exportations vers les États-Unis sous la prohibition, dont on peut penser qu'elles étaient payées en espèces, du fait de cette interdiction de l'importation des vins et autres boissons alcoolisées* », selon une déclaration du PDG de cette maison productrice de champagne.

« THE BEST » DE LA NUMISMATIQUE, QUELQUES RÉSULTATS EXCEPTIONNELS D'ENCHÈRES

Régulièrement, des lots de monnaies sont vendus aux enchères. Ces dernières années des pièces exceptionnelles (anciennes ou modernes) battent des records dans les ventes publiques nationales et internationales. Aux États-Unis, certaines monnaies font des records d'enchères : « Double Eagle » en or de 1933 ; le dollar en argent de 1794 ; « Le Brasher Doubloon »; « Le Liberty Head Nickel » de 1913 à la valeur faciale de 5 cents et quelques autres…

Les monnaies royales françaises en or, depuis Philippe VI de Valois (1328-1350) jusqu'à Louis XVI (1774-1793) sont nombreuses et très recherchées : écu d'or – dont celui à la couronne – mouton d'or ou agnel d'or, royal d'or, franc à cheval, franc à pied, salut d'or, louis ou demi-louis d'or, double louis d'or…

L'augmentation continuelle des prix sur le marché numismatique et la raréfaction de certains exemplaires dans un état exceptionnel poussent les collectionneurs à s'orienter vers des exemplaires moins rares, voire plus communs :

- Un statère gaulois avec le profil de Philippe de Macédoine a été adjugé, il a quelques années, pour 6 000 euros.

- Une monnaie dite « pavillon d'or » de Philippe VI a atteint 12 500 euros.

- En décembre 2008, une masse d'or de Philippe le Bel (le Roi maudit) a été vendue à un collectionneur pour la somme de 32 000 euros.

- Une couronne d'or de Philippe VI de Valois a été créditée de 35 000 euros. Il s'agissait d'une rarissime pièce frappée en 1340.

- Une monnaie bretonne, un cavalier d'or, de Jean V (1399-1442), s'est vendue 8 400 euros en juin 2009.

- Un rarissime ducat italien de François II de Toscane, Florence, monnaie d'or pesant 3,46 grammes qui possède un diamètre de 2,10 cm, a atteint la somme de 14 656 euros (frais compris) en mai 2012.

- La cadière (ou chaise) est une monnaie bretonne d'Anne de Bretagne (reine et duchesse) ; en décembre 2009, elle atteignit après un rude combat aux enchères, la somme de 41 000 euros. En 1498, Charles VII, roi de France, et époux d'Anne de Bretagne, meurt. La première décision de sa veuve est de faire battre monnaie pour affirmer son autorité (privilège des rois). La duchesse bretonne est, sur cet exemplaire, représentée assise sur un trône ; il ne serait à ce jour répertorié que deux exemplaires de cette pièce.

- Un angelot d'or d'Henri VI, roi de France et d'Angleterre, émis à Saint-Lô, a atteint le prix de 28 000 euros.

- Un salut d'or d'Henri VI, vendu 2 000 euros, et un autre du roi Henri V (pièce rarissime) a été adjugé pour la somme de 2 500 euros.

- Un écu d'or au soleil, frappé à Gênes sous François I, a fait 26 700 euros en mars 2009. Un florin de Gaston III – Phébus – (1344-1391), frappé dans le Béarn a atteint 15 000 euros en avril 2009.

- Un rarissime florin émis sous Amédée VII (avec un poids de moins de trois grammes, et dont la « fleur florencée », emblème de la cité Toscane, est remplacée par un masque surplombant les armes de Savoie), estimé à l'origine 7 000 euros, est finalement parti chez un collectionneur pour 22 118 euros en novembre 2009.

- Un pavillon d'or du prince Noir (entre 1362-1372) est parti à 11 000 euros en avril 2009.

- L'aureus de l'épouse de Septime Sévère, d'un poids de 7,41 grammes, a été vendu 95 000 euros en juin 2010. Il est à signaler que les aurei de Tibère, Claude, Néron, Galba, Trajan, Dioclétien en état *TB* sont très recherchés par les collectionneurs et donc estimés entre 1 000 et 5 000 euros.

- Un tristatère carthaginois en électrum, estimé 20 000 euros, a été cédé à un amateur passionné de numismatique pour 250 000 euros... Les monnaies de Carthage atteignent des cours très élevés en salle des ventes. Cet exemplaire rarissime a été vendu en octobre 2011.

- Un statère Pyrrhus d'Épire (vers 281-272 avant J.-C.) d'un poids de 8,53 grammes a atteint la somme de 76 800 euros (frais compris) en juin 2012.

- Un décadrachme attique, frappé vers – 413 avant notre ère et figurant Aréthuse est parti à 312 000 euros en octobre 2011

- En janvier 2021, fut établi un record mondial pour un statère des Parisii de la classe V : attribué lors d'une vente aux enchères pour 105 285 euros.

- Un statère des Namnètes avait été vendu dans l'année 1995 pour 8 200 francs

- En novembre 2021, un dix louis daté de 1640 émis par le roi Louis XIII fut enchéri pour la somme de 384 680 euros,

- La pièce de 2 francs (monnaie moderne) de 1959 est l'une des plus rares de la cinquième République ; un exemplaire a trouvé preneur pour un montant de 20 010 francs (vente avant la mise en place de la monnaie unique européenne).

Attention lors d'une vente aux enchères !

En salle des ventes ou via Internet, des frais supplémentaires sont à prévoir :

En effet, après « l'adjugé vendu » - lorsque le fameux « marteau de président « a fait son office -, il faut prévoir les taxes de l'État, les honoraires du commissaire-priseur et de l'expert et autres taxes diverses. Attendez-vous donc à débourser entre 15 et 25 % hors taxe en plus de votre achat. Il faut ensuite ajouter le montant de la TVA de 20 % pour la plupart des objets et 5,5 % pour les livres. Au final, tous ces frais supplémentaires peuvent représenter 30 % de l'adjudication. Il existe aussi des frais supplémentaires facturés sur Internet en live et qui vont de 1,5 % du montant de l'adjudication sur Drouot live à 3,6 % sur le site Interenchères. De plus, la maison de vente peut appliquer des frais de gardiennage et de manutention (tarif selon la taille de l'objet et les maisons de vente). En cas de non retrait immédiat des objets, des frais de gardiennage et de manutention peuvent également être appliqués au-delà d'un certain délai (en général entre 7 et 30 jours).

Nota : pour les ventes judiciaires, les frais de vente dus par l'acheteur s'élèvent à 12 % hors taxe.

Un conseil avant d'enchérir : lisez attentivement les conditions de ventes qui figurent dans les catalogues et sur les sites Internet des maisons de vente.

Un record de prix pour une monnaie gauloise

En 2014, la maison numismatique Bourgey (7, rue Drouot à Paris 75009) a vendu un très rare statère au nom de Vercingétorix. Cette pièce du fameux chef Arverne, connu de chaque français, n'est cependant pas une rareté qui pourrait justifier un tel prix, mais elle incarne le prestige et la résistance d'une nation face à l'envahisseur... De nombreuses pièces gauloises sont bien plus rares que ce statère et d'autres monnaies de ces peuples de la Gaule sont même inédites, voire uniques, mais elles n'atteindront jamais un tel prix. Il s'agit pour cet exemplaire de création gauloise d'un véritable symbole national, et donc d'un vrai mythe. Le prix de cet exemplaire : 105 000 euros (plus 20 % de frais) à débourser par l'acheteur ce qui fait un montant total de 126 000 euros (toutes taxes comprises).

Il est à signaler que la légende de cette monnaie n'est pas complète, mais elle possède un beau portrait et un revers bien centré, et ce malgré la petitesse de son flan monétaire. Ce très onéreux « monument historique » vous donnera sans aucun doute l'envie de commencer une collection de monnaies gauloises.

Les mercenaires gaulois ont servi en Grèce, à Carthage ou à Rome et ils se faisaient rémunérer en monnaie d'or. La pièce en métal précieux, invention du peuple grec, a été ensuite importée en Gaule par ces guerriers.

Les Gaulois sont à l'origine de la réalisation de copies, puis les graveurs ont innové selon leurs propres sensibilités avec des animaux fantastiques et des signes divers en relation avec leur culture mythologique et leur religion.

Bien débuter dans le domaine de la détection afin de détecter des monnaies anciennes

Il n'est pas indispensable d'acheter un détecteur de métaux haut de gamme, pour commencer à pratiquer sur le terrain. L'utilisation d'un appareil peu onéreux permet également de faire de fabuleuses découvertes…

Les principales différences résident principalement dans le nombre de réglages possibles (« discrimination » de telle ou telle matière) et la profondeur de détection. Le système VLF-FBS (*Full Band Spectrum*) utilise simultanément plusieurs fréquences et permet de s'affranchir de la minéralisation du sable en cas de détection active (par exemple lors d'une détection sur une plage).

La technique de l'induction pulsée (*PI ou pulse induction*) est insensible aux minéralisations du sol, mais en contrepartie ne discrimine pas (pour la majorité des modèles proposés) les métaux ferreux.

Pour la détection dans les champs, les vignes ou les sites occupés de longue date, il convient de privilégier un appareil disposant d'une bonne réactivité. De plus, il doit pouvoir détecter un objet ferreux situé près d'un corps non ferreux et donc être doté d'une excellente sensibilité et d'une bonne discrimination des petits objets en fer (clous, petits morceaux et débris ferreux, etc.).

Pour les détections effectuées dans les massifs forestiers (forêts et bois), il convient de faire le choix d'un détecteur possédant des basses fréquences afin de gagner en profondeur : ce milieu naturel étant souvent moins pollué, l'appareil ne nécessite pas une discrimination importante.

Pour la détection sur les plages de sable mouillé (donc avec de fortes perturbations), les appareils bas de gamme ne seront pas assez efficaces, car pas adaptés à la minéralisation du sol.

Chasse aux trésors : dans quels lieux prospecter ?

Certains lieux sont à privilégier pour la recherche et l'expérience des « Chasseurs professionnels de trésors » prouve que les caves des maisons d'habitations ainsi que les jardins sont des lieux à prospecter en priorité. Une information à mettre en pratique : les prospecteurs avisés sondent systématiquement les murs anciens dans l'espoir d'y déceler une cache masquée par une pierre.

Voici la liste des endroits à prospecter en priorité pour une détection métallique :

- Dans les ruines de monuments, d'anciens moulins (à eau et à vent), de châteaux, de manoirs ou de maisons, etc. ; il faut sonder les murs, les poutres, les portes et aussi prospecter les puits, les fosses d'aisance, les dessous de marches (par exemple, les templiers cachaient leur comptabilité et leurs avoirs sous la septième marche de la commanderie), les caves (endroits à privilégier), les grottes et abris sous roche, les souterrains de diverses périodes, les tombelles de l'Âge du Fer, les planchers et plafonds, les cheminées (dans les maisons, prospecter en priorité à l'emplacement des plaques de fonte situées devant le foyer).

- À l'emplacement des confluents de rivières : de nombreuses découvertes anciennes ont été réalisées dans ces endroits stratégiques, car ces sites de longues occupations étaient souvent fortifiés. D'ailleurs, des fondations (vestiges de murs anciens) sont souvent visibles à ces endroits. Les fleuves et rivières sont à sonder, en particulier à proximité des ponts ou des gués (des monnaies étaient jetées à ces endroits en guise d'offrande aux divinités afin de faciliter le passage du voyageur) ; au 18e siècle dans le gué de Saint-Léonard en Mayenne, plus de 22 000 monnaies et divers objets (ex-voto) ont été découverts.

- Sur les plages, avec autorisation des communes concernées (le cas échéant) à prévoir lors de la saison touristique ; il convient de privilégier la prospection des plages après les tempêtes.

- Anciennes voies de circulation antiques et du Moyen Âge : on peut s'aider de la topographie ou toponymie avec des cartes anciennes et modernes, de Cassini, IGN, Michelin ou autres… grâce auxquelles vous déterminerez l'emplacement des camps romains, des oppida gaulois, des vieux retranchements de terre de toutes les époques, de mottes féodales, d'enceintes (Vikings et autres), de douves et dépotoirs divers, d'anciens fours à pain, de relais de poste repris sur des cartes des 18e et 19e siècles. Il convient cependant de veiller à ce que ces sites ne soient pas classés au patrimoine avant de prévoir une prospection (demande de sondage ou de fouille archéologique éventuellement à prévoir).

- Sur les lieux d'anciens champs de bataille, cimetières antiques et autres endroits à découvertes archéologiques anciennes ou modernes, mais en étant en possession d'une autorisation de fouilles,

- Sur les lieux de forte affluence : les champs de foire et autres lieux de fêtes et de rassemblements de la population, en ville et en campagne ; les champs de courses et les hippodromes, les parcs publics, les bacs à sable (jouets anciens d'enfants), les implantations de chapelles et de pèlerinages religieux, à proximité des églises et d'anciens lieux de culte...

- Dans la nature : la prospection des bois, forêts et massifs forestiers, vieux puits, ruisseaux, sources et fontaines, étangs, emplacements de lavoirs et de mares. Les jardins fournissent un pourcentage important dans les statistiques de trouvailles, Il faut repérer les points remarquables sur place, arbre millénaire, monuments divers, croix anciennes qui ont souvent servi de repères pour « l'enfouisseur »... et étudier le relief avec une attention soutenue, notamment les points culminants et stratégiques.

- Dans les champs proches de fermes, châteaux et manoirs ou encore dans les vignes : ces lieux regorgent de trésors de toutes les périodes.

- À l'emplacement d'anciens gibets ou fourches patibulaires (du latin patibulum).

- Sur les anciens sentiers et chemins de villages, les pistes de ski en montagne, du fait de leur fréquentation, donnent pour leur part de belles opportunités aux chercheurs de trésors.

- L'analyse des toponymes sur cartes : l'étude des noms de lieux peut être capitale pour un chercheur de trésors. Cela est évident pour les mentions « Loriot » , « Champ du trésor », « Pièce des écus » , « Jardin doré » , « Veau d'or » , « Chemin des Jaunets », Puits de l'argent »... Dans tous les cas, ces toponymes révèlent qu'un trésor a été trouvé dans le passé. Donc, il peut être profitable d'aller prospecter avec un détecteur de métaux à ces endroits...

Avant toute prospection dans des ruines et maisons anciennes, il faut commencer par chercher des « marques » laissées par l'enfouisseur sur des murs. Les emplacements des caches étaient ainsi repérables, ce qui facilitait la récupération des biens, même des années plus tard.

Des calvaires ont souvent révélé des caches à trésor. De nobles émigrés dissimulaient ainsi leurs biens tout en les mettant sous la protection du divin.

Pour conclure ce chapitre, je rappellerai une nouvelle fois que certains sites à caractère archéologiques repris dans la liste ci-dessus ne peuvent être prospectés avec un détecteur de métaux sans l'autorisation du ou des propriétaires et sans être en possession d'une autorisation administrative délivrée par les autorités qui gèrent le patrimoine français.

PARTIE 4

FABULEUX TRÉSORS PERDUS À RETROUVER

Norte.
Puerto.
Sur.
este.

AIN (01)

- À Belley, un trésor gallo-romain est situé dans une grotte dite « De la Bonne Femme ». Des fouilles anciennes ont prouvé une occupation de ce site à cette époque antique. Une autre tradition de magot enfoui est présente dans l'ancien couvent des Bernadines, et ce depuis la Révolution.
- À Meyriat, un important trésor de moines datant de la période révolutionnaire dormirait dans les ruines de l'abbaye de Nantua. Cette institution religieuse remonte à 1 196, mais on n'en distingue plus actuellement que des ruines dans une clairière de la forêt. Deux coffres d'objets de culte sont à rechercher dans ce secteur.
- À Nivollet-Montgriffon, un enfouissement fut effectué par le seigneur de ce fief dans les souterrains de l'antique château qui est actuellement en ruines.
- À Saint-André-de-Bâgé, il y aurait une vieille tradition de dépôt de fonds précieux dans une ancienne commanderie templière.

AISNE (02)

- À Charly, tradition de richesses sous les bâtiments de la ferme.
- À Crouttes, « les souterrains refuges » de ce village passent pour renfermer plusieurs trésors.
- À Vaucelles, les moines auraient mis en sécurité selon une tradition locale leurs objets de culte lors des évènements tragiques qui se sont déroulés à la Révolution. Ces artefacts se trouvent dans une cave encore visible de cette grande abbaye.

ALLIER (03)

- À Arfeuilles, ce village possède un réseau de souterrains et de cavités naturelles où il est fort probable qu'un magot ait été dissimulé.

En effet, lors de ses courses dans la région, le bandit Mandrin utilisait l'un de ces souterrains pour dissimuler ses troupes.

- À Beaulon, un trésor de la Révolution dissimulé par des émigrés lors de la Révolution serait encore dans le parc du château.
- À Chantelle, un trésor composé d'or et de bijoux enfouis par le connétable de Bourbon lors du règne du roi François I reposerait dans une salle souterraine du château qui communiquait avec l'ancienne demeure d'Anne de Beaujeu.
- À Charroux, l'abbaye avec son église est fondée en 769 par Charlemagne. Elle recèlerait en ses murs 71 trésors. En 1856 un reliquaire du 13e ou 14e siècle y a déjà été découvert dissimulé dans l'un des murs d'enceinte du bâtiment.
- À Chouvigny, un magot se trouverait dans les souterrains reliant le château à la Sioule.
- À Mont-Gilbert, dans la forteresse – dont ne subsistent que des ruines – se trouverait le magot d'un bandit de grand chemin. Ce dépôt daterait de l'époque de Charles VII et serait caché dans le réseau souterrain.

HAUTES-ALPES (05)

- À Orpierre, plusieurs trésors gaulois ont été découverts autour de mines d'or qui sont actuellement dans un complet abandon.

ALPES-MARITIMES (06)

- À Falicon, tradition de trésor sous la « Pyramide de Falicon ».
- À Nice, un fabuleux trésor serait dissimulé dans les ruines de l'ancienne citadelle ; ce serait un dépôt important de la commanderie du Temple de Jérusalem.

ARDÈCHE (07)

- À Largentière, le château de Fanjau est construit sur un ancien temple romain dédié à Jupiter. Il existe, in situ, une tradition locale d'enfouissement de valeurs précieuses.
- À Mazan-l'Abbaye, une légende tenace raconte que, lors d'un pillage, un moine de cette institution religieuse aurait réussi à enfouir de l'or dans la forêt à l'intérieur d'une cloche.
- À Saint-Marcel-d'Ardèche (autour du village), existent des sites funéraires importants. Depuis des générations, les habitants récupèrent sur ce plateau surplombant la ville, des bracelets gaulois en bronze, des armes et des monnaies.

ARDENNES (08)

- À Aiglemont, des bijoux se trouveraient au fond du lac de Chavonnes depuis un siège du château par les troupes valaisannes.
- À Belval-Bois-des-Dames, une légende du 16e siècle parle de richesses ramassées dans la grotte des Brigands. Ces derniers terrorisaient à cette époque les habitants du coin. Ils furent arrêtés, jugés et pendus, mais sans révéler l'endroit où leur butin était entreposé.
- À Bovigny, tradition de présence d'un trésor près de la chapelle Saint-Martin.
- À Éteignières, se trouve une dissimulation de richesses sous un gros rocher du château d'Ateigniers depuis le siège de la place forte par Turenne.
- À Logne, dans le château de Franchimont se trouvent des bijoux gardés par une chèvre. (Mythe relatif à une histoire fabuleuse d'origine sarrasine (suite à des incursions des Maures).
- À Neuville-Day, le trésor d'une famille noble fut caché lors de la Révolution française. À rechercher dans les marais qui entourent la ferme de Beaufuy...

ARIÈGE (09)

- À Montségur, tradition historique de trésor cathare sous le piton rocheux appelé « Pog ».
- À Ornolac, les ruines médiévales possèdent des galeries souterraines recélant des matières précieuses. Cette place forte possède des centaines de mètres de galeries souterraines.
- À Seissac, selon une tradition, le fabuleux trésor des rois wisigoths serait caché.
- À Ussat-les-Bains, une partie du trésor des cathares serait dans la grotte de Lombrives.

AUBE (10)

- À la Mardelle-aux-Loups, un souterrain situé à proximité de ce lieu pourrait révéler un magot.
- À Pralin-Chaource, un dépôt d'or est présent dans l'un des souterrains du château.

AUDE (11)

- À Carcassonne, selon une légende, au fond d'un puits dit « Le Grand Puits » reposerait le fameux dépôt des Wisigoths. Cependant, il faudrait plutôt chercher ce trésor dans le souterrain reliant le village de Lastour à Carcassonne.
- À Lastour, dans la crypte du souterrain entre le château et Carcassonne se trouve un trésor.
- À Montréal, un des trésors de l'Ordre du Temple est placé dans l'ancienne commanderie au lieu-dit « La Terrasse ».
- À Rennes-le-Château se trouverait peut-être le légendaire trésor de l'abbé Saunière. Il est à noter que dans une cabane en ruine qui borde le ruisseau de Couleurs (près de cette localité), une statuette

en or massif en partie fondue (selon un procès-verbal de gendarmerie daté en 28) a été trouvée.

AVEYRON (12)

• À Conques, lors de la Révolution, les richesses de la vieille abbaye auraient été cachées par précaution, mais n'ont jamais été retrouvées. Des cloches de bronze seraient murées sur place, dans une cave.

• À Millau, un trésor est répertorié à proximité de la ville. C'est celui du châtelain d'Albignac qui serait dissimulé dans les Causses, non loin d'une croix.

• À Peyreleau, dans le château de Triadou, le butin de Pierre d'Albignac (1529-1596) reste à découvrir.

• À Saint-Affrique, le rocher de Caylus passe pour détenir des magots qui ont pour origine les Guerres de Religion.

BOUCHES-DU-RHÔNE (13)

• À Aix-en-Provence, une tradition d'enfouissement dans les ruines de l'oppidum de la colline de Puyricard.

• Aux Baux, dépôt d'un chef sarrasin (du 10e siècle) qui reposerait dans l'une des grottes du massif des Alpilles.

• À Bayle, à la ferme, sur le plateau du Cengle (massif de la montagne Sainte-Victoire) se trouve une ancienne commanderie templière avec son puits au trésor.

• À Châteauneuf, le bandit Carbone, disparu en 1943, aurait caché un coffre contenant sa fortune. Ce magot serait à rechercher en priorité près de la chapelle d'Agut (situation entre Châteauneuf et le Val Ricard).

• À Tarascon, le trésor du roi René serait dans le château qui remonte au 15e siècle.

• À Vauvenargues, tradition locale de trésor templier à la ferme de Bayle.

CALVADOS (14)

- À Bretons, lors de la guerre de Cent Ans, les moines ont soustrait leurs objets de culte et leur vaisselle en argent. À rechercher dans le gouffre du fort de Bécoire.
- À Tracy-Bocage, un trésor de la guerre de Cent Ans serait dans un souterrain du château qui se trouve entre Tracy et Vaudry ou Vaudres.

CANTAL (15)

- À Vèze, un trésor est situé sous les ruines du château qui servait de refuge aux bandes de Mérigot Marchès qui ravagèrent la région au 14e siècle. Une tradition locale indique une cloche d'argent enterrée sous l'ancienne place forte.

CHARENTE (16)

- À Bayers, un trésor des plus importants est enfoui sous le château du 15e siècle. Les écus d'or seraient entreposés dans l'une des caves.
- À Barbezières, un trésor des templiers se trouverait dans le château.
- À la Braconne, un butin de brigands aurait été mis en terre dans la forêt placée à l'est d'Angoulème, à deux kilomètres de la Jauvignère (sans doute dans le périmètre du champ de tir).
- À Calais, il y aurait une tradition de trésor templier avec trois barils remplis de monnaies d'or, dissimulés autour de la caserne de Chalais.

CHARENTE-MARITIME (17)

- À Bourgneuf, des archives citent le trésor de Charles Martel qui serait enterré dans les souterrains de l'ancien château fort qui occupait autrefois l'emplacement du village.
- À l'île d'Oléron, un galion du 17e siècle s'est échoué sur la plage des Saumoniards. À marée basse, des monnaies d'or sont encore retrouvées après de grandes tempêtes sur la grève.
- À La Rochelle, lors du siège de la ville entre 1627 et 1628 des écus d'or furent dissimulés...

CHER (18)

- À Montrond, tradition de dépôt dans les souterrains de la forteresse, sur la commune de Saint-Amand.

CORRÈZE (19)

- À Lagraulière, des cloches noyées dans le Brézou sont à rechercher dans le gouffre dit « le Gour Nègre » ou « Gouffre des cloches ». Il est à signaler qu'une tradition locale situe l'ancienne ville de Tulle sur l'actuel emplacement de la forêt de Blanchefort.
- À Saint-Geniez-O-Merle, il existe une grotte où l'on entassait des objets de valeur, et sous le château de Merle sont placés plusieurs dépôts.
- À Tulle, dans le couvent des Ursulines, de l'or et des objets en métal précieux de culte ont été enfouis lors de la terreur.
- À Valiergues, dans le bois dit « des Brigands », existent des ruines avec une tradition trésoraire.

CORSE (20)

- À Calvi-Moncale, trésor enfermé dans plusieurs caisses au fond du puits du château ; ce fameux « Puits aux merveilles » devrait se situer sous des éboulis.
- Sur l'île de Lavezzi, le navire La Sémillante repose depuis 1855 au fond de la mer avec ses milliers de monnaies en or.

CÔTE-D'OR (21)

- À Alise-Sainte-Reine, un site archéologique antique ; siège de la bataille d'Alésia qui fut décisive lors de la guerre des Gaules. En 2012, plusieurs prospecteurs étaient poursuivis pour avoir trouvé à proximité de ce site 2000 monnaies gauloises en argent et surtout pour ne pas les avoir déclarées et vendues (affaire médiatique du trésor de Laignes).
- À Francheville, sous la colline du village se trouve un souterrain sous l'ancienne chapelle de l'abbaye. À Molesme, le trésor de l'abbaye Notre-Dame a été dissimulé lors de la Révolution française (cache du clergé réfractaire).

CÔTES-D'ARMOR (22)

- À Broons, le château qui a vu naître le connétable de France Bertrand du Guesclin en 1320 se trouvait au lieu-dit « le Pont-du-Château ». Ce site médiéval, avec une motte castrale à l'origine qui remonte au 12e siècle, possède en son sein une tradition orale de trésor.
- Au Guildo, dans les ruines du château qui surplombe la rive droite de l'Arguenon repose le légendaire trésor de Gilles de Bretagne (une monnaie en or a été détectée).
- Ploubalay, de la vaisselle d'argent du 14e siècle, serait à retrouver dans un puits du château.

• À la Roche Jagu, un trésor historique gît dans le souterrain de l'ancienne forteresse.

CREUSE (23)

• À la Chapelle-Saint-Martial, le site recèle des cachettes à trésors aménagées dans la falaise de la commune.

DORDOGNE (24)

• À Beaumont, un tumulus recèle d'immenses richesses. Ce site livre régulièrement des monnaies gauloises en or (éparpillées sur le sol après des glissements de terrain).

• À Bonneville, se trouverait un trésor de commanderie templière. La légende parle d'un veau d'or.

• À Bourdeilles, se trouve le trésor révolutionnaire du seigneur de Bourdeilles. Celui-ci a mis ses pièces d'or en sécurité dans une partie secrète de son château.

• À Brantome, des objets précieux se trouvent dans la place forte.

• À Commarque, des pierres précieuses sont à découvrir (rubis, topazes et opales).

• À Lanquais, les seigneurs auraient caché lors de la guerre de Cent Ans un dépôt de valeurs dans un site de carrières.

• À Miremont, une grande quantité de richesses serait dissimulée dans une salle souterraine du château.

• À Montravel, un coffre se trouverait dans un souterrain du château.

• À Nontron, les moines auraient caché un immense trésor composé d'objets de culte lors des évènements révolutionnaires.

• À Saint-Sand-Lacoussière, dans les ruines de l'abbaye de la Peyrouse, un trésor repose.

• À Villars, le château de Puyguilhem est dévasté, depuis plusieurs centaines d'années, par des générations de chercheurs en quête d'une chèvre d'or que la tradition place à cet endroit.

DOUBS (25)

- À Amancey, une tradition orale de trésors dans la grotte de Vaux.
- Aux Combes (les), un trésor du 17e siècle se trouve dans un souterrain.
- À Mouthier-Haute-Pierre, une légende parle d'un trésor reposant dans une grotte ayant servi d'atelier à des faussaires au 19e siècle.
- À Oliferne, la citerne du château contient le trésor du seigneur qui date du temps des guerres entre les différents féodaux de la région.

DRÔME (26)

- À Die, les remparts recèleraient de nombreux dépôts précieux.

EURE (27)

- À Bérengeville-la-Campagne, se trouverait le trésor de la seigneurie du Ménil-Péan.
- Dans la forêt de Brotonne, de nombreux dépôts monétaires ont été mis au jour dans le massif forestier. Une tradition assure que la reine mérovingienne Frédégonde fit mettre dans un caveau ses médaillons en or ; la valeur numismatique d'un seul de ces médaillons rarissimes (comme ceux du Trésor de Lava en Corse) est inestimable.
- À Gamaches-en-Vexin, un trésor se trouverait dans la cave du château. Des souterrains débouchent d'ailleurs dans une salle.
- À Gisors, une tradition (depuis la dernière guerre, et selon un ancien jardinier du château) parle d'un fabuleux dépôt templier dans une crypte de la forteresse.
- À Neaufles-Saint-Martin, un trésor repose sous les ruines du château.
- Aux Préaux (Les), lors de la Révolution, les moines de l'abbaye du 11e siècle cachèrent les cloches de la communauté religieuse dans un endroit inconnu.

• À Quillebeuf-sur-Seine, l'épave royale du Télémaque contiendrait la fortune du roi Louis XVI. Ce fameux trois-mâts a coulé dans la nuit du 2 au 3 janvier 1790 sur les berges de l'ancien port. Une piste possible : « l'embarcation reposerait sous dix mètres de terre et à l'emplacement d'un terrain de foot, car autrefois l'eau de la Seine arrivait jusqu'au seuil de l'église », selon le témoignage d'un habitant.

• À Saint-Étienne-de-Renneville, l'emplacement supposé de la chapelle du Temple est toujours recherché par les prospecteurs... Il faut savoir que le sous-sol possède de nombreux caveaux avec un réseau de souterrains. Cette commanderie est parmi les plus anciennes et les plus riches de Normandie.

EURE-ET-LOIR (28)

• À Prunay-Le-Grillon, un trésor se trouverait sur le site du dolmen du village.

FINISTÈRE (29)

• À Brest, une tradition parle d'un fabuleux butin de guerre caché par les occupants allemands avant la capitulation de 1945. Cette caisse d'or de la Banque de France reposerait dans le port.

• À Douarnenez, sur la plage du Ris, des trésors engloutis de la mythologique ville d'Ys, disparue sous les eaux au 4e siècle de notre ère, pourraient encore être découverts. Les vestiges sont à rechercher en priorité lors des grandes marées d'équinoxe. Des statues en pierre ont déjà été trouvées.

• À Camaret-sur-Mer, des monnaies en argent (du 17e siècle), suite à une bataille, sont récupérées occasionnellement après de grandes marées sur la plage de Trez-Rouz.

• À Clohars, près du bourg, le Comte de Sombreuil a fait enterrer un coffret contenant 90 monnaies en or, des bijoux et de la correspondance personnelle.

- À Kernilis, dans le souterrain du château de Carman se trouve un trésor.
- À Morlaix, des objets de culte de l'église auraient été dissimulés pendant la terreur par une habitante ; elle se nommait Anne-le-Saint et aurait fait sa dissimulation sous un laurier de son jardin (témoignage d'un curé breton).
- À Plomodier, à quelques centaines de mètres de la chapelle de l'Ordre des Templiers de Saint-Martin du Ménez-Hom se trouve un calvaire qui indiquerait, selon une légende bretonne, l'emplacement du trésor de la commanderie du Temple de Jérusalem. La situation est au lieu-dit « Cross Rhu » ou Champ de la Croix-Rouge. Sur ce calvaire figure une tête vénérée par les templiers qui se nomme « Mandylion » ou image d'Édesse – tête du suaire de Turin.
- À Plouigneau, un trésor gît dans un souterrain du manoir de Bourouguel (entre Plouigneau et Plougonven).
- À Trèflez, le recteur de la paroisse fut arrêté par les bleus puis déporté, mais il avait, avant sa capture, dissimulé des objets de culte sous l'une des pierres tombales du cimetière.

GARD (30)

- À Roquemaure, dans les landes de Roquebrusanne, cachés lors de la Seconde Guerre mondiale, se trouvent les avoirs de juifs arrêtés par la Gestapo allemande.
- À Saint-Gilles, il y a une tradition locale de trésor templier dans le vieux prieuré de Saint-Gilles. D'après certains chercheurs, il reposerait dans une crypte secrète de cette commanderie.
- À Villeneuve-lès-Avignon, les Chartreux ont reçu, au cours des siècles, une multitude de dons des papes qui résidaient à Avignon. En 1792, les Conventionnels qui arrivèrent dans cette chartreuse ne trouvèrent aucun objet précieux… Le dépôt fabuleux serait « Aux Quatre Chemins » selon la déclaration du Frère Louis (Moine-gardien décédé à la fin du 19e).

HAUTE-GARONNE (31)

• À Toulouse, l'église Saint-Sernin aurait été construite sur l'emplacement d'un lac dans les eaux duquel les occupants gaulois du lieu auraient jeté des tonnes d'or (le fameux « Or de Toulouse » qui est le Graal mythique recherché par les prospecteurs).

GERS (32)

• À Beaumont, un dépôt de la guerre de Cent Ans est situé dans le parc du château. En effet, les écus de Jean V, cachés lors du 16e siècle, sont dans la propriété de Lectoure. Il faut signaler qu'il existe une tradition orale de butin dans la forteresse de Monlezun.

GIRONDE (33)

• À Bazas, un trésor templier aurait été caché avant l'ordre d'arrestation du roi Philippe-le-Bel.

• À Belin, un magot du Prince Noir serait enfoui dans le château qui lui servait de quartier général. Ce coffre, dissimulé lors de la guerre de Cent Ans, contient de l'or et des pierres précieuses.

• À Blaye, les objets précieux du roi franc Childebert ou Caribert, et dont la tombe n'a jamais été retrouvée, reposeraient au cœur du village et probablement dans une cavité située à proximité des ruines de la citadelle.

• À Bordeaux, un trésor de chartreuse est à rechercher dans les souterrains de l'église Saint-Bruno.

• À Faize, un trésor de moines dissimulé lors des évènements révolutionnaires se trouve dans un souterrain.

HÉRAULT (34)

• À Soubeyras, l'or volé à la marquise de Ganges serait dans les ruines de l'ancien château.

ILLE-ET-VILAINE (35)

• À Cicé, dans le château ou à proximité de celui-ci, il y a une tradition orale de trésor enfoui par le châtelain au 18e siècle.

• À Fougères, dans la forêt, existent d'importants souterrains voûtés qui remontent au 12e siècle. Ils furent construits par le seigneur féodal Raoul II afin d'y mettre à l'abri ses richesses. Dans ce massif forestier situé près de la ville de Fougères et à proximité des Celliers de Landéan se trouvent plusieurs oppida et des retranchements en terre. Des monnaies gauloises ont été détectées à plusieurs reprises par des amateurs dans les environs.

• À Maxent, dans l'ancien monastère, fondé en 858, tradition d'enfouissement d'objets précieux religieux.

• À Montmuran se trouve une importante place forte, que la famille de Tinténiac a fait bâtir en 1036, sur la commune des Iffs. Elle est construite sur un ancien oppidum des Coriosolites. En 1374, Bertrand du Guesclin, connétable de France, est le propriétaire de ce domaine qui conserve une tradition de trésor remontant à cette époque.

• À Montauban-de-Bretagne, le seigneur du fief aurait caché son trésor à l'intérieur de son château (tradition orale).

• À Plélan-le-Grand, sur le site de la Motte Salomon, tradition de trésor du roi breton.

• À Redon, bataille de Ballon entre les troupes de Charles le Chauve et les Bretons de Nominoë. Un diamant perdu par le roi de France serait à rechercher à cet emplacement.

• À Saint-Jean-sur-Vilaine, en juin 1799, M. de la Nougarèche, dit « Achille le Brun » est informé qu'une somme importante d'argent appartenant au « Gouvernement » de Paris a été envoyée à Rennes en Bretagne. Il décide alors de s'emparer de ce convoi monétaire et recrute une bande de royalistes de la ville de Vitré (au nombre d'une quarantaine). Le 23 juin, les voleurs sont informés du passage d'un fourgon et se mettent en embuscade dans une châtaigneraie située au nord de la route, près du lieu-dit La Bestardière (route entre Châteaubourg et Vitré et entre Saint-Jean-sur-Vilaine et la Tiriais). Lors de l'embuscade, la diligence pillée était chargée de 500 000 francs ou de 100 000 pièces de 5 francs au millésime AN 07 – soit 2,5 tonnes de métal. Une prospection métallique effectuée d'une manière sérieuse sur place pourrait révéler de belles surprises...

- À Vieux-Vy-sur-Couesnon, sur le site de l'ancien camp romain (un ancien oppidum) de nombreuses monnaies anciennes furent retrouvées. Près de l'ancienne chapelle, sur la butte d'Orange (rive gauche du Couesnon) des monnaies gauloises furent détectées à de multiples reprises par des détectoristes.

INDRE-ET-LOIRE (37)

- À Chinon, dans une forêt de Val de Loire se situerait un enfouissement d'importance : le trésor de l'abbaye de Turpenay qui fut fondée au 12e siècle serait localisé à proximité de ses ruines et au bord d'un cours d'eau placé au nord-est de St-Benoît-la-Forêt.
- À Faye-la-Vineuse, se trouverait le trésor caché des moines de l'abbaye.
- À Luzé, il existe une tradition de trésor royal (de reine mérovingienne) sous une pierre nommée « le Gros Chillon ».
- À Racault, dépôt de l'Ordre du Temple de Jérusalem.
- À Rochecorbon, le magot du seigneur est dans les caves du château ruiné depuis le 15e siècle ; il s'agit de trois coffrets remplis de monnaies d'or.

ISÈRE (38)

- À la Frette-Baron-des-Adrets, un coffret rempli de pierreries reste à découvrir.

JURA (39)

- À Bourg-de-Sirod, un trésor féodal se trouve dans le puits au château de Villain.
- À Château-Châlon, lors de la période révolutionnaire, les nonnes cachèrent dans le dédale souterrain un dépôt d'importance.
- À Châteauvillain-Bourg-de-Sirod, une tradition évoque l'existence de magot du châtelain.
- À Dôle, le trésor de l'empereur Frédéric Barberousse, est à chercher dans son château.
- À Montmirey, des trésors se trouvent dans les ruines de l'ancienne forteresse qui fut détruite au 15e siècle sous le règne du roi de France Louis XI.
- À Saint-Claude, dans une grotte, reposerait un fabuleux magot selon la source de l'historien Grégoire de Tours. Ce fait est rapporté dans l'histoire du moine Saint-Lupicin (né à la fin du 4e siècle et mort vers 480/493 à Lauconne dans le Jura).

LANDES (40)

- À Cap-Breton, un dépôt serait présent dans l'ancienne commanderie. En effet, l'historien et chercheur de magots enfouis, Robert Charroux, était persuadé qu'une fortune se trouvait dissimulée dans les souterrains de cette institution templière.
- À Martine, un trésor se trouverait dans les ruines de l'antique château.
- À Tilt, dans les souterrains du château existe une tradition d'enfouissement de magot.

LOIR-ET-CHER (41)

- À Bury, un trésor fabuleux reposerait dans les caves de l'ancienne forteresse.

- À Mesland, sept tonnes de métaux précieux seraient entreposées sous une habitation du hameau de Gros Bois. Le château serait le point de départ d'un réseau important de souterrains.

HAUTE-LOIRE (43)

- À Brioude, près de la fontaine de Brioude des objets de culte cachés lors de la Révolution par le curé de la paroisse sont toujours à retrouver.
- À Champagnac, un trésor constitué d'objets de culte serait enterré au nord de l'église dans un rayon d'une vingtaine de mètres.

LOIRE-ATLANTIQUE (44)

- À Blain, tradition de trésor dans la citadelle
- À Chaumes-en-Retz (ex-Cheméré), un chef chouan, guillotiné à Nantes en 1795, avait son quartier général. Il aurait dissimulé de l'or anglais en forêt de Princé ou dans sa métairie du Moulinet, près de Frossay (Louis-François Charles Ripault de la Cathelinière).
- À Conquereuil se trouverait un trésor historique du 15e siècle. Avant une bataille, au lieu-dit « La Colline au trésor » et à environ deux kilomètres du village, un enfouissement aurait été effectué.
- Sur l'Île Dumet, qui se trouve à environ trois mille marins de la côte, au large de Piriac-sur-Mer, repose une masse d'or. En effet, lors de la bataille des Cardinaux qui se déroula en 1759 entre les flottes françaises et anglaises, une grosse malle de monnaies en métal précieux y aurait été dissimulée par les français (il y a donc huit hectares à prospecter). Par ailleurs, un dépôt de pirates serait également déposé dans une grotte de l'Île. Il faut signaler une occupation très ancienne de ce lieu qui servait aux druides gaulois pour leur culte.
- Une autre tradition de trésor fait état de l'or du romain Crassus ou de celui du peuple des Vénètes. Ce trésor aurait été caché en – 55 av. J.-C., lors de la célèbre bataille qui mit un terme à l'hégémonie des Celtes dans cette partie de la Gaule. Il faut également dire aussi

que la grotte du Chat servit de refuge à Cadoudal lors de la Révolution ; une tradition locale parle d'un enfouissement qui aurait été effectué par ce chef chouan.

- À Frossay, une tradition de cache remontant à la chouannerie évoque un dépôt sous un taillis de la forêt de Princé (voir Chaumes-en-Retz).
- Dans la forêt du Gâvre, existent plusieurs traditions de trésors remontant à la chouannerie et à la guerre de Vendée.
- À Machecoul, dans la forêt, pourrait se trouver le trésor de deux bandits vendéens, les frères Guillery
- À Nantes, un trésor des moines de l'abbaye pourrait avoir été dissimulé avant l'arrivée des Normands. La ville de Nantes ne fut reprise que des années plus tard par Barbetorte (mort en 952).
- À Savenay, lors de la célèbre bataille qui se déroula le 23 décembre 1793, la trésorerie de l'armée vendéenne fut enterrée dans une forêt voisine des combats. Des canons et de nombreuses caisses finirent au fond des eaux de la Loire (Saint-Florent-le-Viel, devant Ancenis).

LOIRET (45)

- Sully-sur-Loire, tradition d'enfouissement du trésor de Sully, conseillé du roi Henri IV.

LOT (46)

- À Gourdon au 10e siècle, des moines auraient enterré un trésor dans le cimetière. Ils furent ensuite exterminés par les Normands et ne purent donc remettre la main sur leurs biens.
- À Larimière, le trésor du Prince Noir serait au lieu-dit « les Trois Boules ». Un coffre contiendrait de l'or et des pierres précieuses.
- À Mirandol, des pièces en or seraient mises dans une peau de vache à l'emplacement de la forteresse.

- À Pern, le magot des seigneurs du fief est caché dans les ruines de leur château.
- À Rocamadour, un dépôt de bandit est dissimulé dans une des grottes de la cité.

LOT-ET-GARONNE (47)

- À Agen, un trésor d'origine templière est présent dans la maison du Sénéchal.
- À Ferrensac, les objets précieux de l'institution religieuse se trouveraient sous le pavage de l'église Saint-Martin et à proximité de ce village (à signaler la présence d'un petit souterrain).
- À Sos, des monnaies gauloises seraient à découvrir sur un oppidum des Sotiates, bâti sur un éperon barré d'une superficie de 16 hectares.

LOZÈRE (48)

- Au Fraissinet-de-Fourques, dans la bourgade, qui a été rasé pendant la révolte cévenole (Guerre des Cévennes de 1702 à 1704), 400 écus d'argent sont à retrouver sous les ruines d'une maison.

MAINE-ET-LOIRE (49)

- À Auverse, une crypte de l'ancienne chapelle Saint-Roch, en forme de croix, se trouverait sous une ferme du hameau de la Blanchardière, avec à cet endroit précis un dépôt précieux caché par des moines lors des guerres de religion.
- À Bois-Charruau-la Romagne, près d'un ancien château aujourd'hui disparu, se trouverait une barrique d'or et une barrique d'argent.
- À Chanteloup-les-Bois, dans la forêt de la commune se trouve un enfouissement effectué fin 18e par les troupes royales du général Stofflet.

- À Maulevier, dans la forêt, gît le trésor du comte Gilbert de Maulévrier.

- À Neuvy-en-Mauges, Jean-Nicolas Stofflet, chef vendéen, avait établi en 1795, à la Morosière, son quartier général. Dénoncé, il fut arrêté à la ferme de la Saugrenière (à 3 km du château) le 24 février 1793 et exécuté à Angers le 25 février 1796. En 1878, trois journaliers trouvent une bourse de pièces anglaises dans une allée du château (nommée depuis cette trouvaille « l'allée de la Boursée »). Actuellement, le parc du domaine n'est pas ouvert au public.

- À Pontigné, un trésor se trouve sans aucun doute dans un souterrain situé près de l'église.

- À Tiffauges, dans le château de triste mémoire érigé à l'emplacement d'un camp romain, se trouve une tradition de trésor : les avoirs de Gilles de Rais, tueur d'enfants, Maréchal de France et compagnon d'armes de Jeanne d'Arc, aussi appelé Barbe bleue.

- À Saint-Florent-le-Viel, tradition historique de la présence d'or anglais enfoui par les vendéens sur la grève.

- À Vernantes, des objets précieux et des cloches des moines de l'abbaye de Loroux se trouveraient en forêt de Billot depuis la Révolution.

MANCHE (50)

- À Beaumont-Hague, un trésor serait enfoui dans les grottes de la falaise de Jobourg, véritable repaire de contrebandiers depuis le Moyen Âge.

- À Tombelaine, sur cet îlot à proximité du Mont-Saint-Michel se cache depuis le 16e siècle, le trésor du comte de Montgomery. Il faut relever qu'un lingot d'or a été récupéré au siècle dernier sur la plage par un pécheur.

MARNE (51)

• À Réveillon, une importante somme d'argent a été mise en sécurité dans les caves ou les souterrains du château lors de la période révolutionnaire. Le seigneur des lieux fut guillotiné lors de la Révolution.

HAUTE-MARNE (52)

• À Colombey, se trouvait la commanderie templière la plus importante de Champagne. Une tradition ancienne parle de la présence d'un trésor en ce lieu.

• À Langres, se nicherait peut-être la cache du duc de Guise, dit Le Balafré Celui-ci avait pris part au massacre de la St Barthélémy et, dans la Marne aussi, terrorisait les protestants... Le bruit court que sa fortune se trouverait dans une grotte de la région. Mais il est selon moi peu probable que ce dépôt soit à Langres. Le berceau de la famille était à Joinville et à l'arrière du chateau familial, côté forêt, avait en effet été batie une grotte. Les de Guise était réputés pour être des « bâtisseurs de grottes » à la Renaissance. Francesco Primaticcio ou Primatice (1503-1570) réalisa de nombreuses cavités pour cette famille et pour la cour de France (dont la grotte des Pins au château de Fontainebleau et celle de Meudon). Au début des années 1570, la mode des grottes existait toujours puisque Catherine de Médicis en fit bâtir une aux Tuileries.

• À Morimond, les richesses de l'abbaye sont cachées depuis les évènements révolutionnaires et se trouveraient sous ses ruines.

MAYENNE (53)

• À Château-Gontier, le trésor des ducs de Mayenne gît dans une grotte naturelle des environs de la ville. Un autre trésor datant de la guerre de Cent Ans aurait été caché dans l'un des souterrains du château, allant en direction d'une chapelle. Selon un témoignage, il dormirait entre l'ancien château et cette chapelle, située à quelques kilomètres de la ville.

- À Formes, à la Rousselière, dans une ferme, un trésor se trouverait dans une cave.
- À Cuillé, en 1791, lors des graves évènements révolutionnaires, le régisseur du manoir du même nom enterra, à la demande du châtelain, de l'argenterie et des bijoux dans un bois. Un ancien réseau de souterrains existe sous le bâtiment. L'un d'eux va en direction de la ferme...

MEURTHE-ET-MOSELLE (54)

- À Pont-à-Mousson, dans le château de Marthille, est signalée la présence de deux coffres remplis de pièces d'or et d'argent.

MEUSE (55)

- À Montmedy, le trésor du roi Louis XVI, selon une tradition, est présent dans une cache du village, et reposerait précisément dans une maison fortifiée.

MORBIHAN (56)

- À Auray, après la bataille de la chouannerie, au Pont-du-Loc, plusieurs dépôts ont été mis en terre autour du lieu-dit « Lavalade ».
- À Carentoir, une tradition de trésor existe dans l'ancienne commanderie. Celui-ci aurait été dissimulé avant l'extermination des moines en 1307 (le vendredi 13 octobre) lors de « La plus grande opération de police de tous les temps ».
- À la Chapelle-Caro, il y a une tradition locale de trésor caché dans le parc du château de Crévy depuis plusieurs siècles.

- À Elven, aux alentours des tours de l'ancienne forteresse, 366 monnaies royales (en majorité émises lors du règne du roi Henri IV) en argent ont été mises au jour il y a plusieurs dizaines d'années.
- Au Faouët (Le), Marie Tromel a camouflé un tonneau d'or près de Véhut au 17e siècle.
- Sur l'Île-aux-Moines se trouve un trésor de l'ancienne commanderie templière.
- À Nivillac, plusieurs dizaines de milliers de livres en louis d'or reposeraient depuis 1720 dans le château de Pontcallec (actuellement en ruines).
- À Priziac, à Kervenach, se trouvait le camp du roi breton Morvan...
- À Quiberon, en 1795, l'échec du débarquement royaliste s'est soldé par la mort de plusieurs centaines de personnes. De nombreux objets et monnaies se trouvent encore dans ce secteur.
- À Saint-Aignan, une légende fait état du trésor de Comorre le Maudit, dans les ruines de Castel Finans. Des monnaies anciennes ont été retrouvées fortuitement et à plusieurs reprises sur ce site depuis le 16e siècle.
- À Vannes, la flotte Vénètes, détruite par les romains, repose dans le golfe du Morbihan. À part quelques monnaies isolées, retrouvées dans la région, les richesses de cette tribu commerçante gauloise ont disparu depuis la fin de la conquête de la Gaule par César et ses troupes romaines. De nombreux oppida existent sur les pointes côtières.

MOSELLE (57)

- À Gorge, une tradition de trésor d'abbaye situé dans un souterrain remonterait à la Révolution. Situation de l'enfouissement entre l'abbaye et le Bois-des-Prêtres au niveau du Trou Robert Fey.
- À Haselbourg, dans un vaste abri souterrain près du « Rocher du Coucou », un magot reposerait depuis 1632.
- À Sturzelbronn, un trésor du Moyen Âge aurait été soigneusement dissimulé par les moines de l'abbaye.

- À Wudenthal (gorges du), des coffres contenant de l'or se trouvent dans la « Montagne de Dabo ».

NIÈVRE (58)

- À Bellary, dans la forêt, se trouvent les ruines de la chartreuse dont la fondation remonte au 13e siècle. Les moines furent massacrés par les révolutionnaires au motif qu'ils refusaient de dévoiler l'endroit de la forêt où se trouvait l'or de leur communauté religieuse.

NORD (59)

- À Bavant, un important réseau souterrain se trouve sous la ville. Le trésor serait entreposé dans une crypte souterraine.
- À Castré, dans une ancienne commanderie templière, un dépôt constitué d'or, d'argent et de documents, serait caché dans une caisse.
- À Cysoing, le trésor Jean-sans-Terre dissimulé au 10e siècle se trouverait dans un souterrain de l'abbaye Sainte-Calixte.
- À Lambres, une tradition locale place le trésor des rois mérovingiens à cet endroit.
- Au Mont-Watten, les vestiges d'une abbaye fondée au 11e siècle recèlent un trésor qui aurait été mis en sécurité par les religieux dans un souterrain de la communauté, entre Cassel et Watten.
- À Saint-Waast, le brigand Antoine Moneuse aurait, d'après une source sûre, caché des objets de grande valeur dans les ruines du moulin ou à sa proximité.
- À Villers-Guislain, un souterrain dont une extrémité est située au fond du puits de la place du village, rejoint l'abbaye de Vaucelles. Cet endroit est le siège de plusieurs traditions d'enfouissement de trésors.

OISE (60)

- À Jury, lors de la Révolution, un trésor aurait été caché dans le château. De l'or et d'une statue en or de Saint-Légaly reposeraient dans des coffres.
- À Ivry-le-Temple, un trésor templier de la ferme des Treillis se trouve dans un réseau de galeries et de carrières. En effet, il existe une crypte donnant sur ce réseau souterrain où le magot serait dissimulé.
- À Offémont, se trouve le magot de la marquise de Brinvilliers, décapitée en 1676 en place de Grève (actuelle place de l'Hôtel de Ville à Paris).

ORNE (61)

- Au Bourg-Saint-Léonard (Le), un trésor se trouve dans le château du seigneur d'Argentelles.
- À Rabodanges, pendant la terreur révolutionnaire, un prêtre réfractaire cacha, avant son arrestation, des objets de culte dans la grotte située près de la ferme de la Roche.

PAS-DE-CALAIS (62)

- À Beaurainville, à l'emplacement du vieux château se trouve le magot du châtelain.
- À Calais, le trésor du duc de Guise serait enfoui dans la ville depuis l'année 1558. Les recherches sont à privilégier dans le sous-sol de la cité.
- À Crève-Cœur-sur-Escaut, un trésor repose depuis la Révolution à l'abbaye à Vaucelles
- À Hermies, les villageois, lors de la guerre de Cent Ans, trouvèrent à plusieurs reprises refuge dans cette véritable cité souterraine (trente mètres de profondeur environ).

- À Hesdin, de nombreuses traditions de trésors cachés planent dans cette région.
- À Rocquigny, près de Bapaume et dans un souterrain de l'ancienne abbaye se trouve un trésor.

PUY-DE-DÔME (63)

- À Clermont-Ferrand, un important réseau souterrain court sous la ville. Il convient d'être prudent afin de ne pas s'égarer dans ce vaste labyrinthe souterrain.
- À Gergovie, on évoque de nombreuses traditions locales de trésors gaulois sur le site fortifié.

PYRÉNÉES-ATLANTIQUES (64)

- À Argelès-sur-Mer, dix tonnes d'or du gouvernement républicain espagnol se cachent sur la plage de Saint Cyprien. De l'or fut également enfoui dans la région du Boulou et d'Argelès.
- À Biarritz, doit se trouver un trésor de guerre datant de 1814 qui appartenait à l'armée anglaise de Wellington.

HAUTES-PYRÉNÉES (65)

- Au sud de Bagnères-de-Bigorre, le gouffre de l'héris ou Lhéris, et sans doute celui dit « d'Arris», recèle un important trésor abandonné lors de la fuite des sarrasins vers l'Espagne après leur défaite.

PYRÉNÉES-ORIENTALES (66)

- À Arboussols, des souterrains reliaient autrefois le prieuré du Temple à l'église de Vinça.

- À Salses-le-Château, dans la garnison espagnole de la forteresse, et ce, depuis 1497, de l'or attend son « inventeur ».

BAS-RHIN (67)

- À Haselbourg, une tradition avec plusieurs trésors qui se trouveraient dans de vastes galeries souterraines.
- À Nirdeck, en forêt de Stillberg, une tradition évoque un trésor enfoui dans le château.
- À Saverne, le trésor des évêques de Saverne est à rechercher entre le palais et le château du Haut-Barr. Un souterrain venant du château de Saverne aboutirait dans le sous-sol de la chapelle. Plusieurs statues d'apôtres du Christ en or, des centaines d'objets et une corne fabuleuse sont à retrouver sur ce site. De source sûre, ce dépôt précieux est bien réel.

HAUT-RHIN (68)

- À Lucelle, les moines de l'abbaye ont caché dans la forêt, leurs avoirs constitués en or, lors des évènements révolutionnaires.

RHÔNE (69)

- À Arginy existe une tradition de trésor templiers.
- À Lyon, plusieurs dépôts furent cachés : en effet, les juifs de la ville de Lyon, installés depuis le 13e siècle, furent expulsés à trois reprises : en 1250, en 1394 et en 1420. Les avoirs de cette communauté, lors de ces périodes troublées furent regroupés puis dissimulés par la communauté juive dans le vieux centre de la ville.
- Au Mont-d'or, depuis la terreur, 500000 livres en louis d'or, assignats et lingots d'argent reposeraient entre Lyon et Saint-Cyr.
- À Saint-Try, à Pommiers de l'or templier serait déposé dans une grotte.

- À Villefrance-Comont, 600 monnaies en or sont à retrouver dans le sol.

HAUTE-SAÔNE (70)

- À Chapitre, des métaux précieux se trouveraient dans les souterrains du château.
- À Luxeuil-les-Bains, deux statues en or furent cachées lors de la Révolution sur le territoire de la commune.

SAÔNE-ET-LOIRE (71)

- À Châtenoy-le-Royal, au château de la Cruzille est camouflée une masse de pièces d'or, soit environ 600 Louis qui appartenaient à Henri Camille de Colmont avant la Révolution française. Ce métal précieux repose sous l'un des parterres de fleurs de sa propriété.
- À Louhans, un dépôt précieux est caché depuis la terreur (1793) au pied des anciens remparts.

SARTHE (72)

- Au Mans, le trésor historique des Ursulines se trouve près de la place de l'Étoile.
- À la Licorne, une énorme émeraude serait dissimulée dans l'un des nombreux souterrains du château.
- À Possé, une légende parle d'une barrique d'or enterrée dans le dédale souterrain qui court sous le village.

SAVOIE (73)

- À Chambéry, des richesses fabuleuses des ducs de Savoie qui se trouveraient sous la grosse tour du château de la ville, et précisément dans une salle murée de la tour des archives.
- À Champagny se trouvent des trésors qui remontent aux guerres de religion. Des cachettes sont identifiées près de l'église Saint-Sigismond, mais d'après certains témoignages ils reposeraient peut-être aussi dans l'une des grottes du Doron.

HAUTE-SAVOIE (74)

- À Annecy, à l'emplacement de l'ancien couvent du Saint-Sépulcre, les trésors du clergé ont été cachés lors de la Révolution. D'après la tradition locale, il faut les rechercher dans le réseau souterrain qui est bien identifié.
- À Magland, tradition de l'existence d'un magot de bandit dissimulé dans la grotte de la Balle.
- À Talloires, se trouve le trésor des cloches de l'abbaye qui furent immergées dans le lac d'Annecy.

PARIS (75)

De nombreux trésors se trouvent dans la capitale française :

- Dans les jardins du Louvre doit reposer une cassette appartenant à Louis XVI.
- Rue de Grenelle : des bourses d'or et de la vaisselle précieuse auraient été dissimulées par le Comte de Chalais. Louis XIII voulait en effet confisquer ses biens qu'il aurait dissimulés dans les caves d'un cabaret de la rue de Grenelle en 1628.
- Le marquis de Chambray aurait enfoui 75 000 Louis d'or dans son Hôtel de la rue du Regard à Paris en 1792, avant de fuir.

- Dans le parc des Tuileries, plusieurs dépôts sont répertoriés
- C'est dans le quartier des Halles que le mage Cagliostro aurait mis sa fortune à l'abri.
- En 1831 est commis un grand vol de monnaies et d'objets précieux au Cabinet des Médailles (la célèbre patère de Rennes en faisait partie). La plupart de ces artefacts volés seront retrouvés sous le Pont-Marie (entre l'Île-Saint-Louis et le quai de l'Hôtel de Ville), mais malheureusement certains manquent toujours à l'appel...
- Au pied du Grand Palais (au niveau du Cours la Reine), serait enfouie dans la vase de la Seine une partie de la fortune de Jérôme Bonaparte (1784-1860) constituée de diadèmes, diamants, bijoux, monnaies d'or, etc.
- À Montmartre, dans un coffret en fer, près du Sanctum Martyrium de l'abbaye des femmes, seraient dissimulées les pierres précieuses (et la tête) de Joseph Boniface : ce noble fut exécuté pour conspiration contre le roi, et sa maîtresse, la reine Margot, souhaitant garder un souvenir de lui, racheta sa tête au bourreau, et la fit sertir d'une multitude de pierres de grande valeur. Ce « noble reste humain » finira enfoui en terre à sa demande... Les recherches sont à effectuer en priorité sur les hauteurs et près de l'église Saint-Pierre.
- Au 69 de la rue de Varenne à Paris, le trésor du comte d'Orsay reste à découvrir : ce noble émigré n'a en effet jamais révélé l'emplacement de son magot.

SEINE-MARITIME (76)

- À Arques-la-Bataille, un trésor serait placé dans les ruines de l'importante forteresse dont l'origine remonte au 13e siècle.
- À Brotonne, dans la forêt, se trouverait la fortune de la reine mérovingienne Frédégonde (545-598). Elle y aurait mis à l'abri des médaillons en or de grande valeur, probablement dans une crypte ou une grotte.
- À Jumièges existe une tradition de trésor enfoui. En effet, des religieux auraient dissimulé en 1356 une statue en or de Saint Philibert sous un if du cloître, des pièces en or dans des grottes et des cloches

au lieu-dit la « Fosse-Piquet ». Les alentours de cette abbaye, pillée au 9e siècle par les Normands et qui remonte à l'an 654, sont truffés de galeries souterraines.

• À Mesnil-sous-Jumièges se trouve la cassette de bijoux d'Agnès Sorel dans le château.

• À Rouen, une tradition de trésor historique mis en sécurité par Robert-le-Diable gît dans le château des Moulineaux. Dans la même ville, le trésor protestant des souterrains de Rouen serait constitué de 370 kilogrammes de monnaies d'argent et de 14 kilos de pièces d'or. Il fut mis à l'abri par les protestants après la mise à sac de la ville.

SEINE-ET-MARNE (77)

• À Fontainebleau, dans les Gorges de Franchard et au pied d'un rocher fut enterrée en 1942 une mallette remplie de bijoux et de lingots.

• À Lésigny, l'or de Concini reposerait dans son château.

• À Provins, ville au marché régional très important et prospère au Moyen Âge, cours la légende d'un trésor fabuleux qui sommeillerait dans un réseau souterrain de la ville. Certaines galeries ont pour point de départ la rue de Jaury (Caveau du Saint-Esprit). De nombreux enfouissements furent mis au jour dans les murailles de cette cité dont les origines sont des plus anciennes. Il convient d'être prudent afin de ne pas s'égarer dans ce labyrinthe souterrain très étendu.

YVELINES (78)

• À Louveciennes existent de nombreuses caches d'objets précieux enfouis ou murés dans le château ou dans ses souterrains crayeux pourvus de cheminées. Ces biens auraient appartenu à la comtesse du Barry – dernière favorite du roi Louis XV entre 1768 et 1774 – qui fut guillotinée le 8 décembre 1793 à Paris. Selon certains témoignages, des bijoux auraient été jetés dans les eaux des bassins de Marly, d'autres dans ses jardins. Il faut signaler que sur cette noble propriété, sous un escalier ou dans une cave, plusieurs caches ont déjà été découvertes. Furent révélés une montre sertie de diamants, des pierres précieuses, des colliers de corail, etc. Il serait judicieux de centraliser les recherches à Belle vue et aux Lions et aussi de prospecter la forêt domaniale qui est, encore de nos jours, assez étendue et qui pourrait révéler de belles surprises...

- À Port-Royal-des-Champs, en 1702, à la demande du roi de France, les religieuses de l'abbaye enfouissent avant leur départ un précieux dépôt sous l'ancien pigeonnier.
- À Triel-sur-Seine, repose le trésor fabuleux de Jacques II. Ce monarque d'Angleterre, détrôné par son gendre Guillaume d'Orange en 1688, a enfoui ses valeurs dans un couvent aujourd'hui disparu. Ce dépôt de la couronne d'Angleterre, mis en sécurité lors de l'exil du roi, aurait été précisément dissimulé dans la crypte située sous l'église Saint-Martin.

DEUX-SÈVRES (79)

- À Magné, tradition d'enfouissement lors de la Révolution par les seigneurs du fief.

SOMME (80)

- À Baizieux, une masse d'or aurait été enfouie sous un palais par les Mérovingiens.
- À Corbie, les moines de l'abbaye cachèrent leurs objets précieux en prévision d'un raid des pirates normands. Une ancienne carrière est susceptible de servir de lieu de cache.
- À Falvy, reste à découvrir un trésor de cloche qui fut immergé dans un étang en 1661 par les habitants.
- À Herleville, un trésor reposerait dans le réseau souterrain de ce village.

- À Saint-Acheul, des reliquaires et des cloches cachés par des moines lors de la Révolution se trouvent dans une galerie souterraine.
- À Talmas, les moines de Corbie ont mis leurs richesses en terre dans leur souterrain, lors de la Terreur.

TARN (81)

- À Padies, les vestiges d'un ancien château servaient de repaire à un bandit prénommé Gourgoul au 15e siècle...

TARN-ET-GARONNE (82)

- À Albias circule une tradition d'enfouissement de monnaies dans le camp d'une légion romaine qui était installée au bord de l'Aveyron.
- À Moissac, une tradition évoque un trésor ancien dissimulé par des moines de l'abbaye. Un autre magot constitué d'or aurait été enterré en 1792 par un noble un émigré, dans son parc situé sur le site de la plaine du Luc.

VAR (83)

- À Montfort-sur-Argens, à un kilomètre du château (désormais en ruine) un dépôt fut placé dans l'ancienne forteresse des templiers.
- À Rians, les ruines de la chapelle de Saint-Pierre cacheraient un trésor templier (voir la carte datée de 1313, reprise dans le livre de J. Mandorla « *60 trésors fabuleux à découvrir* ».
- À Valcroze, dans le château du bourg de Trégance, réside une tradition de trésor templier.
- À Vende, une légende donne à Saint-Martin-de-Vence un trésor de l'Ordre du Temple de Jérusalem.

VAUCLUSE (84)

- À Avignon, le palais des Papes serait truffé des trésors des papes Clément V, Jean XXII, Clément VI, Innocent VI et de bien d'autres...

VENDÉE (85)

- À Apremont, au 16e siècle, l'amiral Chabot de Brion enfouit son trésor sous l'une des tours de son château.
- À Beaurepaire, un trésor de la Révolution serait matérialisé par des objets précieux dont un Christ.
- À Belleville-sur-Vie, une partie des avoirs du chef vendéen Charette est à rechercher dans le bois des Gâts.
- À Commequiers doit se trouver l'or caché du chef chouan Guerry du Cloudy. Celui-ci cacha en effet des métaux précieux et du matériel de guerre dans son quartier général. En 1933, 5000 monnaies furent retrouvées près de la forteresse médiévale du village.
- À Épesses, le curé du village aurait dissimulé un tabernacle en or lors des guerres de Vendée.
- À Essarts-en-Bocage, deux bandits, les frères Guillery, commirent leurs rapines durant une dizaine d'années aux environs du château (actuellement en ruines). La tradition dit que leur trésor pourrait se trouver là, ou dans la toute proche Loire-Atlantique, dans la forêt de Machecoul. Philippe Guillery fut roué en place publique à la Rochelle en 1608.
- En forêt de Grasla, de nombreux enfouissements datent de la période révolutionnaire.
- Aux Landes-Génisson (Les), les châtelains du château de la Boucherie ont caché un magot en 1793 dans une métairie.
- À Mortagne-sur-Sèvre, une tradition parle d'un trésor (un jeu de boules en or) qui reposerait dans les tours du château ou dans un puits. Le trésor perdu lors de la Révolution de Boutillier de Saint-André se trouve également dans ce secteur.

- À Saint-Denis-la-Chavasse, un trésor composé de mille louis d'or du chef vendéen Charrette fut jeté dans deux puits (deux malles). Il est vraisemblable que ce trésor ait été par la suite récupéré, car de nombreuses et vaines recherches in situ depuis cet évènement ont été effectuées. Par ailleurs, il convient d'étudier la liste des divers camps de résidence de Charrette lors de ses campagnes contre la République ; cela pourrait révéler sur le terrain de bonnes surprises...

VIENNE (86)

- À Charroux, les trésors de l'abbaye sont dissimulés dans ses murs ; quelques dépôts ont déjà été récupérés dans l'enceinte de la propriété.
- À Chauvigny, plusieurs trésors sont présents dans un bâtiment du 15e siècle situé près du château de Montléon.
- À Gençay, un trésor fut placé sous la Révolution dans les murs du château. Une partie du dépôt a été retrouvée il y a maintenant plusieurs années.
- À Iteuil, Alaric, roi des Wisigoths, fut tué par le roi mérovingien Clovis. Une tradition raconte que ce barbare aurait jeté ou enterré ses richesses dans le Clain.
- À Loudun, dans les murs de l'ancien donjon des Comtés d'Anjou, monnaies, armes et documents sur parchemin restent à découvrir.
- À Nouaille, Jean le Bon, roi de France, aurait fait cacher un dépôt. C'est dans les environs de cette commune que se déroula la célèbre bataille de Vouillé dont l'emplacement est perdu. Une pièce d'argent a été découverte à la Carderie et un demi-écu d'or entre Beauvoir et l'emplacement d'un bois. L'endroit précis du tumulus d'Alaric, situé à proximité de ce site, n'a toujours pas été identifié avec précision par les archéologues.

HAUTE-VIENNE (87)

- À Chalus, un trésor historique - une stèle, des statuettes ou un autel en or massif -, est à l'origine de la mort de Richard Cœur de Lion, le 25 mai 1199. Il a en effet été tué par une flèche tirée des remparts de cette ville, lors d'un siège ayant notamment pour but de conquérir ce dépôt d'origine romaine. Le seigneur de Chalus avait, contre l'avis de Richard Coeur de Lion, décidé de conserver ce trésor à l'abri dans son château. Ce dépôt fabuleux attire régulièrement des chasseurs de trésors armés de leur « poêle à frire » sur ce site.
- À Limoges, un réseau important de souterrains répertorié sous la ville est susceptible de receler des enfouissements anciens.

YONNE (89)

- À Crain, un trésor des guerres de religion serait placé dans le parc de la « Maison Blanche » : lingots et châsse en or massif de Saint-Germain auraient été pillés dans l'abbaye d'Auxerre par les protestants. Cet endroit était le fief des seigneurs de Loron.

ESSONNE (91)

- À Balizy, tradition de trésor templier dans une commanderie.
- À La Boursillière, le dépôt précieux de Blanche de Castille serait enfoui dans les ruines de son château. La légende court de l'existence d'une « Dame Blanche » protectrice de ce trésor...
- À Longpont-sur-Orge, il existerait une crypte mystérieuse recelant un trésor et dont l'entrée fut murée lors de travaux.
- À Villeconin, un trésor d'origine templière constitué notamment d'un véritable morceau de la croix du Christ serait dissimulé sous l'ancien château.

VAL-DE-MARNE (94)

- À Charenton, tradition de douze tonneaux d'or dans un souterrain au lieu-dit « La Porte de Seine ».
- À Saint-Maur-des-Fossés, l'emplacement de l'abbaye servait de base aux Normands pour piller la région. Cet endroit est susceptible de révéler de belles surprises...

Trésors à retrouver dans notre pays (classement par département)

Sans aucun doute, quelques-uns de ces trésors reposent-ils près de chez vous... Mettez-vous en quête de magots historiques, légendaires ou autres !

Département 01 – La chartreuse de Meyriat

Cette abbaye est située sur la commune de Vieu-d'Izenave dans l'Ain. Elle a été fondée à proximité d'un massif forestier en 1116 et l'un de ses fondateurs est Ponce de Balmey. En 1791, les moines de cette communauté, lors des évènements révolutionnaires, quittent la chartreuse, mais avant de s'exiler, cachent leurs objets précieux dans plusieurs coffres en bois (entre deux et onze selon les différentes versions). Au moins deux coffres seraient donc descendus dans une crypte souterraine en forêt de Meyriat.

- Dans le premier coffre : un crucifix d'or, un calice d'or massif serti de pierres précieuses, des patènes (petites assiettes), des ciboires rehaussés d'émaux anciens, des croix de procession en argent, des barrettes et plateaux en vermeil avec de la vaisselle, des écus et des pièces d'or.
- Dans le second coffre se trouverait un reliquaire en bois précieux doublé de plaques d'argent ciselées avec les reliques de Ponce de Balmey (le fondateur), des livres d'heures enluminés d'une valeur inestimable, des parchemins et des habits sacerdotaux brodés d'or et d'argent.

Cette abbaye fut abandonnée en 1791 puis pillée. Actuellement, il n'en subsiste que quelques ruines.

Département 02 – Trésors historiques dans l'abbaye de Vauclair (Aisne)

Dans les Ardennes, cette institution religieuse, fondée en 1134 par Bernard de Clairvaux, fut pillée à deux reprises et incendiée lors des guerres de religion. Elle a subi aussi à la Révolution de 1789 de nombreuses dégradations. Actuellement, il ne reste de ses bâtiments que des ruines imposantes envahies par une épaisse végétation. Plusieurs traditions de trésors sont présentes en ce lieu et se transmettent de génération en génération… Il est certain que des cachettes aménagées par les moines lors de ces périodes troublées restent à découvrir dans cet endroit chargé d'histoire. Lors d'une campagne de fouilles officielles en 1973, un important trésor monétaire composé de 4 249 monnaies en argent et en billon des 15e, 16e et 17e siècles y fut d'ailleurs mis au jour.

Département 03 – Le magot de Rodrigue de Villandrando (né vers 1386 et mort vers 1457) et les trésors de châteaux en ruines dans le Bourbonnais (Allier)

Dans les vestiges d'un donjon qui remonte au 13e siècle se dissimule le dépôt du seigneur des lieux qui avait pour habitude de piller le pays. La forteresse était le verrou du passage de Gartempe lors du Moyen Âge, mais elle fut démantelée sur l'ordre de Richelieu (1585-1642).

À Penfavard, sur une colline et selon une tradition tenace locale, les ruines de la Ferrandière cacheraient un magot dans un souterrain. À quelques kilomètres au sud de Glozel se situent les vestiges de l'ancienne forteresse de Montgibert : cette importante place forte médiévale, sur la commune de Ferrières-sur-Sichon est placée au sommet d'une butte rocheuse et occupait autrefois un emplacement stratégique entre l'auberge, le Forez et le Bourbonnais. Ce site présente une occupation des plus anciennes ; des bronzes gallo-romains et des monnaies antiques ont été détectés à cet endroit, ce qui confirme l'implantation d'un Castrum sur cet emplacement, et le château est actuellement classé comme un monument historique.

Le mercenaire espagnol de Villandrando s'est emparé au 15e siècle de cette place forte lors de la guerre de Cent Ans (entre 1434 et 1439). À cette époque, il pille régulièrement la région et entasse dans ses coffres le fruit de ses rapines avec l'aval du roi Charles VII. Cet aventurier aurait recherché en vain le trésor des templiers qu'une tradition locale plaçait, à l'époque, en Auvergne.

En 1427, il est banni du royaume de France et disparaît à Rome en Italie. Avant son départ définitif d'Auvergne, il a mis ses richesses à l'abri dans un des souterrains de son château. Une piste pour cette recherche : il existe, sous les ruines de la place forte, un réseau de galeries sur trois niveaux à l'emplacement du donjon. Les troupes de Richelieu, quelques siècles plus tard, ont fait raser le site, obstruant ainsi l'accès aux galeries menant au trésor, et empêchant donc toutes les investigations futures... De plus, il faut signaler que Montgilbert était relié par un passage souterrain au château de Chappe qui est aujourd'hui en ruines. Chappe a été construit par une famille d'aventuriers qui pillait de riches marchands et des voyageurs lors du 11e siècle. Une tradition dans la région veut qu'un dépôt soit enfoui à cet endroit. Au château de Virmeux existe un passage souterrain secret qui menait à la Combe de Malavaux où existait autrefois une forteresse templière. Le site est aujourd'hui à l'abandon et recouvert d'épaisse végétation. Une tradition place un dépôt important à cet emplacement. Cette combe abrite d'autres richesses : celles du fameux bandit Mandrin, dissimulées en 1754, derrière l'auberge dite « Le relais de l'Empereur ».

En Auvergne, sur l'un des sites les plus anciens du Bourbonnais, se positionne le château de Chantelle avec ses cinq tours et son donjon. Cette ancienne place forte du Moyen Âge qui fut édifiée par les ducs de Bourbon est placée sur le méandre escarpé d'une rivière. En 1523, le connétable Charles III part rejoindre Charles Quint et mourut lors du sac de Rome au cours de l'année 1527. Avant son départ, pour l'Italie, il aurait camouflé un trésor dans une salle souterraine de la forteresse.

Les abbayes, les maisons-fortes, les forteresses, châteaux, manoirs, églises fortifiées, etc., lors des périodes troublées du Moyen Âge dans notre pays, disposaient de salles secrètes, de cryptes, de puits aménagés ou de souterrains qui servaient de refuges ou de coffres-forts.

Département 04 – Sur les traces de Napoléon en 1815 (Alpes-de-Haute-Provence)

Le 26 février 1815, l'empereur Napoléon quitte l'île d'Elbe et rentre sur Paris dans le but de chasser du pouvoir le roi Louis XVII. Une histoire de trésor impérial est née lors de ce retour, sur la route départementale dite « Route Napoléon » (RN 85), entre la ville de Grasse et Escragnolles et précisément entre Saint-Vallier et Escragnolles.

Cependant, deux autres lieux revendiquent cette légende à savoir le Col de Léques et un endroit avant la ville de Digne. Cette route couvre toute la partie ouest de l'arrière-pays cannois. Ce trésor historique repose sur des bases solides et alimente la légende de l'empereur des Français. En effet, le premier mars 1815, lors de la période des Cent-Jours, Napoléon 1er débarqua sur la plage à Golfe Juan pour combattre les troupes royalistes. Il est accompagné d'une troupe de 1 100 hommes sous les ordres du général Cambronne.

Sur des mulets sont chargées des caisses remplies de 40000 monnaies en or (voir aussi le dossier des 40000 pièces de 20 francs, en or à l'effigie de Napoléon, de Joséphine de Beauharnais). Napoléon installe son bivouac à Cannes, au pied de Notre-Dame du Bon Voyage et le 2 mars, traverse Le Cannet montant jusqu'à Grasse où il fait une halte au plateau de Roquevignon. Il envisage ensuite de remonter les Alpes jusqu'à la ville de Grenoble. Il fera une seconde halte à Escragnolle, puis poussera à Séranon jusqu'au château de Blondet. Le 3 mars, il arrivera à Taulanne et Sénez et finira par atteindre Barrême. Le jour suivant, l'Empereur arrivera à Digne et séjournera au château de Malijai. Le 5 mars, il atteindra enfin Sisteron pour terminer sa course dans la ville de Gap.

Après Barrême et avant d'arriver à Digne-les-Bains, un mulet fit un faux pas sur un étroit sentier et chuta dans un ravin enneigé. Une caisse de bois se brisa en plusieurs morceaux et des milliers de monnaies furent éparpillées sur les pentes du ravin.

Le trésorier de Napoléon, à l'aide de quelques soldats, réussit cependant à récupérer une grande partie du chargement, mais 1 850 monnaies furent définitivement perdues. La recherche de ces monnaies d'or de Napoléon 1er (1769-1821) est à effectuer en priorité entre Barrême et le Col de Corobin. D'après le témoignage récent de plusieurs habitants de Norante il serait encore possible d'en retrouver in situ…

Département 09 – Le trésor des cathares (Ariège)

Situé dans l'Ariège, Montségur est surtout connu par sa forteresse qui symbolise depuis des siècles dans notre pays la résistance cathare à la papauté et au pouvoir royal. Le « Pog » (mot qui signifie éminence) est construit à 1200 mètres d'altitude et se trouve au sommet d'un éperon rocheux qui émerge des derniers contreforts de la chaîne des Pyrénées. Le fameux trésor du château de Montségur, d'après une tradition locale, aurait été mis en sécurité avant la reddition du Castrum. Il s'agit de l'histoire d'un mythe qui repose sur des bases historiques et qui demeure encore de nos jours une source d'inspiration pour les historiens et les romanciers. La veille de l'attaque de cette place forte, des chevaliers cathares auraient évacué le « Saint-Graal ». En effet, certains historiens déclarent que des parchemins et des objets précieux auraient été envoyés en Italie ou cachés à proximité de la forteresse qui dépendait de cette communauté. Le trésor pourrait être sur le site du château ou dans un glacier souterrain situé en face de Montségur. Cet endroit serait susceptible de servir de cache, comme le suggèrent certains villageois… Le nazi Himmler a organisé plusieurs expéditions sur place afin de retrouver le fameux Saint Calice mythique de la légende arthurienne, mais sans succès. L'allemand, Otto Rahn (1904-1939, écrivain et archéologue), localisait le trésor des cathares à l'emplacement de la forteresse. Au départ, c'est durant Noël 1243 que deux cathares seraient parvenus à fuir de ce château fort en emportant des métaux précieux et d'autres objets de valeurs. Le 6 mars 1244, de nombreux « Parfaits » quittèrent définitivement le château avec des documents et du numéraire. Une multitude de grottes existent dans cette région dont environ deux cents sont répertoriées à ce jour (les grottes d'Ussat, d'Onolac, Fontanet, l'Ermite et bien d'autres). Certaines cavités ne sont donc pas recensées et tant n'ont même jamais été explorées… La grotte de Lombrives, nommée avec raison la « Cathédrale des cathares » a été occupée quelque temps après la chute du bastion par Amiel Aicard (l'homme qui avait évacué, avant l'assaut final, une partie du trésor).

Petit historique (in situ) : à proximité des restes de la forteresse se trouve la cavité « du Graal ». En 1204, Raymond de Pareille reconstruisit le « Pog » à l'emplacement du château cathare. La place forte abritait en 1230 une centaine de chevaliers en armes sous le commandement de Pierre Roger de Mirepoix. En 1242, Blanche de Bastille, la mère du roi Saint-Louis apprend le massacre des membres du Tribunal de l'Inquisition à Avignon. À la suite de cette action criminelle, est décidée l'attaque de la forteresse des cathares, lieu de refuge des « Parfaits » en 1243. Après de longs mois de siège, la place forte se rend finalement le 16 mars 1244. Deux cent vingt cathares qui refusent de renoncer à leurs croyances préfèrent mourir sur un bûcher. Après la chute de Montségur, le roi de France confie la responsabilité de ce château à Guy de Lévis qui sera occupé par une garnison de troupes royales jusqu'au 17e siècle. Dans les ruines de Campis se trouvait l'ancien camp des armées françaises, utilisé lors du siège final, et des boulets de pierre, toujours présents sur le site, témoignent de cette période de guerre de religion. Le sentier de la Caunha mène à la grotte du même nom et ses dimensions qui sont impressionnantes lui ont valu son nom (en langue occitane "vaste cavité"). Il serait fort probable que dans une des grottes fortifiées du Sabarthès se trouvent toujours l'or, l'argent, les métaux précieux et les archives et même sans doute le Saint-Graal (objet de la quête mythique des chevaliers de la Table ronde qui est une légende arthurienne). Le mystère de la disparition de ce trésor perdu reste entier à ce jour…

Département 11 - Le trésor sarrasin du camp d'Al Ker dans l'Aude (Aude)

À Lagaste, le camp retranché serait associé à une histoire de trésors. En effet, lors du 16e siècle, une partie de la communauté des Morisques, des musulmans convertis de force à la religion chrétienne, est expulsée d'Espagne. Ils se sont réfugiés en grand nombre dans le Languedoc et d'autres sont partis s'exiler à Salé (ville du Maroc).

Ces sarrasins auront d'ailleurs des activités de piraterie à partir de ce port dans la méditerranée (de nombreux trésors remontant à cette époque restent à découvrir dans la ville de Salé).

D'après une tradition locale, des Morisques seraient revenus à plusieurs reprises sur le lieu de cet oppidum en espérant sans succès mettre la main sur ce dépôt fabuleux enfoui par leurs ancêtres et dont l'emplacement était transmis de génération en génération.

Département 11 – La tombe du roi wisigoth Alaric II (484-507) (Aude)

En l'an 507, Alaric II est tué par Clovis lors d'un combat dans la plaine de Vouillé près de Poitiers. Sa dépouille fut emportée par ses soldats, et selon une légende, en direction du sud de la France, aurait été ensevelie à l'est de la ville de Carcassonne. Sa tombe, située sur le flanc nord de la montagne, dans une grotte, au-dessus de Capendu, contiendrait des monnaies en métaux précieux. Cet endroit souterrain, situé non loin de ce bourg, aurait été rebouché par ses soldats afin d'en masquer l'entrée. Le « Mont Alaric » est long d'une vingtaine de kilomètres et se situe entre Miramont et le « Signal d'Alaric » (à l'Est, et à une altitude de 600 mètres). Trésor enfoui dans l'Aude? Actuellement, la plupart des historiens situent la bataille à l'origine de la mort de ce roi wisigoth à Poitiers et non pas dans les environs de la ville de Carcassonne. Alaric I a pillé la ville de Rome, mais aucun texte ancien ne dit qu'il aurait récupéré le trésor de Jérusalem avec le fameux chandelier juif à sept branches. Ce que l'on sait aujourd'hui, c'est qu'il s'est fait enterrer en 410 sous la rivière Busento, située en Calabre (Italie) dans la province Cosenza, avec ses trésors, donc son fils Alaric II n'aurait vraisemblablement jamais possédé les trésors de son père.

Département 11 – L'or de l'abbé Saunière (1852-1917) ou le secret de Rennes-le-Château (Aude)

Un berger originaire de ce village a déclaré avoir trouvé de l'or en monnaies sonnantes et trébuchantes dans une grotte sous le plateau du Razès. Le berger fut convoqué par le seigneur local, au château du fief, mais, comme il ne révélait pas le lieu de sa découverte, il fut tué. Pendant des siècles les villageois entreprirent des fouilles dans la région afin de retrouver cette fameuse grotte, toujours sans succès. Puis vint l'année 1886 et le début de l'extraordinaire aventure de l'abbé François-Bérenger Saunière, humble curé de campagne dont la relégation à la cure de Rennes-le-Château changea le destin... Le village actuel de Rennes-le-Château a succédé à l'ancienne cité wisigothe Rhedae. L'église fut consacrée en 1059 à Sainte-Madeleine. L'abbé Saunière était un prêtre catholique. En 1885, il procéda à des travaux de réfection et, à l'intérieur de l'église du village, fit l'étonnante découverte de parchemins du Moyen Âge. Après une étude minutieuse de ces documents anciens, il finit par les décrypter et récupéra le fabuleux trésor royal qui reposait sous une dalle de pierre. Entre 1891 et 1917, l'abbé aurait dépensé sur ses deniers personnels plusieurs millions de francs dans la rénovation de l'église qui tombait en ruine et dans la construction d'une villa privée nommée « Bethania ». Selon certaines rumeurs, le village, situé sur un piéton rocheux, abriterait le trésor du Temple de Jérusalem et du palais de Salomon (que l'on signale aussi à Carcassonne dans un profond puits) enfoui par les Wisigoths avant leur départ pour l'Espagne, ou le trésor du bon roi Saint-Louis enfoui par Blanche de Castille, sa mère.

Gérard de Cayron, afin de retrouver ce trésor, pense qu'il faudrait commencer par mettre au rebut les nombreux documents qui furent falsifiés par leurs auteurs pour n'étudier que les parchemins authentiques. Une dernière piste à privilégier : en 1928, un procès-verbal de gendarmerie dit : « On a trouvé dans une cabane en ruine qui borde le ruisseau de Couleurs, près de Rennes-le-Château, une statuette d'or massif, en partie fondue, mais dont on distinguait encore les pieds ». Il convient de signaler que les fouilles in situ sont interdites depuis les années 1960, mais cela n'empêche pas les curieux et chercheurs de trésors de rechercher assidûment ce fabuleux dépôt. En effet, à la suite d'un article dans un journal national, ces personnes se présentent chaque année par milliers dans la région avec l'espoir de mettre la main sur le pactole de ce religieux qui avait offert un calice d'or avec sa patène (pièce d'orfèvrerie du 13e siècle) à l'abbé Grassaud en remerciement de service rendu (pour des contacts avec des hermétistes).

Département 12 – Le trésor religieux de Conques (Aveyron)

De source historique, plusieurs dépôts d'importance ont été confiés à des familles pendant la période troublée de la Révolution. Ces cachettes d'objets religieux se trouveraient toujours murées dans les caves de certains habitants de ce petit village.

Département 17 – Les richesses des bénédictines de Saintes (Charente-Maritime)

En septembre 1792, Marie-Madeleine de Parabère, la mère supérieure de cette riche abbaye, fondée en 1047, dissimule tous les objets de valeur de la communauté religieuse.

L'inventaire est le suivant : pièces d'or et d'argent, vases précieux, reliquaires, châssis en or, service de table précieux, un ostensoir en or enrichi d'émaux du 14e siècle, une rarissime statue du Christ en or massif avec rubis et dont les yeux sont en diamants.

Après les évènements révolutionnaires, au sujet de l'emplacement de ce trésor qui serait muré dans une crypte de cette abbaye, une religieuse fit le témoignage suivant :

« *Le trésor existe et tout ce que je puis dire, sans charger ma conscience, c'est qu'il est impossible d'entrer dans l'abbaye sans voir l'endroit* ».

Et il faut bien dire que d'anciennes ouvertures rebouchées avec de la maçonnerie sont encore visibles actuellement dans le bâtiment religieux.

Département 19 – L'or de Geoffroy-Tête-Noire caché au 14e siècle (Corrèze)

Ce mercenaire breton, qui mourut en 1388, combattait pour les Anglais lors de la guerre de Cent Ans. Il fut le capitaine d'une compagnie anglaise qui sévissait dans le Limousin avec une trentaine de ses hommes. Son immense trésor, fruit d'années de rapines dans la région, reposerait, selon une tradition locale, dans le château de Ventadour en Corrèze.

Département 20 – L'or de Villanova (Corse-du-Sud)

Les habitants de ce petit village Corse racontent, et depuis plusieurs générations, qu'une statue représentant un veau d'or serait dissimulée in situ. Plusieurs personnes déterminent l'emplacement de la cachette au lieu-dit « Campo d'Unico » (Villanova), d'autres à San Fideli, sur le site de l'ancienne église, ou aussi, au-dessus du village actuel (au lieu-dit Fogacciana). Une piste à privilégier en priorité : À proximité de Vecchione, ancien site actuellement en ruines, se trouve le Campo d'Unico qui remonte à une occupation romaine. En effet, vers la fin du Vème siècle avant nos jours, les Carthaginois expulsèrent les Étrusques et s'installèrent dans le lieu nommé « Camp d'Unico » pendant plus de deux siècles. Par la suite, ce peuple fut chassé de Corse par les légions romaines qui occupèrent le Golfe de Lava. Des unités romaines se fixèrent à cet endroit et leurs aigles romains flottèrent sur un point culminant appelé le « Piton de Punta d'Aquilone » qui dominait l'immense camp militaire. En 1896, des ouvriers italiens, occupés à des travaux dans la vigne du duc Pozzo di Borgo, disparurent au cours d'une nuit en laissant sur place une barre cassée datée de la période romaine et deux monnaies d'or. Un autre trésor, fabuleux, celui-ci, retrouvé dans le golfe du même nom, du côté de Saliccia, se nomme le « Trésor de Lava ». Cette découverte alimente avec celle de « Campo d'Unico » les fantasmes des habitants de cette région Corse... Une nouvelle prospection minutieuse pourrait encore présenter aux chercheurs de belles surprises, et mener, sans aucun doute, à la découverte de nouveaux médaillons en or... Il est à signaler au lecteur que, depuis plus de trente ans, la plongée sous-marine sur ce site archéologique maritime est interdite par l'État français...

Département 20 - Le trésor de Lava ou le plongeon dans une mine d'or (Corse-du-Sud)

Il s'agit d'un des plus importants et aussi des plus précieux trésors romains retrouvés en France voire en Europe. Une première découverte sur ce site aurait eu lieu au 19e siècle. Quarante et une monnaies (aurei et multiples) arrivèrent sur le marché en 1956 qui, vendues aux enchères, firent l'objet d'une première publication établie par Jean Lafaurie en 1958. D'autres trouvailles sur ce même site ou dans les environs auraient été effectuées épisodiquement quelque temps plus tard (dans les années 1970).

« On plongeait tous les jours non-stop, de huit heures du matin jusqu'à trois-quatre heures de l'après-midi. On a dû remonter pas loin de 600 pièces d'or trouvées à deux mètres de profondeur... », selon le témoignage de Félix Biancamaria, repris dans son livre « *Le trésor de Lava* » paru en 2004.

Ce fabuleux trésor de monnaies romaines en or n'a jamais été déclaré aux autorités françaises, et mobilisa, à partir de 1986, et des années durant, toutes les polices du monde (avec l'intervention d'Interpol), suite à la vente illégale aux enchères à Monte-Carlo de nombreuses pièces en or. La plupart des monnaies provenant de ce trésor ont été mises au jour dans les années 1985 et 1986 par trois plongeurs corses, Félix Biancamaria, son frère Ange et un ami commun, Marc Cotoni, qui pêchaient des oursins. D'autres exemplaires de même origine et du même site ont été mis au jour, à partir de juin 1986, par une autre équipe de plongeurs corses.

L'ensemble de cette trouvaille fortuite comprenait plusieurs milliers de pièces en métal précieux récupérées dans les fonds marins corses et précisément à Lava, situé au sud du golfe du même nom avec, au large, le golfe de Sagone, et non loin, le rocher de Pietra Piumbata.

Cette histoire, que l'on peut qualifier de merveilleuse, commence par la découverte de trois monnaies romaines en or, lors d'une plongée sous-marine ; elle sera le point de départ d'une fabuleuse chasse aux trésors... La genèse démarre en septembre de l'année 1985 par l'éclat doré d'une pièce sur un rocher qui attire l'attention d'un plongeur Corse. D'autres monnaies seront par la suite retrouvées à faible profondeur, et à proximité de la première, à moins de quatre mètres du rivage. La vente de ces quelques exemplaires est alors décidée par les inventeurs et un expert numismate parisien est sollicité afin d'acheter un médaillon de huit aurei et quelques autres monnaies en or. L'inventeur Corse Biancamaria, dans son récit, a révélé avoir cédé 340 pièces d'or à des Américains venus en Corse, en décembre 1985, contre deux valises de billets de banque. Par la suite, plusieurs centaines de pièces seront retrouvées face au fameux rocher de Pietra Piumbata. En novembre 1986, un numismate contacté, dont la proposition ne convenait pas, est éconduit, et ce dernier par vengeance envoya alors un signalement – documentation détaillée sur le trésor à l'appui – au journal Le Provençal. Le même mois, alertés par l'article de presse, les enquêteurs des douanes, et le Département des Recherches Archéologiques Subaquatiques et Sous-marines (DRASSM) apprennent donc que dix-huit monnaies sont proposées à la vente à Monte-Carlo – Quartier de Monaco – (catalogue J. Vinchon).

À la suite de l'enquête des douanes, le procureur d'Ajaccio décide de la saisie des pièces et de l'inculpation de plusieurs personnes pour le motif de « détournement d'épave maritime ». Les autorités accusent d'autre part de recel, deux numismates parisiens, experts auprès des tribunaux, qui seront poursuivis par la justice. Il est à signaler que, par le passé, quelques monnaies romaines de la même origine, retrouvées à proximité du site, étaient déjà apparues sur le marché entre 1959 et 1977. Antérieurement, des pêcheurs de coraux avaient remonté à plusieurs reprises des pièces romaines en or qui provenaient de cette zone marine. À Lava, selon les gendarmes d'Ajaccio, le lieu de la découverte correspondait à des éboulis de terrain, et ce détail est important, car si ce trésor est d'origine terrestre, il appartient au propriétaire du terrain et aux inventeurs, et s'il s'agit d'une épave maritime il est la propriété de l'État français dans sa totalité.

L'historique complet de cette extraordinaire aventure sous-marine :

Le 6 septembre 1985, trouvaille d'un aureus de Gallien (254-268), d'un multiple de 4 aurei de l'empereur Claude II (268-270) et d'un multiple de 8 aurei de Claude II.

Le 9 septembre 1985, des pièces romaines sont vendues à un numismate de Paris pour la somme de 180000 francs.

De nombreuses autres monnaies sont par la suite retrouvées dans le Golfe de Lava : 4 aurei de Gallien, 3 multiples de Claude II, 9 aurei de Quintille (année 270) et aussi 422 autres pièces en or.

Un des multiples sera racheté 180 000 francs par un numismate de Marseille. Le 10 décembre 1985, toutes les monnaies mises au jour sont cédées à des investisseurs américains pour 400000 francs.

Plusieurs autres pièces romaines en métal précieux seront trouvées sur le site de Lava avec un détecteur de métaux : 6 aurei de Gallien, 20 aurei de Claude II, 3 multiples de Claude II, 2 aurei de Quintille, 10 aurei d'Aurélien et 93 autres. Une vente eu lieu au bénéfice d'investisseurs américains, et des collectionneurs achetèrent 84 monnaies pour un montant de 1800000 francs. Par la suite, une autre cession de pièces sera effectuée à Paris chez un numismate pour la somme de 550 000 francs : 20 monnaies dont 2 multiples.

En avril 1986, la plus grosse partie de ce fabuleux magot sera dévoilée : 1 multiple de 4 aurei de Gallien, 2 multiples de 8 aurei du même empereur, 1 aureus de Claude II, 3 multiples de 4 aurei de Claude II, 2 aurei de Quintille, 5 aurei d'Aurélien et un grand nombre d'autres monnaies non répertoriées.

Une nouvelle vente est effectuée pour un montant de 230 000 francs : un multiple de Gallien valant 4 aurei, un multiple de Gallien de 8 aurei et les trois multiples de 4 aurei de Claude II. Treize autres monnaies seront présentes au catalogue d'une vente publique à Monte-Carlo.

Des monnaies, des anneaux et des bracelets en or seront découverts quelques mois plus tard (dont 24 aurei en majorité des empereurs Gallien et Claude II avec 3 multiples). Les aurei seront vendus 30 000 francs à un numismate parisien qui achètera aussi 11 000 francs un multiple de Claude II dit « le Gothique ».

En août 1986, un lingot, résultat de la fonte de monnaies, d'anneaux et de bracelets, disparaît suite au cambriolage du cabanon de la famille Biancamaria. Un plat unique en or avec un multiple de 6 aurei de Gallien, 4 autres multiples, plus de 8 aurei de Claude II sont retrouvés ainsi que plusieurs centaines d'autres pièces en or.

Les trois archéologues amateurs sous-marins sont arrêtés par la police, et le 15 novembre 1995, qui, après avoir fait appel d'un premier jugement, seront condamnés à 10 000 francs d'amende et à 18 mois de prison avec sursis.

Un numismate parisien sera condamné dans cette affaire à 200 000 francs et 18 mois de prison avec sursis. Après 25 années d'enquêtes et d'investigations, les enquêteurs des douanes et les services du Département des Recherches Archéologiques Subaquatique et Sous-Marines du Ministère de la Culture mirent la main sur le superbe plat et sur quelques monnaies exceptionnelles provenant des fonds marins.

L'un des inventeurs (Félix), après avoir été menotté et fouillé, est interpellé en gare de Saint-Lazare avec le fameux plat en sa possession. Cet homme, transféré à Marseille, sera mis en examen pour les mêmes motifs d'accusation que quatorze ans auparavant. Soixante-dix-huit monnaies seront saisies à cette occasion avec le plat en or, mais sans sa médaille à l'effigie de l'empereur Gallien. La valeur de ce chef-d'œuvre d'orfèvrerie est estimée entre un et deux millions d'euros.

Dans cette affaire, il est bon de signaler qu'un professionnel parisien indélicat a été poursuivi pour avoir créé de fausses monnaies en or à partir de trois aurei qu'il avait acquis (d'après celles du trésor de Lava), et qu'il revendait à des collectionneurs d'Ajaccio. Cette histoire souligne l'ambiguïté de la loi sur les droits de l'inventeur, et aussi de son statut de découvreur de trésors terrestres ou maritimes en France.

Il faut savoir que cette affaire a jeté la suspicion sur les monnaies romaines en or de la période de 260 à 275 détenues actuellement par les collectionneurs dans notre pays. En effet, l'État français peut désormais, et à tout moment, exercer son droit de revendication sur ces pièces grâce au motif retenu de recel d'épave maritime. Seul un multiple de l'empereur Claude II le Gothique qui a été vendu deux fois aux enchères pour les sommes de 4 500 et 15 000 euros pourrait échapper à cette revendication du Ministère de la Culture (aureus frappé entre 260 et 275 de notre ère). Certains exemplaires de ces prestigieuses monnaies en or sont estimés à des prix vertigineux...

Une monnaie en or dont il n'existe que trois exemplaires connus, appelée « Multiple ou médaillon », et à l'effigie de l'empereur romain Gallien, est estimée entre 150 000 et 250 000 euros selon son état. Cette pièce frappée en l'an 266 vaut 8 monnaies de l'unité d'or, fait 40 mm de diamètre et pèse 40 grammes. À l'avers, se trouve la tête couronnée de l'empereur et au revers, deux mains avec la légende « CONCORD. PR. ET. MILIT. », qui signifie : « L'entente du peuple romain et des soldats ».

Soixante-treize monnaies seront confiées au Cabinet des médailles de Paris et au Musée de Sartène en Corse-du-Sud. Les autres pièces de ce trésor terrestre ou maritime n'ont jamais été à ce jour récupérées par le service d'État du patrimoine français... Pour mémoire, l'aureus ou denier d'or valait 100 sesterces sous l'Empire romain.

Trésor de Lava : principales sources étudiées :

- Biancamaria Félix, La fièvre de l'or romain chez les plongeurs corses, 2004, Éditions Albin Michel.

- Lafaurie Jean, Trésor d'un navire romain trouvé en méditerranée, Revue numismatique, année 1958, pages 70 à 104.
- Lafaurie Jean et Huvelin Hélène : Trésor d'un navire romain trouvé en méditerranée, Nouvelles découvertes, Revue numismatique, 1980, pages 75 à 105.
- Journal Métro-France du jeudi 28 octobre 2010.

Département 20 - Le trésor du « Renard du désert », Erwin Rommel (1891-1944) (Haute-Corse)

Tout a commencé en 1943... Au départ d'Afrique du Nord, les troupes de Rommel (l'Afrika Korps) expédient les richesses pillées via la Corse, mais les troupes américaines contrarient le projet et les précieuses caisses sont immergées dans les eaux corses.

Depuis la fin de la Seconde Guerre mondiale, des chercheurs de trésors sont à la quête de ce mystérieux butin immergé par les nazis. Il se composerait de six caisses de lingots volés à la communauté juive de Tunisie.

En réalité, les historiens penchent plutôt pour le butin du SDK de Himmler, division qu'il avait créée pour piller systématiquement les banques, les palais et les musées d'Afrique du Nord.

Au sujet de ce trésor, un plongeur qui servit comme SS et connu sous le pseudonyme de Peter Fleig, aurait déclaré aux autorités françaises « avoir aidé à cacher des caisses de munitions remplies d'or » (selon sa déclaration de 1948).

L'immersion du trésor dit « de Rommel » au large de la Corse, lors d'une opération secrète, aurait été réalisée dans une caverne le long de la côte orientale Corse.

Ces six caisses en bois cerclées de fer seraient cachées au large de Bastia, sous les falaises de Bonifacio et précisément dans le « Puits Saint-Barthélémy » (sous les remparts), voire, aux dernières nouvelles et selon les dires de plusieurs chercheurs, dans une grotte aménagée par les allemands, à proximité d'un monastère... Les nombreuses prospections effectuées depuis la fin de la dernière guerre en Corse se sont toujours soldées par des échecs.

Département 21 - Les neuf caisses de l'abbaye de Molesme

Cette puissante abbaye – actuellement une propriété privée – fut fondée en 1075, par un ermite, Robert de Molesme, qui possédait une centaine de prieurés. C'était donc l'une des plus riches abbayes du royaume de France.

Une loi révolutionnaire promulguée le 2 novembre 1789, permit la confiscation des terres et des biens de l'Église afin de les revendre à des bourgeois et d'ainsi renflouer les caisses de l'État. Les moines, de crainte d'une spoliation de leurs précieux biens, les mirent en sécurité.

D'après l'inventaire des biens de l'Église, établi lors de la Révolution par Talleyrand (évêque d'Autun), ce trésor se composait de châsses (reliquaire/coffret précieux contenant les reliques d'un Saint), de précieux encensoirs, calices, ciboires (coupe ou vase sacré, fermé d'un couvercle et destiné à contenir les hosties), ostensoirs (support servant à exposer l'hostie), chasubles (vêtement sacerdotal à deux pans et sans manches), de croix, d'argenterie, de pièces d'or...

En avril 1790, neuf caisses furent chargées par les religieux sur un chariot qui prit la direction de Larrey. Mais selon plusieurs témoignages locaux, le convoi n'arriva jamais à destination. D'après certains chercheurs, le trésor serait enterré dans l'un des deux bois, situés de part et d'autre du chemin emprunté par le chariot, entre le monastère de Molesme et le village de Larray, à quelques kilomètres de l'abbaye. Ces caisses n'ont jamais été retrouvées à ce jour...

Département 22 - Le caveau secret de Gilles de Bretagne (1420-1450) - (Côtes-d'Armor)

Au 15e siècle, en Bretagne, Gilles, frère cadet de François 1er, duc de Bretagne, était l'allié du roi d'Angleterre Henri VI. À la mort de son père, il reçut en héritage deux petits fiefs : Ingrandes et Champtocé-sur-Loire. Il estimait cependant avoir été lésé et, mécontent, quitta la cour de son frère en enlevant Françoise de Dinan, une orpheline de dix ans, héritière du plus puissant fief de Bretagne. Gilles et sa femme se réfugièrent au Guildo, dans une forteresse. François 1er, en possession d'une lettre signée de son cadet, apprit qu'il se proposait de mettre ses places fortes à la disposition du roi d'Angleterre Henri VI et cela le rendit fou de rage.

Le 26 juin 1446, quatre cents cavaliers armés par le roi de France s'emparent de Gilles de Bretagne dans sa résidence du Guildo. Aussitôt arrêté, il est remis au duc de Bretagne et traîné de forteresse en forteresse : Coatquen, Moncontour, la Hardouinaye. Il termina sa vie « étouffé » dans son cachot de la Hardouinaye (forteresse, dotée de profondes douves, qui n'existe plus à ce jour).

Les Français, lors de son arrestation, ne purent retrouver le trésor de Gilles de Bretagne, qui se composait de plusieurs coffrets remplis d'or dissimulés dans une cave ou un souterrain du château. Une partie du trésor avait été récupérée lors de son arrestation ; en effet, l'historien Bertrand Robidou raconte : « *On vit flamboyer sous les plafonds obscurs des salles gothiques les trésors et pierreries de Françoise de Dinan : tissus et chaînettes d'or, rubis enchâssés dans le même métal, joyaux aux perles pendantes, joyaux en forme de fleurs avec des ciseaux de perles couronnées de diamants, écharpes de toutes couleurs émaillées et frangées d'or, etc.* ».

Vraisemblablement, ce qui reste de ce trésor fabuleux se trouverait dans un caveau accessible par un souterrain du château. Actuellement, il existe une maison dans le bourg qui conserve les caves d'un ancien couvent. De ces caveaux partirait un souterrain, actuellement obstrué, qui mènerait au Château du Guildo. À partir de cet endroit, il serait facile de parvenir jusqu'aux souterrains de la forteresse et de découvrir enfin ce magot fabuleux. Le tombeau de Gilles de Bretagne, assassiné en 1450, se trouve dans le cœur d'une abbaye de Plénée-Jugon dans les Côtes-d'Armor.

Lors d'une récente fouille officielle de la DRAC, un florin (monnaie en or), a été trouvé dans l'enceinte de cette forteresse du Moyen Âge.

Département 22 - Le secret de la Roche-Jagu (Côtes-d'Armor)

Au cœur du Trégor, en Bretagne, le château de la Roche Jagu domine les rives du Trieux. Autrefois, cette place-fort était intégrée dans un système défensif entre Pontrieux et Bréhat. Le duc de Richelieu avait cédé en 1773 cette propriété, avec un acte de vente qui comportait une clause stipulant : « *Il ne sera fait aucune tentative pour déboucher les portes des souterrains afin d'y descendre et dévoiler le mystère qui l'environne* ».

Que peuvent bien receler ces mystérieux souterrains murés ? De toute façon, trésor ou non, une visite sur place s'impose, car ce site établi sur un point culminant est exceptionnel et de toute beauté.

Département 22 - Le magot de Marguerite Charlèz (Côtes d'Armor)

Au 16e siècle, en Bretagne, la misère sévissait dans les campagnes et la tentation de l'argent facile était légion chez certains individus malhonnêtes. Dans les bois, aux alentours du Grand Rocher, en bordure de la Lieu de Grève (sur la route de Lannion à Morlaix), se trouvait un repaire de brigands, détrousseurs de marchands et de voyageurs. À la tête de cette bande de malfaiteurs, une femme, dite *La Charlezen*, rançonnait et assassinait ses victimes...

Il serait intéressant de prospecter le bois de Coatandrézenn qui lui servait de repaire, ainsi que ce qui reste de l'ancien massif forestier entre Saint-Michel-en-Grève et Plestin-les-Grèves (le long de la côte).

Selon la tradition, il est dit que cette femme « *aurait enfoui de l'or et de l'argent dans deux arbres creux, près du Grand Rocher* ».

Département 27 - La crypte secrète de la Reine Frédégonde (542-597) (Eure)

Cette mérovingienne est devenue reine de Neustrie après son mariage avec le roi Chilpéric I. L'historien Grégoire de Tours signale, dans son livre « *Histoire des Francs* », que la reine Frédégonde avait fait construire, à proximité de son palais, une crypte secrète où elle entassait ses objets précieux, dont des médaillons en or.

Les artefacts de Frédégonde sont à rechercher en priorité dans la zone comprise entre la forêt de Bord-Louviers et la rive gauche de l'Eure (à proximité des villages de Léry et du Vaudreuil).

Au 19e siècle, une mosaïque et une lampe à huile taillée dans de l'albâtre de couleur gris-bleu, ont été récupérées dans ce secteur...

Quel sera l'archéologue ou le prospecteur qui, grâce à son détecteur de métaux, mettra la main sur les fameux « médaillons » ou « multiples » de cette reine, constitués d'or byzantin et provenant de Tibère II Constantin (empereur de 578 à 582) et qui pesaient une livre d'or soit 325 grammes, ce qui correspondait à quarante-deux aurei (monnaies romaines en or) ?

Département 28 - La fortune de Diane de Poitiers (1499-1566) (Eure-et-Loir)

Le 16 avril 1515, Diane de Poitiers épouse Louis de Brézé qui était le petit-fils de Charles VII et d'Agnès Sorel. Cette femme passera la majorité de sa vie à la Cour de France en tant que favorite du roi Henri II, fils de François I. Le roi l'autorise à encaisser des rentes importantes pour son propre compte et lui offre même le château d'Anet en Eure-et-Loir. Le 30 juin 1559, lors d'un tournoi, le monarque décède et la vie de cette femme bascule. Elle est – sur ordre de Catherine de Médicis – priée de quitter définitivement la résidence royale avec interdiction de revenir à Paris. Elle restera exilée dans son château jusqu'à sa mort, le 26 avril 1566 à l'âge de 66 ans.

Elle laissa derrière elle une colossale fortune cachée dans sa propriété, qui reste toujours à découvrir... Selon certains historiens, le magot royal de Diane de Poitiers serait toujours, soit dans le parc de son château, soit dans une des caves de son domaine. Dans la propriété du château d'Anet, la chapelle funéraire où Diane de Poitiers a été enterrée est ouverte au public.

Département 28 - Les caches de Beau-François et du Rouge d'Auneau (Eure-et-Loir)

Le chef de la bande chauffeurs d'Orgères surnommé Beau-François a dissimulé les fruits de ses fructueuses rapines à plusieurs emplacements dans les bois des alentours d'un village d'Eure-et-Loir positionné entre Chartres et Orléans ; il faut prospecter les communes de Cormainville, Fontenay-sur-Conie, Ormoy, Baignolet et Combray).

Il avait installé, en 1788, son quartier général dans les bois de la Muette à Boisseaux. François Ringette dit « le Rouge d'Auneau » fut l'un des chefs de file d'une bande de malfaiteurs. Il est présenté comme le second de Beau-François qui a été arrêté par les autorités, avec un de ses adjoints à la foire d'Étapes. Les deux individus seront condamnés à quatorze ans de fers, mais ils réussiront à s'évader un mois plus tard de leur prison. Beau-François sera repris l'année suivante dans le département des Deux-Sèvres et finira fusillé avec d'autres détrousseurs de diligences. Les caches de ces deux malfaiteurs restent toujours à découvrir… Une prospection sérieuse, avec l'aide d'un bon détecteur de métaux et d'une carte IGN au 25 000e, effectuée dans les massifs forestiers – dont la liste est reprise au-dessus – devrait amener à de belles surprises…

Département 29 – Les épaves de la Cordelière et du Régent

Qui n'a jamais rêvé d'explorer un navire naufragé ? De nombreux trésors reposent enfouis au large des côtes bretonnes. Ces dernières années, ce sont près de 900 biens culturels maritimes qui ont été recensés dans cette région…

Au large de Brest, des campagnes de prospection pour mettre la main sur les épaves de la Cordelière et du Régent, sombrés en 1512 lors d'une mythique bataille navale, sont actuellement effectuées dans le Finistère. En effet, L'IFREMER, (Institut Français de Recherche pour l'Exploitation de la Mer) procède à des sondages dans l'espoir de recevoir des « signatures acoustiques anormales » grâce à un sonar, dans la zone marine qui abriterait ces deux bateaux prestigieux. Ces navires de guerre seraient probablement enfouis sous des sédiments marins, mais, à cause de la profondeur, seul un robot autonome pourrait détecter leurs vestiges grâce à leurs matériaux ferreux.

Toujours dans le Finistère, une embarcation corsaire nommée l'Alcide, naufragée après avoir heurté des rochers, repose, elle aussi, dans les fonds marins de la baie de Morlaix.

Département 29 – Le coffret précieux du Comte de Sombreuil (Clohard-Carnoët dans le Finistère) (Finistère)

Le comte de Sombreuil, un royaliste, est gravement blessé lors de la bataille du 21 juillet 1795 lors du débarquement de Quiberon. Jugé sommairement, il fut fusillé quelques jours plus tard à Vannes. La veille de son arrestation, un certain Brignon, de son état domestique et sous les ordres de cet aristocrate, est chargé d'aller cacher un coffre dans lequel étaient déposés sa correspondance avec les Anglais, des bijoux ainsi que 4000 louis d'or et 5000 guinéens en or. Ce trésor fut enfoui non loin du bourg de Clohars aux environs de la ville de Quimperlé.

De source sûre, nous savons que Brignon s'est arrêté au lieu-dit « Ker-Joseph », situé à la sortie du bourg de Clohars (nommé aujourd'hui Clohars-Carnoët) dans le Finistère. Cet individu sera exécuté peu après son arrestation, mais sans rien révéler de son secret. Selon un document d'archive bretonne, le précieux coffre serait dissimulé sur les terres de la famille Provost qui habitait le bourg à l'époque révolutionnaire. La cache se situerait non loin d'un calvaire, et il serait intéressant de consulter une carte précise du 18e siècle afin de localiser précisément l'emplacement de ce magot conséquent.

Département 29 - Les caches à trésors de Guy Eder de la Fontenelle (vers 1572-1602) - (île Tristan en Bretagne) (Finistère)

Lors des troubles de la Ligue, ce noble, qui vivait au 16e siècle, bascule dans le camp des brigands afin de s'enrichir personnellement. Ce combattant ligueur massacre plus de 2000 paysans à Plogastel-Saint-Germain, s'empare de Penmarc'h par la ruse en 1595 : viols, pendaisons, meurtres, tortures, incendies et destructions se succèdent. Il décide ensuite de piller intégralement la région ouest en organisant des raids. Pendant de nombreuses années, il met la Bretagne à feu et à sang et parvient ainsi à accumuler une fortune personnelle considérable. Il faut relever qu'en 1592, son repaire est identifié en forêt de Laz, et qu'ensuite sa présence est certifiée au château du même nom (au sud de Châteauneuf). Il finira par s'emparer de la forteresse de Coëtfrec en Ploubezre (près de Lannion dans les Côtes-d'Armor) et du château de Granec en Collorec. En 1595, il s'installe d'une manière définitive sur l'île Tristan qu'il fortifie à l'aide de sa bande – d'environ 800 malfaiteurs – et poursuit son pillage régional depuis ce quartier général. Arrêté en 1602, il est jugé brièvement et est exécuté en Place de Grève à Paris sans avoir révélé l'emplacement de ses caches ; la plus importante d'entre elles se situerait encore de nos jours sur cette île. Toutes ces richesses issues d'abbayes, de manoirs, de châteaux, de maisons de nobles ou de riches commerçants comme de nombreux particuliers seraient-elles à jamais perdues ? Il se pourrait, selon toute vraisemblance et certains témoignages, qu'il ait dissimulé son trésor au large de l'île, sur l'un des nombreux îlots, face au PortRhu. Pour information, lors de cette période troublée, une garnison espagnole « rapinait » dans la région et occupait le site de Cap-Caval... Sans doute une nouvelle piste, pour un autre trésor. À la même époque, Anne Sauzay, comte de la Magnace, capitaine ligueur et chef de bande qui sévissait en Bretagne, avait établi son quartier général non loin du bourg de Quimerc'h sur un emplacement situé en hauteur. Cette piste au trésor, d'origine historique, mérite une prospection sérieuse sur place.

Département 30 - Les grottes et les caches camisardes (de 1702 à 1710)

En 1701 s'allume la révolte des calvinistes des Cévennes. Les dragons du roi de France massacrent 70 personnes en 1703, au moulin de l'Agau, près de Nîmes. Ces paysans huguenots ne réclamaient que la liberté de continuer à pratiquer leur culte. Les camisards étaient plus de 250 000 à pratiquer leur religion sous le règne de Louis XIV. Ce dernier commit – au nom de la raison d'État – la faute de prononcer la « *Révocation de l'Édit de Nantes* » (œuvre de son grand-père Henri IV). La lutte se prolongea jusqu'en 1710 avec, de 1702 à 1704, une période de « Grande flambée » lors de laquelle environ 2 000 montagnards tinrent en échec les 12 000 hommes des troupes royales, avec la complicité des habitants des villages du pays.

L'un des plus importants refuges secrets de ces révoltés se trouvait dans une caverne près d'Euzet, qui ne fut découverte qu'à la fin de cette guerre de religion. Il y eut moins de grandes batailles que d'embuscades avec des attaques de châteaux appartenant à des catholiques, des pillages, des crimes abominables, des églises détruites, les exécutions de nouveaux convertis tenus pour traîtres... Lutte implacable et atroce où les deux camps se montrent, le plus souvent, plus cruels l'un que l'autre. Les forces royales détruisirent trente et une paroisses, déportèrent les habitants et fusillèrent les rebelles. La guerre des camisards menée intensément de 1702 à 1710 par les protestants des Cévennes, du Vivarais et du Bas pays Gardois contre l'armée royale, supposait des lieux de replis et de séjours secrets, loin des villes et du pouvoir royal. Les habitants occupaient régulièrement les grottes et autres cavités dont le pays est truffé (roche calcaire ou en schiste), pour tenir des assemblées et messes clandestines Nombreux furent les femmes et les hommes qui, surpris et arrêtés, furent emprisonnés ou envoyés aux galères. Il faudra attendre « l'Édit de tolérance » de 1787 (signé par Louis XVI le 7 novembre), pour que les protestants puissent jouir de leur liberté de conscience. Ces abris naturels furent le plus souvent aménagés de manière défensive et jouèrent un rôle primordial dans la protection des camisards. Certaines cavités servirent même de magasins de vivres, de dépôts d'armes, de lieux de culte et d'hôpitaux (Baume de Rouville à Saint-Jean du Gard). Des galeries souterraines furent murées par les dragons de Louis XIV avec des huguenots à l'intérieur (Carnoulès à Saint-Sébastien d'Aigrefeuille), condamnés à mourir de faim. Il est à signaler que la cavité de Trabuc à Mialet a été occupée par les protestants. Le général de la Lande fit détruire l'entrée de la grotte d'Arrénas à Euzet après avoir massacré des camisards blessés lors d'un combat. À Sainte-Anastasie se trouve la grotte de la Baumette. La grotte du Colombier servit d'atelier et de cachette à de faux monnayeurs et durant les guerres de religion, une bande de ligueurs et de bandits de grand chemin avaient fait de la Baume Latronc leur quartier général.

De nombreux dépôts de cette période troublée de l'histoire de France sont encore à retrouver dans cette région, et en particulier dans ses grottes.

Quelques dates à garder en mémoire :

- 1645, révocation de l'Édit de Nantes.
- 1687, le 12 mars, premier convoi de huguenots déportés.
- 1689, premières agitations dans les Cévennes à l'initiative de François Vivent.
- 1702, le 22 octobre, Gédéon Laporte est tué à Témélac et Jean Cavalier prend le commandement de la révolte : victoire de Jean Cavalier, près d'Alais, sur les rives du Gardon, le 24 décembre.
- 1703, victoire de Jean Cavalier à Val-de-Bane.
- 1704, dernière victoire de Cavalier à Castelnau et défaite à Nages. Roland, surpris à Castelnau est tué le 14 août de la même année.
- 1705, le 22 avril, complot de Montpellier : Ravanel et Maurel Abdias sont brûlés vifs.

- 1709, insurrection d'Abraham Mazel dans le Vivarais lors de l'hiver.
- 1710, en octobre, mort des derniers agitateurs : Mazel et le maçon Clary.

Département 30 – La chartreuse de Villeneuve-Lès-Avignon

En 1792, des soldats de la Convention arrivent dans la chartreuse afin de procéder à la confiscation des biens mobiliers de cette institution religieuse fondée au 14e siècle par le Pape Innocent VI. Cette abbaye était devenue au fil des siècles l'une des plus riches d'Europe. Malheureusement, pour elle, la troupe révolutionnaire est arrivée trop tard, car les moines prévenus à l'avance de leur passage avaient dissimulé discrètement leurs objets de valeur (de culte et autres).

Un inventaire précis des biens, conservé dans les archives nationales et établi en 1789, à la demande de l'Évêque d'Autun fait état de deux armoires de 27 tiroirs chacune contenant 120 monnaies d'or, 935 pièces d'argent et 2 188 pièces de cuivre, la croix du Pape Innocent VI et celle du Cardinal de Pampelune, des chandeliers, des reliques, les trois bustes en vermeil de Marie de Médicis et de ses deux filles qui appartenaient au Cardinal de Richelieu un calice d'or orné d'un gros grenat en son centre qui servit au sacrement du roi René d'Anjou, mais aussi de nombreux tableaux – autrefois accrochés dans les salles de la Collégiale et de l'Hospice – d'artistes célèbres : Pierre Mignard (1612-1695), Guino Reni dit Le Guide (1575-1642), Barbieri dit Le Guerchin (1591-1666) et de quelques autres…

Toutes ces richesses qui représenteraient cinq cents millions en louis d'or, se sont mystérieusement volatilisées, mais les historiens et certains chercheurs pensent avoir trouvé le mystère de cette disparition : en effet, le trésor serait, d'après eux, dissimulé dans l'un des nombreux souterrains de cette chartreuse du Gard. Une piste à privilégier : il serait, selon Michel Bagnaud (un des Présidents du *Club International des Chercheurs de Trésors* et fondateur de la revue *Trésors et Recherches* qui disparut après la parution de quelques numéros), au lieu-dit « Les Quatre Chemins ». « *Une faille, un souterrain, un trésor* »… Selon les déclarations de Frère Louis, gardien de ce dépôt précieux.

Précisons l'existence d'un manuscrit aux soixante-dix trésors qui se trouve à la Bibliothèque nationale (B.N.F.). Cet ouvrage, d'origine médiévale, donne l'emplacement de trésors religieux cachés par les religieux lors des invasions normandes en France.

Département 31 – L'or mythique de Toulouse

L'or de Toulouse est un récit historique devenu mythique au fil des millénaires. Ce trésor proviendrait du vol du sanctuaire romain d'Apollon de Delphes issu d'un pillage celtique en 279 avant nos jours. Le peuple des Volcques Tectosages aurait ramené ce métal jaune à Toulouse (déposé dans le lac de Saint-Sernin sous la basilique, selon une tradition locale). Ce chargement précieux aurait ensuite été saisi en grande partie par le proconsul romain Cépion, en l'an 105 avant Jésus-Christ. Les soixante-dix tonnes d'or récupérées par les Romains furent ensuite acheminées à Rome, par voie terrestre, mais lors du transport ce convoi aurait été attaqué par des brigands – selon la version officielle romaine – sur la route qui mène de Toulouse à l'Italie. Le trésor disparut finalement partiellement...

Le proconsul Cépion ou Caepio, doublement accusé d'avoir perdu la bataille d'Orange et du vol de l'or de Toulouse, fut déchu de sa citoyenneté romaine et condamné à l'exil. On a donc perdu la trace de ce fabuleux trésor entre Toulouse et Marseille... Avis aux amateurs pour une course à la recherche de cette « masse précieuse mythique ».

Département 34 – L'or du bandit Pomaredès (Caux-Près-de-Beziers)

En février 1844, Jean Pomarèdes est reconnu de meurtres et de vols et condamné à être guillotiné pour ses méfaits. Il avait effectué une soixantaine d'attaques de fermes ainsi que de nombreuses agressions de riches marchands et voyageurs, et avait ainsi accumulé une véritable fortune.

Lors de son jugement, il a essayé, mais sans succès, de négocier sa vie en échange de la révélation de sa cachette. Selon sa dernière déclaration, le magot serait enfoui dans le bois de Caussiniojoul qui est situé près de Bouleran.

Département 35 - Éon de l'Étoile (brigand de 1140 à 1148) (Ille-et-Vilaine)

Cet hérétique, né près de Loudéac au 12e siècle, dans une famille noble de Bretagne, terrorisait l'ouest de la France. Durant huit années, pillant églises, couvents, abbayes, monastères et châteaux, il accumula un fabuleux trésor.

Son nom est Eu on, mais on l'appelait Éon avec un rajout « de l'Étoile » en relation avec la comète qui apparut en France dans l'année 1148.

Il aurait été moine de l'ordre de Saint-Augustin quelques années avant de vivre en ermite dans la forêt de Brocéliande en Bretagne.

Il est officiellement localisé à cet endroit en 1140, sous le règne du duc Conan III, installé dans un ancien prieuré. Un jour, pendant qu'il assistait à une messe, il entendit le prêtre prononcer la phrase « Per eum qui venturus est judicare vivos et mortuos » qui signifie « par celui qui doit juger les vivants et les morts ». Il crut alors que le prêtre parlait de lui et qu'une mission de juge lui était confiée par dieu (il fit un rapport entre la consonance de son nom, Éon, et le mot Eum contenu dans cette formule liturgique). Il se prit dès lors pour un nouveau messie et n'eut de cesse d'attirer les foules pour répandre son message... Son prieuré du Moinet accueillit de nombreux fidèles qui finirent par constituer une secte de voleurs. Cet illuminé profita pendant un certain temps d'une vie facile et prodigua la richesse autour de lui. Éon de l'Étoile se spécialisa dans les tours de magie, il produisait une lumière « divine » qui l'enveloppait pour impressionner les gens de sa compagnie. Ces bandits ne s'attaquèrent qu'aux riches. La redistribution aux pauvres était la règle de cette communauté. Éon de l'Étoile fit des émules et « sa religion » fut reprise dans le nord de la Bretagne comme en Gascogne. En 1148, le Pape Eugène III, lors du concile de Reims, entendit parler de lui tel d'un prophète hérétique « Éoniste » et s'inquiéta de cette situation. Il ordonna sa capture et le fit comparaître devant un tribunal ecclésiastique. Soumis à la question, celui-ci s'obstina néanmoins à professer sa mission divine. Après son procès, il fut condamné à la prison à perpétuité et enfermé dans l'abbaye de Saint-Denis où il finit par décéder en 1150. De nombreux membres de cette secte bretonne dite « de l'Étoile » finirent sur un bûcher sans jamais renier leur maître, dont le trésor basé sur un fond légendaire et historique, serait à rechercher en priorité dans la forêt bretonne de Brocéliande (Paimpont en Ille-et-Vilaine).

Département 35 - Les trésors des Malouins

À Saint-Malo, de nombreux corsaires – dont certains devenus célèbres – se sont enrichis avec les courses[1] et le commerce, dont celui d'esclaves dans les mers du Sud. Ces Malouins ont payé aussi un lourd tribut à la mer. De nombreux trésors – suite à des naufrages – reposent, fossilisés dans les fonds marins environnant le port de Saint-Malo, port qui connut à toutes les époques une intense activité maritime. Son entrée est parsemée de bancs rocheux balayés par des courants violents qui figurent parmi les plus importants du monde.

Dans cette baie, au fil des siècles, de nombreux naufrages ont eu lieu : par exemple, un navire de commerce revenant d'Amérique-du-Sud et nommé « Le Victor » a coulé, près de Saint-Briac-sur-Mer (Ille-et-Vilaine), avec toute sa cargaison. Un document d'époque, extrait d'archives, mentionne son naufrage en 1645. Une prospection géophysique avec un puissant sonar permettrait, sans aucun doute, de déceler des anomalies, et l'utilisation de détecteurs puissants confirmerait la nature des vestiges, et ainsi d'identifier le lieu précis du naufrage.

En 1995, aux portes de Saint-Malo, les restes de deux frégates, La Dauphine et l'Aimable Grelot ont été identifiés par les archéologues ; dix ans de fouilles sous-marines permirent de récolter plus de trois mille objets sur ce site d'échouages de navires : plombs de sonde, céramiques, vaisselle, effets personnels, armes, monnaies, canons, ancres, etc. Une mine d'informations sur la vie quotidienne des marins pour les historiens et les curieux !

Département 42 - Le château de Lupé et sa « coupe d'Emberthaud » (Loire)

Au sud-ouest de Vienne, dans le Pilat, existe l'ancienne place forte de Lupé. En 1274, le pape, le roi de France et l'évêque de Vienne y séjournèrent. À l'origine, le site était occupé par une villa gallo-romaine. Dès le 7e siècle, la famille qui y vivait et avait comme blason le symbole

1 La « guerre de course » désigne des actes de piraterie perpétrés par des équipages contre les ennemis de leur pays

du loup était l'une des plus puissantes et des plus riches de la région. Elle possédait sa propre armée et son influence était importante ; elle conseillait même les grands du royaume : rois, pape et princes. Au 10e siècle, le château passa à la famille de Falatier et après de nombreux aménagements prit sa forme actuelle. L'implantation des tours et des tourelles a été effectuée selon la projection de la Grande Ourse et avec un axe principal en étoile polaire. Le plan du corps principal est un polygone de sept côtés. La forteresse défendait le passage de la voie antique remontant vers la Haute-Loire.

Cette illustre famille conclut une alliance avec la maison d'argent (Aude) en 1339. Une commanderie templière, du nom de Marlhes, se trouve au hameau de Marhette. Cette forteresse qui dépendait de l'Ordre du Temple disposait pour sa protection d'un réseau de souterrains. La « Coupe légendaire d'Emberthaud », de cette grande commanderie, serait dissimulée dans la résidence dite « de Lupé ».

Département 44 - Le trésor de la forêt du Gâvre (Loire-Atlantique)

Une tradition d'existence de trésor affirme que le jour du massacre de Savenay qui s'est déroulé le 23 décembre 1793, trois personnes qui pénétraient dans le massif forestier avec de lourdes caisses en bois ont été vues venant du champ de bataille. Elles seraient ressorties de la forêt du Gâvre « les mains vides » et auraient fini prisonnières des Bleus de la République.

Les royalistes à l'origine de l'enfouissement seront passés par les armes, mais ils ne donneront jamais l'emplacement des caisses de l'Armée Catholique et Royale. Cette guerre de Vendée (province historique du Poitou) a donné lieu à de nombreuses caches de matériel militaire, d'objets divers et de monnaies... Il faut savoir que les bois et massifs forestiers (forêt de Grasla en particulier) servirent, lors de cette période troublée, de refuges et de caches aux populations locales et aux armées royales. Ils sont donc à prospecter prioritairement afin d'augmenter les chances de découvrir un dépôt de cette période de l'histoire de France.

Département 46 – Les objets religieux de la cathédrale de Cahors

Ces objets de culte auraient disparu au fond du Lot. En effet, en 1580, Henri de Navarre, le futur roi Henri IV, fait le siège de la ville de Cahors qui est prise et mise à sac. La cathédrale Saint-Étienne est alors pillée et le butin est transporté sur deux gabares. Un des deux bateaux, malheureusement, alla se briser contre un rocher et non loin de Cahors, à hauteur d'Arcambal. Selon certains témoignages, la gabare aurait précisément coulé au pied du Castro de Calés dont, actuellement, il ne reste plus qu'une tour ruinée.

Département 50 – L'or de Charles II de Navarre (Manche)

Charles II (1332-1387) surnommé « Charles le Mauvais » est le roi de Navarre de 1349 à 1387 et comte d'Évreux de 1343 à 1378. En 1361, il échoue à obtenir la succession du duché de Bourgogne. En représailles, il saisit alors l'occasion de la mort de Jean le Bon pour tenter d'empêcher le sacre de Charles V, lève des troupes, mais est vaincu à Cocherel. Il a été, tout au long de sa vie, un allié fidèle des Anglais lors de la guerre de Cent Ans. Le château de Gavray est lié à l'histoire de la Normandie et il a joué un rôle important au cœur de cette région. À cette époque, l'insécurité et l'inquiétude régnaient chez les habitants, car des bandes de mercenaires des grandes compagnies saignaient le pays à sang. Charles II avait un atelier monétaire, et a fait fabriquer une quantité importante de monnaies féodales. Sur le site de son château se trouvait aussi son trésor personnel (Lecointre-Dupont en 1843 à la page XXX). La place forte fut assiégée par les troupes françaises à plusieurs reprises au cours de cette période troublée, et son dernier siège fut mené par Bertrand du Guesclin accompagné du duc de Bourgogne et du duc de Bourbon. Le 31 mai 1378, la place féodale tomba et le mois suivant le roi de France procéda à sa destruction. Une tradition locale parle de la présence d'or caché dans les ruines de ce château.

Signalons au lecteur qu'une partie de ce métal précieux fut récupérée lors de la chute de la place par du Guesclin (un fait historique). De cette forteresse, dont l'origine remonte au 11e siècle, il ne reste plus de nos jours que la forme générale de l'enceinte.

Département 50 – L'or de Jean Ango (1480-1551) et le naufrage du navire de Jean Fleury (mort en 1527) (Manche)

Jean ou Jehan Ango est né à Dieppe en 1480. Cet armateur pratique le commerce maritime et la course (acte de piraterie contre un navire d'une nation ennemie) contre les Espagnols et les Portugais, avec l'accord du roi de France, François 1er. Il aidera efficacement le roi dans sa lutte contre l'empereur Charles Quint et l'Empire anglais. Il contribua même à payer la rançon du roi de France, fait prisonnier à Pavie en 1525. Il fut nommé Gouverneur de Dieppe et participa au développement des ports du Havre, d'Honfleur et de Rouen. Ce grand mécène s'entoura d'architectes et d'artistes, et en 1530, fit construire son château de Varengeville, sorte de palais florentin, en Seine-Maritime. L'origine de sa fortune remonte à l'année 1523 lors de la prise par Jean Fleury, qui était à son service, d'un trésor aztèque. Ces richesses prodigieuses entassées dans plusieurs caravelles espagnoles avaient été pillées par Hernan Cortès au Mexique.

Outre ce trésor, Ango récupéra dans un galion, le rapport de Cortès, avec des cartes sur les Antilles concernant la conquête du Mexique.

Il est surprenant que ce capitaine-armateur dieppois, négociant et principal financier du roi de France, soit mort presque ruiné… Ses fortunes colossales avaient pourtant fait de lui l'homme le plus riche du royaume sous le règne du roi François 1er.

De source certaine, François 1er aurait fait creuser des souterrains pour relier le château d'Arques à celui de Dieppe et au palais de plaisance de Jean Ango. Ces passages secrets et souterrains seront comblés après la mort de l'armateur. Le « Médicis normand » est décédé au château de Dieppe dans l'année 1551.

Un trésor maritime aztèque à découvrir en France

En décembre 1522, lors d'une course-poursuite, Jean Fleury (ou Jean Florin) naviguant pour l'armateur Jean Ango, s'empare de trois navires espagnols de retour du Mexique, chargés d'un butin considérable : le trésor de Guatimozin, dernier empereur aztèque.

Lors du retour vers le port de Dieppe, le 12 décembre 1522, les trois navires s'engagent vers la passe du Four, entre le plateau des Minquiers (archipel Normand) et les îles Chausey, en remontant au plus près de la côte de la presqu'île du Cotentin.

L'une des caravelles heurte un banc rocheux et coule, emportant dans les profondeurs de la mer sa précieuse cargaison.

Le butin perdu est colossal : 100 000 castillans d'or en barre, des dizaines de milliers de pesos en or, des bijoux, des perles, de la vaisselle en or et en argent, des idoles en métaux nobles, des ciboires en métaux précieux, des diamants avec une énorme émeraude de forme pyramidale...

Ce trésor maritime de « l'Empire Aztèque » n'a jamais été récupéré à ce jour, malgré d'assidues prospections sous-marines, pratiquées ces dernières années dans la zone supposée du naufrage.

Département 55 - Le trésor disparu du roi Louis XVI (1754-1793) en Lorraine (Meuse)

En 1791, en pleine nuit du 20 au 21 juin, un carrosse royal quitte Paris chargé de valeurs précieuses pour se diriger en direction de la Meuse

Ce trésor du roi de France aurait été caché dans un souterrain du château de Thonnelle, à la sortie de Montmédy et sur le chemin d'Orval. La forteresse est actuellement détruite, mais il reste la possibilité d'explorer la vieille église et la cave qui dépendaient autrefois de l'abbaye d'Orval. Les ruines de cette vénérable communauté religieuse ont maintes et maintes fois été fouillées, afin de retrouver cet hypothétique trésor royal, mais sans résultat à ce jour.

Ce dépôt se trouverait logiquement soit dans la citadelle de Montmédy soit dans une de ses caves, soit même, au fond d'un puits. Il serait aussi possible, selon une rumeur, qu'il repose dans l'abbaye d'Orval (Belgique) ou dans les eaux de l'étang situé à proximité. Pour la petite histoire, lors de l'arrestation de Louis XVI, le 21 juin 1791 pendant la fuite de Varennes, le roi a été reconnu par un aubergiste grâce à son portrait qui figurait sur les monnaies de son règne, celles mêmes qui constituent ce trésor.

Lors de ce voyage à destination du bastion de Montmédy (interpellation et fuite manquée) aucun des membres arrêtés de la famille royale ne possédait d'objet de valeur. En effet, le duc de Choiseul (1760-1838), colonel du régiment Royal Dragons en 1791, s'occupait de l'intendance donc des bagages et du trésor royal…

Département 56 - Le souterrain d'Étel de Georges Cadoudal (1771-1804) et les caches du Morbihan

Sur la commune d'Étel, en quittant le village de la Forest, et en se dirigeant vers la pointe de l'île, il est possible de rejoindre un passage dit « chemin de Cadoudal » : il s'agit d'un tunnel voûté qui servait de refuge ainsi que de coffre-fort aux chouans du Morbihan ; cette cache est actuellement toujours visible et se trouve en bordure d'un chemin de randonnée. D'autres endroits servirent de caches aux insurgés bretons pendant les évènements révolutionnaires :

- Le château de Kerguehennec, qui servait de dépôt pour les valeurs, les armes et les munitions.
- Les alentours du manoir de Georges Cadoudal, à Kerléano (situé près d'Auray), qui recèlent des caches de boulets de canon. À ce sujet, je me souviens avoir vu personnellement, dans les années 70, un entassement d'une centaine de boulets dans la cour du manoir.
- Le château de Mellionec-en-Trégarantec, réputé détenir une cache à trésor
- Le château de Kerdreho.
- Les souterrains des bois de Saint-Bily, au sud de la forêt d'Elven.
- Les bois de Florange et de Camors, utilisés comme refuges et qui servaient aussi de cantonnements permanents pour les chouans de Bretagne.
- La forêt de la Bourdonnay, à proximité du château (dans le massif forestier, des canons en bronze sont enfouis sur les communes de Carentoir et de Tréal).
- La forêt de Vezins-Maulevrier, où existent de nombreux dépôts de la Révolution dont celui du chef vendéen Stofflet.

Département 56 – Les richesses du combat de Quiberon :

Lors de cet évènement, le 21 juillet 1795, l'armée républicaine de Hoche écrasa les royalistes et neutralisa 10000 chouans, civils et près de 3000 émigrés dont plus de 700 seront passés par les armes. Lors de cette historique débâcle, de nombreux combattants avant leur capture se délestèrent de leurs objets personnels (or et argent) à proximité du fort de Penthièvre qui est situé dans la presqu'île de Quiberon.

Département 56 – Les pièces d'or du Marquis de Pontcallec en Bretagne (Morbihan)

Le 28 décembre 1719, le marquis de Pontcallec est arrêté au presbytère de Lignol pour conspiration contre le roi de France. Il sera exécuté le 26 mars 1720 à Nantes, à la hache sur l'échafaud du Bouffay, avec trois autres conjurés que sont Moyne de Talhouët, du Couédic et Montlouis sous la Régence ; ceci afin de mettre un terme définitif à une tentative de soulèvement soutenue par la petite noblesse bretonne, qui visait à renverser le Régent au profit de Philippe V d'Espagne.

Le 2 novembre 1719, le marquis avait reçu 9000 livres en monnaies française et espagnole enfermées dans un sac de toile qu'il partagea avec les conjurés. Il faut dire aussi que la somme de 30000 livres en or avait déjà été versée par l'ambassadeur d'Espagne.

Il convient de signaler que la prospection sur ce vaste terrain, pour une chasse au trésor du marquis de Pontcallec, n'est pas des plus faciles. En effet, le domaine est vaste et l'ancienne forteresse de son domaine familial possède plusieurs souterrains non répertoriés. De plus, cette noble propriété est bâtie sur un coteau à pic situé à proximité d'une rivière et est entourée au sud par une forêt de 500 hectares. Cette châtellenie érigée en marquisat en 1657 par Louis XIV est prise par les ligueurs en 1591 et ne sera reprise que trois ans plus tard par les troupes royales.

Le château sera confisqué par le pouvoir royal en 1720 et, victime d'un incendie à la fin du 19e siècle, finira en ruine. Le site de cette ancienne forteresse est magnifique et il est actuellement occupé par une institution religieuse.

Les différentes pistes à privilégier par le prospecteur pour la quête de l'or de Pontcallec :

- Sur le site même du château de Pontcallec, car il pourrait receler dans ses caves ou dans ses souterrains, voire à proximité de l'ancienne chapelle une partie des monnaies en métal précieux.
- Dans le manoir de Lourmois, situé dans la commune de Nivillac, car il s'agit d'une ancienne ferme, quartier général des conjurés.
- Près du village de Crac'h et au château de Kergurione (actuellement en ruine).
- Au château de Kergrois de Rémugnol, où les conjurés se sont retrouvés après l'insurrection avortée.

Des milliers de monnaies en or attendent leur(s) « inventeur(s) » sur le site boisé breton du château de Pontcallec qui mérite le détour par une belle journée de prospection.

Département 56 – Les navires échoués du Morbihan

Le long des côtes de ce département, de nombreux bateaux se sont échoués suite à des tempêtes ou à des avaries. Au 18e siècle, près de Quiberon, face du fort de Penthièvre, un vaisseau lourdement chargé de monnaies d'or s'abîma en face d'une chapelle. Une partie de la cargaison fut récupérée par l'armateur, mais des pièces sont depuis lors piégées dans les sables de la plage. Certaines refont régulièrement surface lors des grandes marées d'équinoxes.

L'or du Prince de Conty, échoué dans le Morbihan

Une fortune de mer se trouve dans l'ouest de la France. La côte de Belle-Île, au large de Quiberon, est réputée pour ses tempêtes qui la rendent dangereuse à la navigation. En 1746, Le Prince de Conty, navire de 600 tonneaux équipé de 38 canons, longeait Belle-Île-en-Mer par le sud lorsqu'il s'écrasa sur la côte de Port-Loscat contre les rochers. La Compagnie des Indes y perdit une cargaison précieuse sous à peine dix mètres de fond en bordure de falaises : des compas, des cuillères, des boucles de ceinture, des milliers de tessons de vaisselle, des lingots d'or frappés de sceaux chinois... perdus et désormais fossilisés.

À l'emplacement du naufrage, trois petits lingots chinois en métal précieux ont été remontés à la surface dans les années 1970, par des plongeurs en quête de trésor.

Dans cette anse, balayée par les vagues, des piastres espagnoles en argent vous attendent…

Département 57 - La cassette de diamants du Prince Noir de Dabo (Moselle)

À la limite de l'Alsace, des Vosges et de la Lorraine s'étendait autrefois le fief des Comtes de Dabo. Lors de la guerre de Hollande en 1677, ces seigneurs prirent le parti de la France, mais après le traité de Westphalie, refusèrent de prêter allégeance à Louis XIV. À courte distance d'Abreschviller se trouvait à la Roche du Diable (Roche d'Argent ou des Nonnes) un couvent qui, lors de la guerre de Trente Ans a été pillé de ses œuvres d'art par des soldats, puis détruit. Les nonnes dissimulèrent leurs trésors dans une anfractuosité du rocher.

La forteresse réputée imprenable était occupée par un seigneur pillard de Rhénanie surnommé « Le Prince Noir ». Ce dernier amassa, au Dagsburg, un butin considérable à la suite du pillage de cette région.

En 1679, la région est investie par les Français qui passent tous les brigands au fil de l'épée, le Prince Noir n'ayant, même sous la torture, jamais voulu révéler l'emplacement de sa cassette. Depuis cette époque, de nombreuses chasses au trésor ont été organisées afin de récupérer les diamants qui le composent, mais toujours sans succès. Certains prospecteurs ont même connu la mort dans des circonstances mystérieuses lors de la recherche de ce trésor. La cassette se trouverait dans la vaste salle souterraine (un réseau avec de nombreuses galeries). Dans cette quête, la prudence s'impose, car « Le Prince Noir », avant de mourir supplicié, s'écria : « Maudits soient ceux qui toucheront à mon trésor »…

Département 57 - Le trésor perdu de l'abbaye de Gorze (Moselle)

Les moines auraient camouflé un dépôt d'une grande valeur dans un souterrain aménagé entre l'établissement religieux (fondé en 747) et le Bois-des-Prêtres (au niveau du Trou Robert Fey).

Département 58 - Le trésor chéri de Vauchéry

À Vauchéry, dans la Nièvre du 19e siècle, un brigand attaquait régulièrement les diligences et volait les voyageurs. Il termina sa carrière de voleur pendu à un arbre de ce village, et ses dernières paroles furent pour les spectateurs de son exécution : « *Mon trésor, il est à cent mètres du puits de Vauchéry* ».

Département 59 - Le trésor de Jean Sans Terre (vers 1166-1216) (Nord)

À Lézennes, un trésor exceptionnel constitué de 400 000 marks d'or est caché dans un immense réseau souterrain de carrières, entre la Belgique et la France, dont certaines galeries remonteraient à l'époque romaine. Ces carrières se trouveraient aux environs de Pérennes et à proximité de la ville de Lille.

Ce dépôt date de la bataille de Bouvines, et fut mis en sécurité par Hugues de Boves, le 27 juillet 1214. Afin de rechercher ce dépôt médiéval, il convient de prospecter en priorité au nord-ouest du champ de Bataille, là où se trouvait, à l'origine, le camp des Anglais. De nombreux puits et galeries sont situés au niveau des villages de Lézennes et d'Hemmelles. Encore aujourd'hui, les passages souterrains ne sont pas tous répertoriés, les explorations souterraines peuvent donc se révéler des plus dangereuses pour le prospecteur.

Les chances d'aboutir à un résultat positif sont minces, mais elles existent... Le chercheur de trésor Didier Audinot (né en 1956 et décédé le 6 juin 2011) a essayé de mettre la main sur ce trésor mythique de Jean Sans Terre, mais sans succès...

Département 60 – Le trésor du château d'Offémont (Oise)

La marquise de Brinvilliers a été décapitée et brûlée le 17 juillet 1676 en place de Grève à Paris. En 1666, elle avait empoisonné son père avec une solution à base d'arsenic et, en 1670, elle avait éliminé par le même procédé ses deux frères, et fait disparaître une de ses sœurs afin d'hériter du château familial.

Soupçonnée de ces crimes, elle avait fui en Belgique, mais avait finalement été démasquée trois ans plus tard par un policier déguisé en prêtre.

Ramenée par la force dans la capitale, et soumise à la question, elle n'avoua jamais ses crimes. Lors de son procès, elle fut condamnée à la peine capitale. Cette marquise empoisonneuse aurait, selon certaines rumeurs, enterré sa fortune constituée de monnaies d'or et d'argent dans le château qui appartenait à son père Antoine Dreux d'Aubray.

Département 61 – L'or des brigands d'Orgères (Orne)

Vers 1860, les départements du Loiret et de l'Eure-et-Loir étaient devenus le refuge d'un grand nombre de brigands. Les massifs forestiers de la Muette, de la Porte et de Champbaudoin, situés dans le canton de Boisseaux (Loiret) étaient des plus fréquentés... D'autres bois méritent d'être cités, tels que ceux de Lifermeau, de Sainte-Escobille et de Pussin ainsi que ceux de Cambray, de Chambon et d'Épincy qui servaient de lieux secondaires pour leurs rendez-vous de brigandage. Certains sites devinrent même des théâtres d'exécutions sanglantes : bois de Cottainville, Chambon, la Muette, Lifermeau et Sainy-Escobille...

Le fameux brigand Fleur-d'Épine qui œuvra principalement dans les départements du Loiret, d'Eure-et-Loir, Seine-et-Oise, Seine-et-Marne, Loir-et-Cher, et dont les lieux habituels de résidences étaient les bois de la Muette et les bois de Lifermeau commandait, le plus souvent, entre 400 et 500 personnes, pour les plus grandes opérations de brigandage. Il attaquait les châteaux, les manoirs ou les riches fermes isolées, le plus souvent par petits groupes constitués de plusieurs dizaines d'individus.

Ces malfrats pillèrent, violèrent et tuèrent des centaines de personnes, particulièrement en Eure-et-Loir et dans le Loiret.

Dans le bois d'Alluye qui était leur refuge principal, de nombreux dépôts sont à rechercher.

Les chauffeurs d'Orgères se rattachent au banditisme qui était très actif sous l'ancien régime et qui perdura pendant de longues décennies...

Vers 1760, Hulin est le premier bandit à œuvrer et la Beauce constitue le lieu privilégié de ses forfaits. Hulin sera arrêté à Malesherbes, et en 1782 son procès et celui de plus de 200 complices seront instruits ; il finira sa carrière de voleur tragiquement, car il fut exécuté dans l'année 1783. Les rescapés de la bande à Hulin (après sa disparition) intégrèrent celle de Jean Renard, lui-même natif d'Ouarville, qui œuvrait en Beauce et en Sologne depuis plus de dix années. Ce dernier, dit "Poulailler", sera appréhendé en fin d'année 1786 et finalement exécuté. Corbillard succèdera à" Poulailler" et choisira de s'établir dans la grande forêt de la région de Montargis en 1783, mais il sera supplicié en 1783. Avec lui, soixante-dix complices seront exécutés ou envoyés aux galères. Le malfaiteur « Fleur-d'Épine », fils du bandit dit

« Poulailler », prend la relève comme chef de bande et installe son quartier général dans la forêt de Boisseaux (à 30 km au nord-est d'Orgères-en-Beauce). Ce bandit de grand chemin disposait de nombreux souterrains et de retraites secrètes dans les bois environnants du quadrilatère Orléans-Chartres-Étampes-Pithiviers. Il sera finalement pris en juillet 1792 à Angerville, lors d'un banal contrôle, qui dévoilera son dernier butin. En effet, il revenait d'une attaque armée effectuée dans le département de Seine-et-Oise. Il sera emprisonné à Versailles en juillet 1792 et finira égorgé lors des massacres de septembre 1792.

Département 64 – Les navires portugais de Saint-Jean-de-Luz

Dans la nuit du 12 au 13 janvier 1627, une flotte portugaise vient se fracasser entre Saint-Jean-de-Luz et la baie d'Arcachon. La Caraque Sainte-Hélène a coulé en face de Capbreton, et le San Bartolomé au large de Teste-de-Buch. Des canons de bronze, de l'ivoire, de la porcelaine des Indes, des grenats, des agates, de l'onyx, du cristal et des milliers de diamants bruts sont toujours enfouis dans la vase...

Département 65 - Le trésor de Gaston Phébus (1331-1391) - Mauvezin, (Hautes-Pyrénées)

Le Comte de Fois, Gaston III, dit Gaston Phébus est héritier, à l'âge de douze ans, et se trouve alors à la tête d'une immense fortune. Ses résidences étaient Foix, Orthez et son château de Moncade, endroit où il rédigea son fameux « *Livre de chasse* ». Il lutta plusieurs années contre l'Armagnac et entretint une cour fastueuse dans sa résidence d'Orthez où il décéda. Ce trésor fabuleux, estimé par les historiens à 600000 florins, aurait été déposé, selon une tradition locale, dans la tour carrée du château de Mauvezin qui n'est accessible qu'à l'aide d'une échelle... Ou, selon certains historiens, il aurait été mis dans une pièce secrète de son château Moncade à Orthez, château construit sur une butte au 11e siècle, et dont il ne reste plus que quelques vestiges (cette dernière piste est plus plausible, et donc à privilégier par le prospecteur).

Département 66 - Les trésors espagnols, de 1938 et 1939, d'Argelès-sur-Mer (Pyrénées-Orientales)

Lorsque le régime de dictature de Franco s'est installé à l'issue de la guerre d'Espagne, des centaines de milliers de républicains espagnols et des miliciens partirent s'éxiler en France (des centaines de petits dépôts restent d'ailleurs à retrouver sur les routes de la "retirada'). Sept camions transportant de l'or et des œuvres d'art inestimables (des Greco, Velasquez, Titien...) partirent de Catalogne - où les oeuvre avaient été mises hors de portée des franquistes - en direction de la France, mais l'un d'eux se volatilisa et n'atteignit donc jamais sa destination. De l'or fut enfoui dans la région du Boulou et d'Argelès. Le gouvernement français fit procéder à de nombreuses fouilles - principalement sur la plage d'Argelès - mais ces recherches furent sans succès... On a cherché aussi en vain dans les forêts de la région dont celle de Las Illas (près de Maureillas, dans le massif des Albéres) ou près du bourg de La Vajol.

Sur la plage de Saint-Cyprien serait dissimulé un magot en or devenu mythique appartenant aux républicains espagnols. À ce jour, malgré de nombreuses prospections, aucun dépôt précieux de cette période n'a jamais été récupéré en France.

Département 67 - L'or du Haut-Barr (Bas-Rhin)

Les évêques de Saverne auraient enfoui un trésor fabuleux dans leur château construit au 12e siècle. Ces richesses reposeraient, de source sûre, dans les ruines de cette citadelle. De nombreuses recherches ont été effectuées sur place, mais jamais personne n'a identifié l'entrée du souterrain qui mène à une crypte secrète placée sous la chapelle. Le château du Haut-Barr surnommé "L'œil de l'Alsace" est abandonné depuis l'année 1770.

Départements 69 et 75 - Les nombreux trésors des communautés juives de Paris et de Lyon

- À Paris, de nombreux dépôts modestes, et d'autres plus importants ont été mis à l'abri dans des caves. En effet, à différentes périodes du Moyen Âge, lors de persécutions subies par les Juifs, les responsables de ces communautés regroupaient leurs numéraires et leurs objets de valeur dans certaines caves des maisons de leur "Quartier de la Juiverie".
- À Lyon la communauté juive était prospère et bien implantée. Il conviendrait de prospecter en priorité les caves des anciens quartiers habités autrefois par eux.

De nombreux trésors appartenant aux Juifs de France ont été retrouvés dans d'autres villes : Toulouse, Bordeaux, La Rochelle et aussi Rouen... Ils témoignent du poids et de l'implication des Juifs et de leur rôle actif dans le circuit économique au Moyen Âge. Deux trésors importants retrouvés sont à signaler : le trésor d'Erfust qui a été mis au jour, lors de travaux, en 1998, dans l'ancien quartier des Juifs de la ville, et le trésor de Colmar, récupéré dans le mur d'une maison du quartier de la Juiverie. Il s'agit de deux trésors qui sont composés d'objets divers, dont des bagues, 600 pièces d'orfèvrerie profane de table, lingots d'argent, et plus de 3 000 monnaies des 12e, 13e et 14e siècles.

Nicolas Flamel (vers 1335-1418), écrivain public, copiste et libraire parisien ne s'est pas enrichi en tant qu'alchimiste, mais grâce à la recherche de trésors des juifs du Moyen Âge. En effet, sa fortune personnelle ne serait pas le résultat de sa quête du secret de la pierre philosophale permettant de transmuter certains métaux en or. Il aurait simplement eu la chance de trouver dans une bouquinerie de livres anciens un vieux manuscrit contenant des figures étranges, qu'il se fit expliquer par un cabaliste juif. Il acheta par la suite plusieurs maisons en rapport avec les illustrations de l'ouvrage et trouva ainsi plusieurs dépôts de la communauté juive. Ces riches habitations étaient désignées dans l'ouvrage pour être celles qui recelaient des trésors dans les villes de Paris, Rouen et Lyon.

À Paris, une des maisons que possédait Nicolas Flamel, et qui servait à héberger gratuitement les pauvres, existe toujours, et elle serait l'une des plus vieilles de la capitale (datée de 1407).

Département 72 – Le trésor des Ursulines du Mans (Sarthe)

Dans un souterrain, dort, depuis la Révolution, un trésor historique. En effet, lors de la Terreur, pendant la période trouble et dramatique de septembre 1792, les religieuses du Mans, informées de la tournure des évènements, mirent en sécurité les biens de leur communauté. Elles avaient été averties, peu avant, par les prêtres de Saint-Julien, de la venue prochaine des autorités révolutionnaires et avaient décidé de déposer dans cinq coffres en bois leurs valeurs : ciboires, calices, coupes, chandeliers, crucifix en or, reliquaires, pièces d'or et d'argent, documents et parchemins.... Un maçon aménagea une cache à l'intérieur du couvent mais celui-ci fut démoli au 19e siècle. Par la suite, des jardins furent créés à cet emplacement. Le trésor des religieuses serait toujours enfoui dans l'ancien passage souterrain reliant le couvent au Grand Enclos appelé "Voûte des Arènes ou des Ursules". Ce passage mesurait 4,00 mètres de largeur par 3,50 mètres de hauteur et 30 mètres de long avec une grille qui fermait son entrée. Ce fabuleux trésor, situé dans la ville du Mans, devait se trouver sous la place de l'Étoile (rue des Arènes et des Ursulines), et repose, c'est certain, toujours à cet endroit.

Département 76 – Le trésor de Duramé

Dans l'actuelle Seine-Maritime, un bandit nommé Duramé détroussait autrefois les voyageurs dans la « Forêt Verte » et le bois de Rouymaré. Il aurait, d'après une légende locale, enterré son magot au pied d'un arbre et plus précisément, près de la côte de Valette.

Département 75 – la fortune de Cartouche (1663-1721)

Ce chef de bande du 18e siècle, déroba les fortunes des Parisiens des années durant (attaques de diligences, cambriolages, vols de passants ou à domicile, braquages de bijouteries, filouteries diverses, etc.). Louis Dominique Garthausen dit "Cartouche" et sa bande de malfaiteurs (près de 2000 membres dans les derniers temps) firent régner la terreur de 1715 à 1721.

Arrêté dans le cabaret "Au pistolet" (Basse-Courtille) à Paris et condamné à mort, il fut soumis à la question et mourra roué en Place de Grève le 28 novembre 1721. De nombreuses caches sont à rechercher dans le centre de la capitale.

Département 75 – Le magot de Louvois (1639-1691) (Paris)

Il serait dissimulé dans une cave de l'hôtel de Longuerville (rue Saint-Thomas-du-Louvre) qui n'existe plus à ce jour. Cet ancien hôtel particulier existait entre la rue du Petit-Bourbon et la rue des Poulies. L'emplacement précis de ce dépôt appartenant à Louvois a été révélé par le maçon à l'origine de l'aménagement de la cache.

Département 75 – Les aigles impériales du Premier Empire valent une fortune (Paris)

Il faut dire « une aigle » à l'image des enseignes des armées romaines. Une aigle de bronze doré était installée au sommet de la hampe des drapeaux des régiments de la grande armée de Napoléon 1er. La distribution de ces fameuses aigles donna lieu à une cérémonie majestueuse au Champ-de-Mars, le 5 décembre 1804, à Paris, soit trois jours avant le sacre de l'empereur. Les aigles impériales ont été fondues dans du bronze et ces emblèmes des drapeaux de régiments ont la tête tournée vers la droite.

Elles reposent sur un caisson portant le numéro du régiment et trois modèles d'ailes impériaux ont été produits sous le Premier Empire. Le premier modèle "aigle impérial" réalisé au début du Premier Empire est le plus remarquable par sa qualité de ciselure ; le second modèle fut produit de 1810 à 1811 et porte le nom « d'allégé ». Le dernier modèle fabriqué est dit « des Cent-Jours », mais sa facture générale est moins soignée. La plupart de ces enseignes napoléoniennes furent brisées ou enterrées sur les emplacements des batailles perdues d'Europe" afin qu'elles ne tombent pas aux mains de l'ennemi".

Cet objet est devenu des plus rares : une pièce de qualité, bien conservée, peut atteindre plus de 100 000 euros lors d'une vente aux enchères.

Le 30 mars 1814, des aigles impériales furent jetées dans la Seine, au niveau des Invalides ; les champs de bataille, les antiquaires, les brocanteurs ou même de simples particuliers doivent encore de nos jours en receler quelques-unes...

Je vous livre une idée de prix de ce genre d'artefact : une aigle de drapeau en bronze doré, modèle 1804, fut adjugée (dans un bel état) à Paris chez Artcurial pour la somme de 114 000 euros.

Département 76 – L'abbaye de Jumièges (Seine-Maritime)

Cette institution religieuse a été fondée vers le milieu du 7e siècle par Saint-Philibert. En 841, elle fut pillée par les Vikings, et les moines prirent la fuite en emportant leurs précieuses reliques (objets religieux et aussi des manuscrits de grande valeur). Suite à cette catastrophe, le site sera abandonné par les religieux pendant plus de cinquante années. En 1563, cet établissement fut à nouveau pillé par les protestants qui détruisirent des reliques et la bibliothèque. Au cours du 19e siècle, plusieurs trésors, dont des vases et des objets religieux divers, ont été découverts sur des terres avoisinant l'abbaye. Plusieurs trésors restent à découvrir :

- Une statue en or représentant Saint-Philibert serait enterrée selon une tradition à proximité de l'if du cloître, qui existe toujours, ou dans la forêt environnante.
- Selon des textes anciens, les religieux apprenant la venue des huguenots eurent le temps, avant leur fuite, de dissimuler leurs objets religieux au bout du dortoir et au bas du Courtil.
- Une partie de la rançon du roi de France dit « Jean le Bon » capturé par les Anglais lors de la bataille de Poitiers en 1356, reposerait dans le Triangle d'or (plusieurs souterrains desservant les trois abbayes du pays) voire dans les « Trous-fumeux »

Les cloches de Jumièges, remplies selon la légende de reliquaires d'or et d'autres choses précieuses, seraient enfouies près de l'abbaye au lieu-dit « Fossé Piquet ».

Département 76 - Les 12 tonnes de la rançon, le coffre et la bague de Jean II Le Bon (1319-1364) (Seine-Maritime)

La rançon

Jean II de France, dit « Jean le Bon » succéda en 1350 à son père le roi Philippe VI en pleine guerre de Cent Ans. Il fut capturé par les Anglais à la bataille de Poitiers. Édouard III, roi d'Angleterre réclama en 1360 une rançon de 3 millions de pièces en or pour sa libération, soit environ 12 tonnes d'or. Afin de payer sa rançon, le roi de France frappa une monnaie en décembre 1360 dite « le Franc » sur laquelle le roi est représenté à cheval armé d'un écu et brandissant une épée. Cette pièce cote actuellement environ 3000 euros dans une qualité numismatique correcte.

Selon les récits de l'époque, l'abbaye de Jumièges (Seine-Maritime) devait s'occuper des versements en monnaies d'or, soit la gestion de 2400000 pièces, car un acompte de 600000 écus avait déjà été réglé par Jean II dit « le Bon » aux Anglais.

Les moines de l'abbaye de Jumièges, à l'annonce de la mort du roi de France, auraient dissimulé les monnaies, au type *franc à cheval,* dans une des grottes de la commune de Mesnil-sous-Jumièges ou auraient transféré ce dépôt monétaire dans d'autres abbayes des régions de Normandie ou d'Artois.

Département 76 - Les pots manquants du trésor de Saint-Wandrille-Rançon (Seine-Maritime)

L'abbaye de Saint-Wandrille, actuellement en ruine et anciennement abbaye de Fontenelle, a été fondée en l'an 649.

Quand le rêve devient une réalité : par une belle journée du 11 mars 1954, une équipe de scouts fait sa sortie hebdomadaire et fait près de la chapelle de l'abbaye une « Chasse aux trésors ». Lors de cette quête, ils trouveront trois pots remplis de pièces d'or ; en effet, un des scouts en longeant le mur d'enceinte, hors des bâtiments en ruine de l'abbaye, remarque une pierre portant un signe. Il la descelle et découvre dans une cache un pot rempli de monnaies d'or. Pris au jeu, deux autres scouts de Saint-Wandrille trouveront deux autres signes sur ce même mur, et donc aussi deux autres caches comprenant chacune un vase en terre cuite d'une hauteur de vingt centimètres. Ces pots fermés avec une feuille de plomb scellée à la cire contenaient tous des pièces d'or ; les trois vases mis au jour possédaient chacun 167 pièces. Au total, ce sont donc 501 monnaies (dans un état numismatique exceptionnel) à l'effigie de Louis XV qui ont été retrouvées par les scouts. Par la suite, un des inventeurs aurait confié avoir trouvé, coincé sous le fil de fer de l'un des pots, un parchemin mentionnant 28 emplacements de « caches à trésors ».

Si ce fait est exact, il resterait donc encore 25 pots à rechercher dans le secteur de cette abbaye… Une piste à privilégier : les dépôts d'or seraient près de la chapelle Saint-Saturnin, précisément là où les trois vases ont été révélés aux scouts.

Un catalogue de la vente reprend 304 monnaies, sur les 501 de Saint-Wandrille, vendues le jeudi 3 mars 1955 à l'hôtel Drouot de Paris ; le commissaire-priseur était Maurice Rheims et l'expert numismate Émile Bourgey.

Un louis d'or, dans un état numismatique TTB, dit « au bandeau » et à l'effigie du roi Louis XV est estimé entre 3 000 et 4 000 euros. La valeur actuelle des 501 monnaies que les louveteaux mirent au jour lors de cette fabuleuse chasse aux trésors, représenterait plus d'un million et demi d'euros.

Département 76 – Le trésor ducal de Dieppe (Seine-Maritime)

Cette commune est placée dans le pays de Caux, à l'embouchure de l'Acques, qui se jette dans la Manche. En 911, les Vikings s'installent à l'embouchure de la Telle. L'ancienne forteresse, défendue par douze tours, possède un donjon carré depuis le Moyen Âge. Une tour rectangulaire, puis une autre, furent ajoutées à l'édifice dans l'année 1420. De nombreux trésors se trouveraient dans les entrailles de cette forteresse : le trésor ducal ainsi que le dépôt des rois d'Angleterre dissimulé, en 1450, dans une chambre basse de la place forte. Une salle secrète se trouverait dans le sous-sol, et serait située à proximité de la citerne du Château de Dieppe. L'un des points d'accès serait la maison Vaillet qui dispose de nombreuses cavités souterraines. Il existe, de source sûre à cet endroit, deux réseaux de galeries qui sont reliés entre eux par plusieurs passages (sous terre). Le logis du Gouverneur possède son propre réseau souterrain qui complète l'ensemble du dispositif sous la forteresse. Des écrits des plus anciens placent plusieurs salles souterraines sous la tour nommée Talbot. En juin 1940, l'armée allemande occupa la ville de Falaise jusqu'en juin 1944, et le vieux château fit l'objet de nombreux sondages avec des travaux de terrassement. Il serait intéressant de savoir ce que les officiers allemands cherchaient si discrètement en ce lieu pendant cette période troublée de l'histoire de France.

Département 76 – Les bijoux d'Agnès Sorel (1422-1450) et ses secrets perdus (Seine-Maritime)

Dans le bourg de Mesnil-Jumièges (Seine-Maritime) se trouve le manoir de la Vigne. Il révèlerait l'un des trésors les plus convoités par les chercheurs de trésors : les bijoux de la maîtresse du roi Charles VII (diamants, saphirs, émeraudes, rubis, etc.)

Cette noble femme serait morte, victime d'un empoisonnement, emportant à jamais le secret de sa cachette. Il convient de signaler au prospecteur, que parmi les bijoux mis en lieu sûr, se trouvait un diamant taillé de très grande valeur.

Des documents d'archives parlent de 20 600 écus d'or et de bijoux, ce qui représenterait de nos jours la somme de plus de vingt millions d'euros. Ce trésor se trouverait toujours dans l'enceinte privée de ce manoir, dissimulé dans les souterrains ou dans une cave. Il faut dire que le château de Beauté-sur-Marne (Neuilly-Plaisance) était une propriété royale proche de Vincennes. Le roi Charles VII en avait fait cadeau à sa maîtresse Agnès Sorel en 1448. Une gravure de 1610 montre encore la tour du château que Richelieu fera raser en 1626. Actuellement, une plaque commémorative signale son emplacement à Nogent-sur-Marne.

Une dernière piste au trésor : le château de Bois-Sire-Amé, sur la commune de Vorly dans le Cher, à une vingtaine de kilomètres et au sud de Bourges, est un des hauts lieux de l'architecture du 15e siècle. Actuellement en ruines, il abritait les amours d'Agnès Sorel et du roi Charles VII. Ce site qui possède une motte féodale est mentionné en 1150 dans l'acte de fondation de l'abbaye de Noirlac. Un souterrain permettait une circulation à cheval depuis Mehun à Bois-Sire-Amé, et la chronique indique que le monarque empruntait ce passage afin de rendre visite à sa maîtresse.

Département 77 – L'or d'Antoine du Prat (1463-1535), chevalier de Nantouillet (Seine-et-Marne)

L'or d'Antoine du Prat, cardinal en 1527, est enterré dans sa propriété. C'est parce qu'il espérait pouvoir acheter son élection afin d'être nommé Pape que le chancelier avait accumulé dans un caveau secret de son domicile plus de 400000 écus qui furent mis dans des tonneaux. La révélation à François Ier, de l'existence de cette fortune le rendit suspect et causa de sa disgrâce.

Cet homme d'église mourut en l'an 1535 et tous ses biens furent saisis, mais son trésor personnel resta introuvable malgré de nombreuses recherches dans sa propriété. Il faut noter, pour une bonne prospection, que le château repose sur un système complexe avec plusieurs souterrains.

Département 78 – Les bijoux de Jeanne du Barry (1743-1793) de Louveciennes (Yvelines)

Une cassette précieuse est toujours placée dans le parc du château de Madame du Barry. Elle fut durant une longue période la maîtresse et confidente de Louis XV et bénéficia à ce titre de somptueux cadeaux de sa part (le château notamment). Elle fut guillotinée par les révolutionnaires.

Département 78 – Le trésor de l'abbaye Port-Royal-des-Champs (Yvelines)

En 1709, le roi Louis XIV chassa de ce lieu les religieuses et fit raser dans l'année 1712 cette institution considérée comme un foyer du Jansénisme. Informée de son départ définitif cette communauté religieuse aurait creusé un caveau afin de mettre ses objets précieux à l'abri de la spoliation royale. Selon une légende locale, les objets de culte en métaux précieux et les monnaies en or demeureraient toujours en sécurité sur le site du pigeonnier de Port-Royal ou reposeraient enfouis à sa proximité. À titre d'information, il est à relever que cette abbaye de France était l'une des plus prospères du Bassin parisien au Moyen Âge.

Département 78 – Le trésor de Landru (1869-1922) (Yvelines)

Henri-Désiré Landru, commis d'architecte et escroc professionnel, marié et père de quatre enfants, est le tueur en série le plus célèbre de France. À partir de 1915, afin de s'enrichir, il décide de séduire des femmes pour leur voler leurs biens et ensuite les éliminer. À cet effet, il publie des petites annonces matrimoniales en laissant croire à ces femmes qu'il veut se marier… Pendant de nombreuses années, Landru reçoit ses conquêtes féminines dans sa maison de la Gambais (Yvelines) distante d'une soixantaine de kilomètres de la capitale. Cependant, le 12 avril 1919, ses activités criminelles prennent fin : il est arrêté à son domicile de Paris, au 76 de la rue de Rochechouart, domicile de Fernande Segret qui était sa dernière conquête féminine. Lors d'une perquisition à la Gambais de nombreux objets sont saisis : scies, hachoir, valises, malles, etc. Ce tueur en série a éliminé et découpé en morceaux de nombreuses femmes dans une maison de Vernouillet pour ensuite de 1915 à 1919 faire disparaître sept de ses victimes dans une cuisinière en fonte à son domicile de la Gambais. Il avait été confondu par les fiches qu'il rédigeait avec de nombreux détails sur ses candidates au mariage. Parmi les 283 femmes citées dans le rapport de police, 179 ont été identifiées… Son procès débuta le 7 novembre 1921 à Versailles, mais il n'avouera jamais ses crimes. Le 30 novembre 1921, ce « Barbe bleu » sera condamné à mort puis guillotiné le 25 février 1922 dans la cour de la prison de Versailles, sans révéler ses caches secrètes. À noter que le poêle, utilisé à la Gambais, a été racheté, il y a quelques années par l'animateur Laurent Ruquier. À ce jour, personne n'a jamais réussi à mettre la main sur cet ignoble trésor. Il semblerait pourtant que le magot de Landru soit caché dans la résidence de son dernier domicile ou qu'il serait resté dissimulé dans la forêt de Rambouillet et à proximité de la Gambais (la maison de campagne de ce tueur en série a changé plusieurs fois de propriétaires avec systématiquement des fouilles pratiquées sans résultats dans le même périmètre).

Département 83 - Les trésors perdus de Gaspard de Besse (le mandrin provençal)

Ce détrousseur de bourses volait les riches marchands et voyageurs pour donner aux pauvres. Sa première agression reconnue se déroula dans les Gorges d'Ollioules et ses célèbres exploits furent contés dans toute la Provence. Gaspard et ses amis se réfugiaient régulièrement dans les grottes des massifs de la Sainte-Baume, des Maures, de l'Estérel ou aussi dans les Gorges d'Ollioules. Il fut conduit, le 25 octobre 1781, pour ses 24 ans, sur l'échafaud de la place d'Aix puis écartelé. Sa tête fut séparée de son corps et placée sur un arbre, à l'endroit même de l'un de ses forfaits sur le site du « Bois des Taillades ». Les trésors de ce bandit restent un mystère et la légende veut que le fruit de ses rapines soit enfoui dans la plaine de Cuges-les-Pins qui est arpentée depuis des décennies par les chasseurs de trésors... Il est vraisemblable que son butin repose dans le massif de la Loupe, près de Brignoles (cette possibilité est privilégiée par plusieurs prospecteurs locaux).

Département 83 - Le trésor du Fraximet à la Garde-Freinet (Var)

Les raids des sarrasins en Provence se sont étalés de 730 à 973. En 886, les arabes s'installent dans ce lieu, et de ce point stratégique vont essaimer leurs expéditions dans toutes les Alpes. Un de leurs raids qui fut particulièrement meurtrier s'est déroulé dans le pays d'Apt en l'année 896. Pendant près d'un siècle, ils pillèrent et rançonnèrent toute la Provence. Les seigneurs locaux prenant la décision de mettre un terme à ce fléau, se rallièrent à la haute noblesse du pays et assiégèrent le Fraxinet et la ville de Ramatuelle qui tombèrent en quelques semaines entre leurs mains. Les sarrasins, qui furent chassés, abandonnèrent alors définitivement la région provençale et se retirèrent en Espagne. Les historiens pensent qu'une partie importante des richesses provenant de rapines serait restée dans cette région et précisément au Val d'enfer.

Un immense butin caché par le chef arabe Abdéramann reposerait dans une des nombreuses grottes des Alpilles (sans doute dans une grotte du Vallon des Baux). Une chèvre d'or veille sur les pierreries, et l'or, selon une légende, est au pied de Beaumanière (en vallée des Baux-de-Provence). La tradition d'un enfouissement se trouve aussi à Saint-Rémy-de-Provence au sommet du « Mausolée des Antiques » avec la présence d'une chèvre qui serait la gardienne de ces trésors.

Au-dessus de Malaucène et selon une tradition, au lieu-dit « Les Aréniers », près de la source du Groseau, des lingots d'or sont cachés derrière la « Porte Saint-Jean » qui ne s'ouvre que pendant la nuit de Noël... De nombreuses légendes de chèvres d'or, gardiennes de trésor, existent dans cette région.

Département 84 – L'or perdu des Papes (Vaucluse)

L'ensemble architectural du palais des Papes se compose de deux parties : le vieux palais de Benoît XII, qui est la forteresse du Rocher des Doms et le palais neuf du pape Clément VI. Le Rocher des Doms est un site des plus antiques puisqu'il a été occupé dès la préhistoire et qu'il possède un oppidum qui remonte au chalcolithique. Le palais des Papes d'Avignon est la plus importante des constructions gothiques du Moyen Âge. Cette imposante résidence papale/pontificale était à la fois forteresse et palais.

Ce lieu fut pendant le 14e siècle, le siège de la chrétienté, et il possédait une salle contenant plus de 2000 ouvrages à l'intérieur de la tour du Pape, qui constituait la plus grande bibliothèque d'Europe. Elle était située à proximité du trésor du palais. Dans les niches secrètes, percées directement dans le plancher, le long des murs, étaient entassées par milliers des monnaies en métaux précieux, ainsi que des archives, des titres de propriétés de l'église, des manuscrits, des livres de comptes, des sceaux et objets liturgiques qui n'étaient accessibles qu'au chef de l'église et à un nombre strictement limité de personnes. Cet endroit nommé "le trésor" centralisait les collectes d'impôts et était le "Saint des Saints", symbole du pouvoir, et source de richesses de l'église. Les caches sont visibles, mais vides depuis plusieurs siècles. Il doit sans doute en rester quelques-unes non apparentes, inviolées et pleines de valeurs...

En 1252, deux villes d'Italie, Gênes et Florence, renouèrent avec la frappe de monnaies dans un métal précieux (interruption des frappes de monnaies en or dans l'Occident depuis le 9e siècle). Cette pièce en or appelée "florin" doit son nom à la ville de Florence. Jean XXII en fit frapper dans son atelier monétaire de Pont-de-Sorgues dans la ville d'Avignon.

Venise imita le « ducat » qui contenait le même poids soit 3,5 grammes d'or en 1285. Cette pièce exceptionnelle montre une fleur de lys, symbole de la cité de Florence. À l'avers figure le nom de la ville, "Florentin", et au revers, la figure de Saint-Jean-Baptiste, protecteur de la ville.

Certains exemplaires n'ont été produits que pendant une courte période et souvent en nombre réduit. Ils sont donc rarissimes de nos jours. La valeur numismatique de ces florins dépasse toujours la valeur intrinsèque en métal précieux. Un florin en or de la principauté d'Orange pesant 3,4 grammes et émis par Raymond IV, est estimé entre 600 et 1 000 euros selon l'état numismatique de l'exemplaire.

La fortune perdue de Clément V

L'analyse du testament du Pape Clément V révèle l'existence de dizaines de milliers de florins qui n'ont jamais été retrouvés. Ces monnaies avaient été détournées de la trésorerie des États pontificaux par ce pape qui avait un faible pour le métal précieux... Ce dépôt reposerait dans son fief familial de Villandraut et serait dissimulé dans une pièce secrète de son château natal lui-même bâti sur un réseau souterrain avec de nombreuses galeries. Il avait été élu pape le 5 juin 1305, succédant à Benoît IX. Pour sa sécurité et pour la protection des biens de l'église, il refusa toujours de s'installer dans la ville de Rome et séjourna épisodiquement à Bordeaux, Poitiers ou Toulouse. Il choisira finalement de résider définitivement à Avignon, notamment dans un couvent de dominicains à proximité de la ville.

Le château "Pape Clément" aussi appelé "Vignoble de la Mothe", et dont les premières vendanges remontent 1252, sous le règne du roi Louis IX (situé à Pessac et aux portes de Bordeaux), doit son origine à ce pape qui en était le propriétaire fondateur. Ce religieux avait fait construire sur cette terre plantée de vignes, une maison qui sera détruite pendant la Guerre de Cent Ans. Il publia, le 24 mars 1314, les décrétales du Concile, mais malade quitta sa retraite de Monteux pour rejoindre Villandraut, son fief familial. Ce pape mourra le 20 avril 1314, à Roquemaure-du-Gard, et son gisant se trouve dans la collégiale de Notre-Dame d'Uzeste. Deux cents ans après sa mort, les protestants profanèrent et mirent au feu sa dépouille mortelle.

Après sa disparition, le conclave désigne son successeur qui choisit à nouveau Avignon comme siège de la papauté. Benoît XII, plusieurs années après son installation, entama la construction d'un palais fastueux qui deviendra le plus grand édifice gothique d'Occident.

Un trésor templier à Monteux ?

Pour revenir au Pape Clément V, peu de temps après sa mort, Bernard de Got, seigneur de Monteux, dans le Vaucluse, et Raymond Guihem de Budos (le recteur du Comtat) pillèrent la ville de Carpentras et emportèrent avec eux plus d'un million de florins qui étaient destinés à une croisade en Terre Sainte. Un sondage des murs et des recherches dans les souterrains du château de Monteux sont susceptibles de réserver de bonnes surprises.

Les templiers furent arrêtés le vendredi 13 octobre 1307 et tous leurs biens seront confisqués sur ordre du roi Philippe le Bel (1268-1314). Le 18 mars 1314, le Grand Maître Jacques de Molay monte sur le bûcher à Paris : ce jour-là, il maudit le pape et le roi de France selon la légende. La mémoire populaire ne retiendra de ce personnage de l'église catholique que la malédiction du templier : "*Clément juge inique et cruel bourreau, je t'assigne à comparaître dans les quarante jours devant le tribunal de Dieu ! Et toi aussi, roi Philippe !*". Clément V et Philippe le Bel moururent respectivement le 20 avril et le 29 novembre de la même année…

Le trésor de Jean XXII

Sept papes de l'église catholique et romaine se sont installés en Avignon de 1305 à 1376 : Clément V, Jean XXII, Benoît XII, Clément VI, Innocent VI, Grégoire XI, et Urbain V. Le moine François Pari évoque dans ses écrits le fantastique trésor de Jean XXII.

Cet homme d'église, décédé dans l'année 1334, avait dans les caves de son palais 18 000 000 florins, 7 000 000 de pierres précieuses, des vases, des objets sacrés de grande valeur ainsi que du mobilier prestigieux…

Le magot de Benoit XIII

Le 28 juillet 1398, le palais d'Avignon fut attaqué par les troupes de Boucicaut et Raymond de Turenne. Le pape Benoît XIII tint le siège plusieurs années avant de parvenir à s'enfuir de la ville, emportant avec lui son trésor (calices, vases en argent et en or, anneaux ornés de pierres précieuses, châsses, pièces religieuses en métaux précieux, etc.).

Il passera une année à Perpignan, puis s'exilera à Collioure puis en Aragon. Il finira sa vie dans la forteresse templière de Peñìscola qui est située près de Valence.

D'après un témoignage, ce chef d'église, illégitime et frondeur aurait entreposé une partie de son fabuleux magot (un million de pièces en métal précieux) dans un passage secret du palais des Papes ou dans le palais des rois de Majorque à Perpignan (Pyrénées-Orientales).

Département 84 – L'or et l'argent de la bataille d'Orange

Des milliers de batailles, d'escarmouches se sont déroulées au cours des siècles. Ces évènements se sont produits en plaine, dans les champs, les bois ou les massifs forestiers, sur des sites connus ou non répertoriés depuis plus de 4 500 ans avant notre ère. La guerre est née avec des armées organisées ; les batailles sont les carrefours de l'histoire, leurs chemins mènent le plus souvent à de nouveaux futurs... Les vestiges de ces combats sont le plus souvent récupérés à « fleur de terre » par des promeneurs, des archéologues ou des prospecteurs (avec leur matériel de détection).

Allons, sur le terrain pour une détection métallique, à la recherche de ces mille et un affrontements qui changèrent le cours de l'Histoire avec un grand H...

Cette célèbre bataille d'Orange qui se déroula en octobre 105 avant J.-C., à proximité du Rhône, conduisit à l'un des plus grands désastres militaires de l'histoire de l'Empire romain. Les forces romaines composées de plus de 80 000 légionnaires, de 40 000 « valets » et de nombreux « auxiliaires », représentées par le consul Mallius Maximus et le proconsul Servilius Caepio (celui qui récupéra le fameux or gaulois de la ville de Toulouse), s'opposèrent aux forces armées des Cimbres, Teutons et autres peuplades germano-celtiques. La fin de la bataille est décrite par Orose : « *Énorme butin ... /... l'or et l'argent jetés dans le fleuve, les cuirasses des combattants mises en pièces...* ».

La défaite romaine fut totale et seule une poignée de combattants romains survécurent au massacre en s'enfuyant à cheval ou en traversant le Rhône à la nage.

Le lieu de cet affrontement entre les forces romaines et les troupes barbares est bien localisé et se trouverait placé à quelques kilomètres au sud de la ville d'Orange. Depuis plusieurs années, des vestiges de cette grande bataille antique sont régulièrement mis à jour (ossements de chevaux, armes, objets en fer, etc.) sur le site de l'arrière du Lampourdier à proximité du Château de l'Hers (dans l'environnement immédiat des coteaux de Châteauneuf-du-Pape).

Une piste intéressante : le cours de la rivière Meyne (affluent gauche du Rhône) mériterait une prospection minutieuse qui pourrait se révéler prometteuse… dans le respect du code du patrimoine et de la législation actuelle sur la détection. Avis aux chercheurs de trésors !

Département 85 – La fortune de Gilles de Rais (1405-1440) au château de Tiffauges (Vendée)

En 1429, Gilles de Rais, personnage immensément riche, est l'un des fidèles compagnons d'armes de Jeanne d'Arc ; il sera présent au sacre du roi Charles VII à Reims, récompensé, au faîte de sa gloire, et fait maréchal de France. Retiré dans son château de Tiffauges, il est initié à la magie noire et à l'alchimie par un astrologue italien.

Ce tueur en série, auteur d'homicides, serait responsable de l'assassinat de plus de cent quarante enfants. En 1440, l'évêque de Nantes, le fit arrêter, et il fut condamné à la pendaison, son corps devant être brûlé par la suite.

Les dépôts précieux de Gilles de Rais seraient toujours dissimulés dans l'un des souterrains de ses quatre châteaux : Champtocésur-Loire (Maine-et-Loire), Machecoul (Loire-Atlantique), Pouzauges (Vendée) et Tiffauges, bien sûr, qui est à prospecter en priorité.

Département 85 – Les 6 000 louis de Charrette (en 1796)

Ce chef vendéen s'est engagé dans la lutte contre les républicains en bénéficiant de l'appui militaire et financier des Anglais et des émigrés royalistes. Ceux-ci lui livrent, lors d'un débarquement sur une plage de Saint-Jean-de-Monts le 10 août 1795, une cargaison d'armes (fusils et pistolets, sabres, etc.) et 6000 louis d'or dans deux caisses en bois.

Charrette est capturé par les républicains le 23 mars 1796, dans un bois dit "de la Chabotterie". Dans la ceinture de ce chef chouan, les républicains ne récupèreront finalement que 100 louis d'or... Selon une tradition, le magot serait toujours dans l'ancien quartier général de Charrette, à Montorgueil, situé près de Poiré-sur-Vie. Charrette fut condamné à mort peu de temps après son arrestation et fusillé sur la place Viarme à Nantes.

À titre d'information, un louis d'or de 24 mm, à l'effigie de Louis XVI cote actuellement 4000 euros en état numismatique dit « TTB ».

Département 85 - Les trésors vendéens de la révolution (Vendée)

La guerre de Vendée est une guerre civile qui opposa les « Bleus et les Blancs » dans l'ouest de la France entre 1793 et 1800. Ce conflit fut étroitement lié à la chouannerie et il est à l'origine de plus de 300000 morts des deux côtés.

Il existe des zones géographiques qui semblent plus propices que d'autres à l'existence d'enfouissements : des découvertes multiples de magots ont été réalisées dans ce que l'on nomme « Le triangle d'or de la forêt de Grasla » (Les Herbiers, Montaigu, Pouzauges).

Les forêts et les bois de cette région ont toujours été utilisés comme refuges et de caches diverses lors des périodes troublées de l'histoire de France : un dépôt de 1200 monnaies royales, en bronze et en argent, a été mis au jour par des chercheurs de champignons dans ce massif forestier (affaire traitée par le tribunal de la Roche-sur-Yon, en août 2004). Certains dépôts de cette période de guerre vendéenne sont répertoriés de façon précise :

- À la Boissière-de-Montaigu, le vieux château d'Asson recèlerait dans son puits ou dans ses caves, un important trésor.
- Au village des Landes-Génisson se trouve un château. En 1793, sur cet emplacement, l'un des domestiques aida le châtelain à enterrer

un magot constitué de vaisselle, de coffrets de pièces d'or... enfermé dans une barrique de bois. Ce trésor est à rechercher entre le château de la Boucherie et le moulin des Landes.

- Baudelaire : un souterrain reliant l'église au château conserverait un Christ en or massif. L'ouvrage fortifié est rasé de nos jours et le souterrain, actuellement inaccessible à la suite d'un éboulement.
- À Vendrennes, dans les ruines d'un vieux château existe une tradition de trésor enfoui. On peut signaler que près du carrefour des quatre chemins existait un ancien camp militaire et que dans la forêt du Parc Soubise, des canons en bronze sont enterrés.
- À Saint-Sulpice-le-Verdon, le moulin en ruines de la Bégaudière recèlerait, selon une tradition, un trésor.
- À Saint-André-Treize-Voies, le trésor de la Grande Armée Catholique et Royale reposerait, selon une tradition, au lieu-dit « Les Rivières ».

L'armée royale soutenue par les nobles fut finalement décimée à Savenay en Loire-Atlantique par les républicains.

Département 86 - Le trésor et la bague royale - un trésor royal peut en cacher deux autres - (Vienne)

Lors de la bataille de Poitiers, le trésor de Jean le Bon aurait été caché dans le bois de Nouaillé-Maupertuis par ses chevaliers lors de l'annonce de sa capture par les anglais. Ce coffre serait composé d'objets précieux : vaisselle en or, ceintures incrustées de pierres précieuses, armes prestigieuses, etc.

Sur le site de cette bataille, le roi de France avait déclaré avoir perdu lors des combats son anneau sigillaire en or (servant à signer des documents en apposant son sceau sur de la cire). Cette pièce unique et historique, possède un grenat rouge foncé sur lequel a été gravé son portrait (sceau dont la valeur est inestimable).

Département 86 - Charroux : les reliquaires sacrés de Charlemagne (vers l'an 785)

L'abbaye bénédictine Saint-Sauveur fut fondée par Charlemagne et par Roger de Limoges dans l'année 785, dans le village de Charroux, situé dans la Vienne. Le monarque fit à l'abbaye des dons prestigieux : douze morceaux de la croix de Jésus, du sang du Christ, un fragment du Saint suaire..., conservés dans de riches reliquaires ou châssis, constitués d'or, d'argent et de pierres précieuses.

En 1569, l'abbaye fut pillée et incendiée lors des guerres de religion et un certain nombre d'objets de valeur disparurent ; cependant, plusieurs pièces servant au culte religieux furent dissimulées par les moines dans l'espoir de les sauver du pillage.

En 1856, un maçon découvrit une cache contenant deux reliquaires précieux : le premier, chef-d'œuvre d'orfèvrerie, présente deux anges tenant une relique enfermée dans un médaillon ovale avec l'inscription *"Contient la chair et le sang du Christ"*. La seconde châsse, toute d'or et d'argent, comporte deux reliquaires dont l'un contenait trois petites reliques. À Charroux, dans le clocher de la tour octogonale dite" Tour Charlemagne" qui date du XIe siècle, se trouvent sans doute, d'autres précieuses châsses avec leurs reliques sacrées de la religion catholique... Plusieurs célèbres chasseurs de trésors ont effectué des recherches sur ce site, mais aux dernières nouvelles, sans résultats probant.

Département 89 – Le butin introuvable du Docteur Marcel Petiot (1897-1946) (Yonne)

Lors de la période d'occupation de la France par les troupes allemandes, et pendant trois années, ce médecin psychopathe va se transformer en assassin. Le 11 mars 1944, dans son hôtel particulier au 21 de la rue Le Sueur à Paris dans le 16e arrondissement, des voisins, incommodés par une odeur pestilentielle qui s'échappe de la cheminée de son appartement, alertent les pompiers. Ces derniers découvrent alors dans le sous-sol des débris humains dans une chaudière allumée. Le docteur Petiot, absent lors de l'intervention des pompiers, ne sera arrêté que sept mois plus tard dans une station de métro. À la suite de la visite des Hommes du feu à son domicile et dans un débarras, la police découvre les valises vides de personnes disparues ainsi qu'un nombre important d'objets divers, mais sans valeur marchande... Le 4 avril 1946, ce médecin est condamné à la peine capitale par la Cour d'Assises de la Seine, reconnu coupable de vingt-sept assassinats alors qu'il en revendiquait soixante-trois... À l'avocat qui le questionnait une dernière fois, au pied de la guillotine, il déclara : « Je suis un voyageur qui emporte ses valises… ». Ce criminel sera guillotiné, le 25 mai de la même année, à l'âge de 49 ans. Les sommes spoliées à ses victimes représenteraient, en valeur actuelle, plus de 30 millions d'euros. Son hôtel particulier a été racheté quelques années plus tard et fouillé de fond en comble, sans résultats. Il semblerait, d'après certains témoignages, que le docteur ait enfoui son immense magot à proximité de sa résidence secondaire. En effet, de nombreux témoins l'ont souvent aperçu sur sa bicyclette à Courson-les-Carrières dans l'Yonne… Que pouvait donc transporter sa petite remorque attelée à son vélo, lors de ses balades dans la campagne? La clé de cette énigme se trouverait dans un livre écrit pendant son incarcération à la prison de la Santé et lors de son attente de jugement. L'ouvrage s'intitule : "Le Hasard vaincu. Les lois des martingales. Application à tous les jeux de hasard. Multiples conseils pour s'évader de l'ennui". Ce livre, qui sera publié en 1946 comporte des dessins de l'auteur.

Le docteur Petiot aurait, d'après certains chercheurs de trésors, inséré dans le texte de cet ouvrage des messages codés, car on constate, en effet, qu'il contient une multitude de chiffres… Un décryptage sérieux devrait permettre de résoudre l'énigme de la disparition de cet ignoble trésor. Le livre du Docteur Petiot est un vrai « trésor monétaire » pour le bibliophile, car les exemplaires en édition originale de ce rarissime ouvrage qui compte 350 pages, publié en 1946 par un éditeur-imprimeur nommé Roger Amiard, se négocient sur Internet entre 1 500 et 3 000 euros.

Département 91 - La fortune de Jean-Joseph de Laborde (Essonne)

En 1794, ce banquier a fait fortune en finançant la guerre de Sept Ans, qui se déroula de 1756 à 1763, et la guerre d'Indépendance des États-Unis d'Amérique. En 1784, il acheta le domaine de Méréville situé près d'Étapes où il se retira pour finir sa vie. Il fut arrêté dans sa résidence en 1794, lors de la Révolution française et finit sa vie guillotiné. Avant son arrestation, cet homme richissime eût le temps de dissimuler ses avoirs, constitués en louis d'or, dans sa propriété. Son trésor reposerait toujours dans le parc ou dans la cave de son château.

Département 92 - Joséphine de Beauharnais (1763-1814) et ses 40 000 monnaies d'or (Hauts-de-Seine)

Joséphine de Beauharnais (Marie-Josèphe Rose Tascher de la Pagerie), née en 1763 à la Martinique, fut la première épouse de Napoléon 1er et impératrice de 1804 à 1 809. En 1804, l'empereur fait sacrer sa femme à la cathédrale Notre-Dame de Paris, lorsqu'il arrive au pouvoir. Joséphine de Beauharnais, ne parvenant pas à lui offrir un héritier, sera répudiée, et le divorce prononcé en 1809 avant son remariage avec Marie-Louise de Habsbourg. Son ancienne épouse se retira alors, après son divorce, dans le Château de la Malmaison que l'empereur lui avait cédé.

Cette propriété avait été acquise par l'empereur, dix ans plus tôt, pour le montant de 325 000 francs de l'époque, lors de sa campagne d'Égypte. Joséphine a passé dans ce lieu les dernières années de sa vie, avant de décéder dans l'année 1814.

Lors de son dernier départ en exil, l'empereur Napoléon 1er avait confié la gestion de 40 000 pièces d'or à son ancienne épouse. Il est fort probable qu'une partie de ces monnaies, de vingt francs en métal précieux, soit toujours à demeure dans le château ou dans le vaste parc de son domaine de la Malmaison (Hauts-de-Seine). Ce fabuleux trésor dans son intégralité, représenterait d'après une estimation numismatique, plusieurs dizaines de millions d'euros.

Département 93 - Les dépôts de la forêt de Bondy

Au Moyen Âge, à partir des 12e et 13e siècles, et jusqu'à la période de la Révolution française, la forêt de Bondy, qui s'étendait autrefois sur la moitié du territoire de la Seine-Saint-Denis, était un repère d'assassins et de voleurs de grand chemin. De nombreux groupes de marginaux qui vivaient de rapines dans les massifs forestiers des environs de Paris attaquaient régulièrement les voyageurs de passage et les diligences aux carrefours des chemins. Plusieurs dépôts de cette période, cachés à la hâte par ces détrousseurs, sont à rechercher dans les bois et forêts qui subsistent encore de nos jours dans cette région.

Département 93 - Où se trouve le fabuleux trésor de l'abbaye de Saint-Denis, fondée vers 480 de notre ère par Sainte Geneviève ?

Le 13 novembre 1793, la populace envahit l'abbaye royale et le trésor est pillé avec celui de la Sainte Chapelle que le roi Louis XVI, y avait par précaution, fait transférer. D'après certains témoins, onze charrettes chargées d'objets furent transférées vers la Monnaie, en vue de la fonte de ceux-ci.

Il semblerait qu'à leur arrivée dans la capitale, aucun procès-verbal n'ait été dressé de cette opération, bien qu'il s'agisse d'une obligation réglementaire (*fonte de métal précieux*). Ce trésor était le plus important d'Occident et sa nomenclature couvrait 534 pages manuscrites...

Hormis quelques pièces que l'on peut admirer au Louvre, il faut se rendre à l'évidence : les objets les plus précieux semblent volatilisés.

Peut-être le Supérieur de l'abbaye a t-il en réalité pu sauver du désastre les précieuses reliques de la royauté française en les dissimulant in situ ou à proximité ?

Le trésor artistique et religieux des rois de France serait alors toujours dissimulé près de cette grande abbaye, et reposerait alors sans doute dans les plus proches propriétés des moines, à Mitry ou peut-être à Tremblay.

Important à savoir dans le cadre de cette recherche trésoraire : à peu de distance de la Dimeresse existe une propriété appelée le "Trou d'argent". Une légende locale parle de la "cache des moines" située près de Messy. La région, autour de Saint-Denis, est un véritable labyrinthe de réseaux souterrains, et la Dimerresse serait au cœur de ce dispositif. Avis aux chercheurs : épée de Charlemagne, couronne et châsse de Saint-Louis, buste de Saint-Benoît, croix d'or couvertes de rubis, saphirs, émeraudes, orfèvrerie précieuse, etc. les attendent encore...

Trésors aux diverses localisations possibles

Les trésors vikings de France

En novembre 852, une bande de pirates dévaste le Bas-Poitou (la partie occidentale de la province) et une bataille se déroule à Brillac (non loin du pont Binot).

Les historiens fixent le début de l'épopée des Vikings à l'année 793, qui représente la date du sac du monastère de l'île de Lindisfarne (Angleterre). Les razzias de ce peuple de pillards avaient pour but de s'emparer des richesses des féodaux et du clergé. Leurs cibles privilégiées furent donc le plus souvent des monastères et des églises sans défense. Afin de se préserver de ce fléau, l'empereur Charlemagne établit une marine qui gardait les embouchures des fleuves. Pendant des années, les pirates ne purent donc remonter les rivières ni accéder à l'intérieur des provinces françaises. À la mort de Charlemagne, le pays commença à s'affaiblir avec le partage du royaume entre les petits-fils de celui-ci. Les vikings purent profiter de cette situation pour poursuivre leur expansion. En 841, les premiers raids débutèrent en baie de Seine. Des Vikings basés à Saint-Maur-des-Fossés pillèrent la ville de Meaux lors de l'année 862. Les petits-fils de Charlemagne se partagèrent l'héritage du royaume et les pirates du Nord en profitèrent pour effectuer différentes incursions dans le pays. La Bretagne, l'Aquitaine, la Bourgogne, la Normandie, l'Île-de-France ne furent pas épargnées. Les invasions depuis la Normandie vers la Bretagne durèrent de 830 à 939. L'abbaye de Redon fut pillée en l'an 864 et les bénédictins se retirèrent à Maxent (Ille-et-Vilaine). Les pirates occupèrent la vallée de la Loire et mirent à sac la ville de Nantes, sous la conduite d'Hasting. L'île de Croix fut occupée et à partir de 884, les Normands s'attaquèrent à nouveau aux abbayes bretonnes (Saint-Jacut-de-la-Mer, etc.). Alain le Grand, les mit en déroute lors d'une mémorable bataille à Questembert (Morbihan) en 888. Par la suite, ils reprirent leurs invasions ; on peut citer la destruction de l'abbaye de Landévennec (Finistère) en 913. La ville de Nantes était ruinée. En 919 eut lieu une ultime invasion qui dévasta l'abbaye de Saint-Gildas-de-Ruhys. Les pirates venant de Normandie firent treize descentes sous le règne de Charles II. En 939, ils furent battus en Bretagne à Trans, dans leur camp (en forêt, camp du Vieux-M'na en Ille-et-Vilaine) par Alain II de Bretagne (Alain Barbetorte). Sous Charles le Chauve, les pirates normands firent des ravages des plus dévastateurs en France. La ville de Noirmoutier située à l'embouchure du fleuve de la Loire est parmi les premiers lieux à avoir servi de base à ces Vikings. En 885-886, une armée avec 700 navires se présenta devant la capitale et mit à feu et à sang la province de l'Aquitaine. Face au peu de résistance rencontrée, à partir de 840, les hommes du Nord pillèrent à deux reprises la ville de Rouen puis brûlèrent Paris en 845. Lors de cet évènement, l'église de Saint-Germain fut dévastée et les pirates prirent l'habitude « d'hiverner » sur place en France et de monnayer leurs otages et leurs départs du royaume. Ils dressèrent alors systématiquement leurs campements près des fleuves et des rivières. En l'an 884, ils pénétrèrent jusqu'à la ville de Pontoise pour la piller puis firent à nouveau le siège de Paris. C'est en En 911, que Charles le Simple décide de céder à leur chef Viking une partie de la Neustrie qui servait de base à leurs forfaits. Rollon accepta la proposition du roi de France et s'établit donc définitivement dans cette province qui sera nommée Normandie. Au pied du monastère de Saint-Florent-le-Viel (Maine-et-Loire) se trouve la plus importante place d'"hivernage" (autorisation de Charles le Chauve donnée dès l'année 873). Lors d'une bataille, le roi de France, Louis III, tua environ 9000 pirates, près d'Amiens en 881 ; Carloman les battit en 884 et le roi Eudes élimina 19000 des leurs lors d'un combat. L'expansion des Vikings s'acheva définitivement vers 1050 et la France retrouva enfin sa stabilité. Les moines d'Europe du Nord, signalèrent dès le 8e siècle les attaques mortelles de ces pirates, dans leurs chroniques écrites sur parchemins.

Chronologie précise de l'épopée des Vikings afin de mieux comprendre cette période de l'histoire de France :

793 – Attaque du monastère de Lindisfarne (Angleterre).

799 – Première mention d'une flotte scandinave sur la côte d'Aquitaine.

820 – Ils sont en Flandre et en Baie de Seine. Mise à sac de Bouin.

834 – Début de la première vague d'invasion.

835 – Les Vikings prennent Dorestad sur le Rhin, Anvers (sur la rivière l'Escaut) et Vitla (sur la Meuse). Pépin 1er d'Aquitaine, incapable d'op-

poser de la résistance, ordonne l'évacuation des îles de Noirmoutier, Ré et Oléron.

841 – Première remontée de la Seine avec ses nombreux pillages. La ville de Rouen, les abbayes de Jumièges et de Saint-Wandrille sont détruites ; les Danois sont même présents à l'embouchure de la rivière l'Escaut.

842 – Pillage de la ville de Quentovic.

843 – Les Vikings prennent la ville de Nantes sur la Loire et s'installent à Noirmoutier.

844 – Pour la première fois, une flotte viking remonte la Garonne et la ville d'Agen est prise. Les pirates atteignent même la ville de Toulouse.

845 – Premier raid en remontant la Seine sur Paris et le premier tribut est versé par le roi Charles le Chauve. La ville de Saintes (Charente) tombe aux mains des pillards.

848 – Bordeaux est sous leur coupe.

849 – Les hommes du Nord sont à Périgueux.

850 – Après une descente de pirates, Auch capitule à son tour.

851 – Les pirates ont des camps retranchés à Jeufosse (situé sur la Seine), à Bièce et à Saint-Florent-le Viril (Loire).

855 – Ils reprennent la ville de Bordeaux.

856 – La capitale française tombe pour la seconde fois.

859 – Les pirates du Nord prennent la ville de Clermont dans le Massif Central.

860 – Hivernage en Camargue avec une remontée du Rhône jusqu'à Valence puis vers l'Isère pour atteindre Romans. Les envahisseurs sont arrêtés par le comte Girard.

862 – Troisième prise de la ville de Paris. Ils quittent le fleuve de la Seine.

866 – Fin de la première vague de ces multiples invasions. Un chef Viking occupe un camp important sur la Loire.

877 – Mort du roi de France Charles II dit le Chauve. Début de la deuxième vague d'invasion dans notre pays.

879 – Ils débarquent près de Boulogne et ravagent sans pitié la partie nord du pays.

881 – Victoire du roi de France Louis III contre les Vikings. Des raids sur la Meuse sont effectués à plusieurs reprises.

885 et 886 – Après avoir remonté pendant des années la Seine, les Vikings entreprennent un nouveau et ultime siège de Paris. Le comte Eudes, leur oppose une résistance héroïque pendant 90 jours.

886–889 – Nombreuses razzia des Scandinaves jusqu'en Bourgogne.

911 – Charles le Simple, roi de France signe le traité de Saint-Clair-sur-Epte qui concède au chef viking Rollon un territoire autour de la Basse-Seine (qui sera appelé Normandie).

913 – Pillage de l'abbaye de Landévennec, qui marque le début de l'invasion de la Bretagne.

919 – Prise de la ville de Nantes avec installation permanente dans l'estuaire de la Loire de 919 à 937 (camps de l'île Bothie - Nantes - et La Roche-Bernard en Bretagne).

939 – Expulsion des pillards de la région Bretagne.

Vers 983 – les Danois de Gascogne sont vaincus (Taller).

1013 – Raid dans l'estuaire de la Loire.

1017 – Fin définitive des raids Vikings dans le royaume de France avec un dernier débarquement de leurs troupes dans la région du Poitou.

De nombreux dépôts de cette période troublée de l'histoire de France sont à retrouver, notamment dans les zones de :

Les trésors templiers

De nombreuses personnalités ont cherché en vain ces trésors dans notre pays : Adenauer à Arginy, André Malraux à Gisors. Pour Michel Bagnaud, il faudrait concentrer ses recherches en Auvergne, dans les grottes de Jonas situées à Besse-en-Chandesse. Au 12e siècle, les chevaliers chrétiens de l'ordre du Temple en explorant les fondations de l'ancien temple de Salomon en Terre Sainte, auraient découvert d'immenses richesses qu'ils ont ramenés en France. La légende du "trésor des templiers" naquit le 13 octobre 1307, lors de l'arrestation des chevaliers résidants en France, car il ne fut jamais retrouvé. Les richesses fabuleuses du Temple restent donc toujours à trouver (trésor du Temple de Paris et dépôts des commanderies régionales). Cette institution religieuse, militaire et aussi financière était florissante et très puissante dans notre pays.

Elle disposait de milliers de commanderies, d'exploitations agricoles, de châteaux et de forteresses en Europe et en Terre Sainte. Les templiers participaient financièrement à la construction de cathédrales, d'églises et de nombreux autres monuments. Le roi de France, Philippe le Bel avait fait transférer le trésor royal au Temple de Paris sous leur protection. Ce roi, cependant était toujours en manque de finances, et il fit appel à de nombreuses reprises aux templiers pour renflouer ses caisses grâce à des emprunts. Autant dire que la richesse de cette institution était immense et beaucoup plus importante que celle de l'État royal.

La veille de l'arrestation des templiers, un cortège de trois chariots recouverts d'une couche de paille et une cinquantaine de chevaux quittèrent le Temple de la ville de Paris. Deux membres de cette institution, Hugues de Chalons et surtout Gérard de Villiers (Précepteur de France) étaient présents. Ils avaient été prévenus près d'un mois avant la date fatidique, de l'arrestation des membres de cette communauté et sans doute informés de cette opération de police royale par le pape Clément V.

Ce dépôt des plus historiques, est reconnu par la plupart des chercheurs et des historiens, et il serait caché selon diverses sources soit en France soit en Angleterre. Le trésor mythique des templiers serait à rechercher en priorité dans la propriété familiale de Gérard de Villiers. Un sondage sérieux dans son fief familial devrait permettre de découvrir une, voire plusieurs salles souterraines, et de mettre la main sur ce dépôt mythique. Une autre piste le situerait dans le domaine de Beaujeu situé dans le Rhône et fief de Guichard de Beaujeu le neveu de Jacques de Molay qui lui avait fait subir un rite d'initiation.

Certains chercheurs pensent qu'il se trouverait dans l'une des salles du château d'Arginy (Charentay), dont la forteresse est actuellement en ruine. D'autres sont certains qu'il se trouve bien présent dans le château de Valcroz (Trigance dans le Var). Quelques chercheurs, par ailleurs, sont persuadés qu'il serait caché en forêt d'Orient, dans l'Aube et près de la ville de Troyes, sur le site de la plus vieille commanderie de France. Selon l'écrivain Gérard de Sède, il aurait été déposé en Normandie dans une chapelle souterraine située sous le château de Gisors dans l'Eure : en 1946, après le départ des Allemands, qui ont effectué des fouilles sur ce site afin de retrouver ce trésor, le jardinier Roger l'Homoy (du château de Gisors) a toujours affirmé avoir découvert, sous le donjon, une salle remplie de coffres, de sarcophages et de statues... Des prospections et des fouilles officielles, menées par les autorités françaises après la guerre, n'ont pas permis de retrouver cette salle souterraine aux trésors. S'agit-il d'une réalité historique ou d'une histoire inventée de toutes pièces?

Les cartes maritimes anciennes sont parfois de véritables trésors

Les cartes espagnoles de navigation du 15e siècle étaient gardées secrètes, et il faudra attendre l'année 1507 pour que le premier document portant le nom de l'Amérique, dessiné en France, soit édité entre cinq cents et mille exemplaires. La carte représente le monde divisé entre douze segments qui sont imprimés sur une seule feuille. Une carte de cette série, qui est parvenue jusqu'à nous, cédée par une bibliothèque allemande, a été acquise en 2001 par la bibliothèque de Washington pour dix millions de dollars.

En 2012, une autre carte, de petit modèle, mesurant 38 x 27,5 cm, a été retrouvée par hasard, dans une bibliothèque universitaire allemande, entre les pages d'un livre du 19e siècle. Ce planisphère, cartographié par Waldseemüller (1470-1522) à Saint-Dié-des-Vosges, porte le mot « AMERICA » en hommage à l'explorateur Amerigo Vespucci ; seuls cinq exemplaires de ce document sont actuellement répertoriés dans le monde. De grand format (1 290 x 2 320 mm), cette pièce exceptionnelle fut imprimée en au moins quatre éditions sur douze planches séparées de 430 x 590 chacune, par le procédé de la xylographie. La carte représentant une illustration fidèle du monde, intitulée « Universalis Cosmographia » est accompagnée d'un livret contenant un traité de géographie « Cosmographia Introductio... » avec cinquante-deux feuillets. Il s'agit de la première carte murale réalisée par la technique de l'imprimerie. Seules trois institutions possèdent cette carte : l'Université du Minnesota, la Bibliothèque Nationale de la Bavière et la Bibliothèque Municipale d'Offenburg. Il convient de signaler aussi qu'aucune carte de ce globe terrestre imprimé n'a été retrouvée à ce jour en France.

Un exemplaire du planisphère de Waldseemüller a été vendu en 2005, en Angleterre, pour le montant de 545 600 livres sterlings.

Un portulan sur vélin (carte marine des premiers navigateurs), daté de 1643, et exécuté par un pilote malouin, a été vendu en 1999 pour la somme de 250 000 francs.

Départements 38, 73, 63, 48 - Les trésors du bandit Mandrin (1725-1755) (Isère, Savoie, Puy-de-Dôme, Lozère)

Ce "Robin des Bois français" est l'un des plus célèbres bandits de notre pays. Entre 1753 et 1756, il mit en place dans sa région du Dauphiné, un réseau de contrebande afin de lutter contre les abus de taxation de la "Ferme Générale". En 1754, il recrute une équipe composée notamment de contrebandiers et de soldats déserteurs, et déclare la guerre aux Fermiers généraux chargés de collecter les impôts. Au fil des ans, il finit par accumuler une fortune personnelle considérable. Capturé, jugé, il fut roué vif dans la ville de Valence en 1755.

Question : que sont devenus les trésors du bandit Mandrin ? Quelques pistes intéressantes sont dévoilées avec des lieux, mentionnés ci-dessous, qui sont à prospecter en priorité :

- À Saint-Étienne-de-Saint-Geoirs (Isère), une cassette serait enfouie dans le jardin ou dans un souterrain de sa maison natale (actuellement détruite).

- D'autres dépôts à signaler en Haute-Savoie, dans le Château de Mauchamp à St-Maurice-de-Rotherens et dans un bois proche du village de Magland, près d'un dolmen qui est actuellement détruit.
- Dépôt supposé à Chambaran (près de Saint-Marcellin).
- À Verel-de-Montbel (Savoie), il aurait dissimulé dans les Hautes Roches qui entourent le village (falaises de Banchet), une bourse contenant des pierres précieuses et des monnaies d'or.
- Au château de Rochefort et à l'est de cet endroit, dans une grotte dite "de Mandrin", des dépôts de grandes valeurs auraient été laissés en mai 1755.
- Dans la forêt du Vercors, près du Camp de César, il aurait enterré 25 000 livres en or.
- Dans le Dauphiné, il utilisait comme cachette des cavernes comme celle de la Balme.
- En décembre 1754 (au-dessus d'Ambert dans le Puy-de-Dôme), lors de sa dernière virée, Mandrin a laissé une partie de son butin au bord de la route, à 4 kilomètres de la ville, le long de la vieille route.
- Un autre dépôt serait enterré au pied d'un chêne, près du chemin qui traverse la forêt de Gaillot-Candit, entre La Biousse et la Rivoire.
- À Mende-en-Lozère, il aurait habité la Maison Oziol, rue d'Aigues-Passes dont la bâtisse existe toujours : tradition locale d'un dépôt à cet endroit.

Le trésor de Jacques Cœur (vers 1400-1456) Loire, Cher, Paris...

Ministre du roi Charles VII et grand argentier dans la première moitié du 15e siècle, mais soupçonné de malversations, Jacques Cœur fut arrêté et condamné à la prison à vie. Ce personnage - le plus riche de son temps - suscita de son vivant et surtout après son décès une multitude de légendes populaires sur sa richesse... Avant son arrestation par les troupes du roi, il aurait caché son immense fortune dans son hôtel particulier ou dans son palais situé à Bourges. Le "Palais Jacques Cœur" constituerait une cachette idéale, car ses souterrains forment un véritable dédale sous la ville de Bourges. Une autre tradition de trésor existe dans les souterrains de Rouillères-Ambierle. Jacques Cœur fut aussi le propriétaire de nombreux domaines dans le Val de Loire et dans d'autres régions. À Paris, il avait un hôtel particulier aux 38 et 42 rue des Archives.

Les seigneuries de Saint-Haon-le-Châtel et de Roanne lui appartenaient. Sa fière devise peut encore se lire, de nos jours, sur le château de Boisy « À cœur vaillant rien d'impossible ».

Liste de trésors fabuleux qui reposent à l'étranger

Afrique du Sud : le trésor de la reine de Saba ou du fabuleux dépôt des mines du Roi Salomon.

À Pella, dans la vallée de la Koa (fleuve Orange) un amas de joyaux (diamants et gemmes) et de pépites d'or repose au fond d'un gouffre.

Amérique du Nord : dépôts de pirates

Dans la baie de Charlotte Harbor (Floride), reposent plusieurs trésors, dont celui de José Gaspar dit "Gasparilla" (enfouissement vers 1800).

Autriche : trésors nazis

Près de la ville de Bludenz dans le Vorarlberg, des objets de grande valeur auraient été enterrés près du lac Lünersee ou de Lün. En 2013, deux caisses de bijoux et de monnaies ont été récupérées dans le lac de Walenstaat (entre la Suisse et l'Allemagne).

D'autres trésors existeraient : l'un dissimulé lors de la débâcle allemande en 1945 dans le Tyrol autrichien ; un autre de la même période, dans le lac Toplitz.

Dans la ville d'Altaussee, se trouve l'enfouissement du nazi Ernst Kaltenbrunner, qui finit au bout d'une corde à cause de ses nombreux crimes de guerre. Depuis l'année 1945, le magot se trouverait, selon certaines sources, dans le lac de sa propriété nommée « la forteresse alpine ». Il serait composé de 50 caisses contenant 2 tonnes de lingots d'or.

76 kilos de matière précieuse furent mis au jour à la fin de la dernière guerre par les Américains. Une prospection sérieuse du lac d'Anchensee, à Pertisau serait à envisager...

Belize (ex-Honduras Britannique) : le trésor du pirate Hamelin

Ce flibustier français dont le nom était Pierre Egron, est mort à Saint-Thomas vers 1696, il aurait enfoui un dépôt au large des côtes et à 100 kms, à l'est de l'île Turneffe.

Bolivie : le secret des Jésuites (forteresse de Plazuela)

Ce dépôt fabuleux est dissimulé sous une colline boisée, au sommet plat, appelée "El Caballo Cunco" et au croisement des rivières Kato et Sacambaya (ce qui signifie *: rivière visible sur les trois* côtés). Une grande dalle mène à l'entrée d'une caverne.

Il se trouve que les revenus des mines étaient entreposés dans des galeries souterraines taillées dans le roc. Il existe un vaste labyrinthe de faux couloirs et d'impasses, conçu pour égarer les curieux et les chercheurs dans un système souterrain des plus complexes.

Chili : le trésor de l'île de Robinson Crusoe

Sur l'*Isla Robinsón Crusoe* se trouverait un trésor censé contenir plusieurs tonnes d'or et de bijoux. Il aurait été enterré à cet endroit en 1714 par des pirates.

Cuba : trésors de la piraterie

L'île abrite les valeurs de Pepe Le Majorquin, tué en 1823 et celles du Français Latrobe qui fut enterré sur place vers 1809. Il faut chercher sur l'Isla de la Juventud (l'Île de la Jeunesse) ou sur celle de Los Pinos.

Égypte : le trésor de Renaud de Châtillon

Au fond du golfe d'Aqaba à proximité des côtes orientales du Sinaï, ce trésor serait enterré dans la forteresse de l'île du Pharaon (Jezirat Faraun), près de la côte égyptienne.

Grèce : le trésor d'Ali Pacha de Tebelen (1741-1822)

En 2010, dans un petit village grec, une « fièvre au métal précieux » s'empara des habitants... En effet, un chasseur de trésor reçut officiellement des autorités une autorisation de fouilles, avec pour but de mettre la main sur le butin d'Ali Pacha gouverneur de la région de l'Épire au début du 19e siècle (avant la révolution grecque, qui mit fin à quatre siècles d'occupation turque dans le pays). Celui-ci fut abattu par ruse en 1822 au cours d'une révolte populaire, mais l'immense trésor qu'il avait amassé pendant des années ne fut jamais retrouvé dans son palais. Des fouilles furent donc pratiquées par le prospecteur dans le village de Vassiliki (qui était le lieu de naissance de l'épouse d'Ali Pacha), mais sans résultats probants. En janvier 1823, Khursit Pacha, homme d'État et Général de l'Empire Ottoman participa à Loannica, à la guerre contre Ali Pacha. La place forte après un long siège tomba en 1821 et le Gouverneur Ottoman fut exécuté en janvier 1822. Khursit Pacha fut accusé à tort d'avoir dérobé le butin d'Ali Pacha. Humilié par cette accusation, il décida finalement de se suicider. Dans cette affaire, voici une piste à suivre pour le chercheur de trésors : avant la prise du château d'Ali Pacha, la légende fait état de coffres d'or immergés en secret lors d'une nuit sans lune, dans le lac qui domine le château ou la forteresse du Lac à Loannica.

Inde : le trésor de Nana Sahib

Lors de la révolte des Cipayes menée par Nana Sahib, Raja le râja de Bithoor, micro-État princier près de Kânpurdu Cawn, ce prince utilisa les souterrains du château de Bithour pour cacher ses richesses en 1857. Inde : le trésor du Raja Rao Ram Baksh Singh

Avant sa pendaison par les britanniques en 1858, le Raja Rao Ram Baksh Singh cacha son trésor à Daundia Khera sous un ancien fort. Le village se situe dans le nord du pays.

Inde : le dépôt de Jai Singh II (1700-1743)

Dans le fort de Jaigarh (Rajasthan) est enterré dans une salle souterraine disposant de plusieurs passages secrets le trésor de la dynastie des Kachwahas, composé de pièces d'or, de perles et d'une multitude d'objets précieux.

Indes : le trésor du Grand Moghol

Ce trésor de la fin du 17e siècle serait enterré près de Lucknow dans l'état de l'Uttar Pradesh à l'est d'Agra.

Indochine : les dépôts d'Ayoutia

Au royaume de Siam, de nombreux trésors royaux seraient cachés au nord de Bangkok.

Iran : l'or de Darius III Codoman (380-330 avant notre ère)

Ce roi de Perse de 336 à 330 fut vaincu par Alexandre, et assassiné par l'un de ses satrapes. Son or est certainement le plus gros trésor enfoui de tous les temps... Une partie de ce dépôt fabuleux a été volée en 334 par le Alexandre le Grand (pillages des villes de Suse, Issos, Damas et Persépolis). À Persépolis, il aurait récupéré 9000 talents d'or et 40000 pièces d'argent soit 1 000 tonnes de métaux. Diodore de Sicile, rapporte que la récupération de ce butin a nécessité pour son transport 3000 chameaux et 10000 paires de mulet... À la même époque le monarque vainqueur aurait dérobé en Perse 750000 talents[1], soit environ 20 tonnes de métaux précieux avec des joyaux et d'autres objets de grande valeur. L'enfouissement de l'or de Darius III fut probablement effectué dans sa résidence d'été à Ecbatane, endroit nommé aujourd'hui Hamadan (au sud-est de la ville de Téhéran).

Nota : Le talent d'or est équivalent à 26,2 kilogrammes.

Italie : les lires de Buffarino Guidi

Ce ministre de l'Intérieur Italien aurait dissimulé cent millions de lires près des rochers Calafuria à Livourne lors de la Libération

Lybie : le trésor de Kadhafi

C'est dans le désert, que reposeraient les quatre tonnes d'or et 500 millions de dollars du dictateur bédouin Mouammar Kadhafi.

---

1 Le talent d'or est équivalent à 26,2 kilogrammes.

Madagascar : les richesses du Soleil d'Orient

Au large de Madagascar, depuis l'année 1681, reposent des richesses fabuleuses. Éric Surcouf, chercheur d'épaves, pensait avoir localisé l'emplacement du navire "Le Soleil d'Orient" englouti au fond de la mer. Après des années de recherches en archives maritimes, il aurait déterminé que le navire avait sombré peu de temps après son départ. Il serait donc au large de la pointe d'Itzpere, située à 4 lieues au nord-est de Fort-Dauphin.

Cette épave est probablement l'une des plus riches des fonds marins, et n'a malheureusement jamais été retrouvée. Dans sa cargaison, d'après un inventaire d'une trentaine de pages, se trouvent soixante caisses remplies d'objets en or et en argent... chaînes en or, coffres précieux, vases, diamants, flacons, vases, aiguières et services de table, etc. Ce navire de 1 000 tonneaux, construit au chantier naval de Lorient en 1681, était armé de 60 canons.

Mongolie : la tombe de Gengis Khan (vers 1155-1227)

Au nord-est de la Mongolie, une légende locale raconte que la rivière aurait été détournée pour dissimuler le riche tombeau de Gengis Khan. Certaines sources anciennes prétendent également que son emplacement serait situé dans les environs du Mont Burkhan Khaldum à l'endroit appelé Ikh Khorig ou dit le « Grand Tabou ».

Pérou : sur la piste du trésor des Incas

Le mythe des cités d'or naquit avec la découverte de l'Amérique et il existera encore pendant de nombreuses années à faire rêver les "Chercheurs de trésors". Cette légende, avec ses bases historiques, est nommée El Dorado ou "L'homme doré" et elle correspond pour le public à une source intarissable d'or. En 1532, l'espagnol Francisco Pizarro et ses troupes entrent dans Cajamarca. Il est enfin arrivé, après plusieurs expéditions, dans le fameux Eldorado, ce fameux royaume de l'or. Avant l'arrivée des Espagnols, les richesses étaient détenues à Cuzco et entassées dans le Temple du Soleil (nommé Coricancha, ce qui veut dire "l'enceinte de l'or"). En 1533, Pizarro est présent dans la capitale inca et en profite pour prendre en otage l'empereur Atahualpa, il exige une rançon. Les Espagnols pillèrent ensuite le temple. Les plaques d'or du monument religieux principal furent arrachées et les momies des anciens empereurs Incas profanées... Cependant, tous les objets précieux ne tombèrent pas entre les mains des envahisseurs : de l'or serait caché dans la forteresse de Sacsahuaman. Cette place forte est située à deux kilomètres au nord de Cuzco, et elle serait reliée au fameux Temple du Soleil par un réseau complexe de souterrains. Dans une caverne proche de Villaconga, sont cachées des plaques d'or de l'Empereur Huascar. Selon certaines traditions péruviennes, des objets précieux reposeraient au bord du lac Titicaca, dans l'ancienne cité de Tiwanaku (Tihuanaco).

Polynésie Française : le trésor des Jésuites espagnols

À Pinaki, dans l'archipel des Touamotou se trouve mis à l'abri depuis 1865 un dépôt des plus importants, constitué de pierres précieuses, d'or, d'argent et d'objets de culte. Il serait situé vers Hiti et un témoin aurait évoqué : « Soixante marches taillées dans le corail » pour situer son emplacement.

Polynésie Française : le magot de Félix Von Lückner

À Mopelia, dans un atoll des Îles Sous-le-Vent, une caisse de monnaies d'or aurait été dissimulée par Félix Von Lückner également appelé « Le pirate du Kaiser »

Thaïlande : un trésor engouti

Dans le lac Phayao (ou Payao) une cité engloutie à faible profondeur recèlerait un riche dépôt.

Tibet : l'Agartha

Ce royaume souterrain mythique, s'il existe, abriterait l'un des plus fabuleux trésors qu'un humain puisse découvrir...

Venezuela : l'or du pirate Mugnoz

Ce trésor se trouverait dans une grotte de l'île d'Aruba

Viet-Nam : les richesses de Vhin Tang

Ce pirate chinois aurait déposé ses richesses sur un îlot de la baie d'Along. Le célèbre chercheur de trésor Tony Manuel s'est intéressé à ce dépôt durant de nombreuses années.

Russie : trésors du Lac Baïkal

L'or du Tsar et autres riches cargaisons furent perdues lors de naufrages à l'époque de la Révolution Russe

Russie : les trésors de Moscou

Le 19 octobre 1812, Napoléon 1er, Empereur des Français décide de rester dans la capitale Russe (en cendres), après avoir attendu en vain pendant de longues semaines la capitulation du pouvoir Russe. Mais l'hiver arrive subitement et la température baisse d'une manière inquiétante, forçant les troupes françaises à partir rapidement. Commence alors une longue retraite dans la douleur pour les troupes de l'empereur. Lors de cette déroute militaire, les trésors pillés, devinrent des plus encombrants... Avant Smolensk, c'est une incroyable quantité de métaux précieux (objets et vaisselle en métaux précieux) qui fut dispersée dans plusieurs rivières lors de la progression des soldats. Au fil des jours, les routes sont jonchées de cadavres d'hommes et de chevaux morts de froid et d'épuisement ; certains furent même à plusieurs reprises pris en embuscade et massacrés par les cosaques. Fin novembre, il ne reste plus de l'armée française, que 100 000 individus... En catastrophe, le gros de l'armée passe alors la Bérézina, sur des ponts de fortune, y précipitant, lors de son passage, des pièces de valeurs et une grande quantité de matériel militaire qui sont donc perdues. Ainsi disparurent une multitude d'objets précieux, de monnaies, des perles, des diamants, des rubis, des saphirs, des crucifix, des œuvres d'art diverses et même des couronnes royales de Tsars... En 1896, et même récemment, des dragages effectués dans le lit de rivières par des prospecteurs Russes permirent de remonter à la surface des vestiges de cette Campagne de Russie (ossements, pièces d'or et d'argent, plats et vases précieux...).

Philippines : l'or caché des japonais

Lors de la Seconde Guerre mondiale, le Général Tomoyuki Yamshita aurait constitué un immense trésor de guerre estimé par la CIA à 10 milliards de dollars. Les chercheurs de trésors, en quête de cet or, ont tout lieu de croire que le butin du Général Japonais se trouve toujours, en grande partie, dans la ville de Manille. Ce trésor fabuleux serait enterré dans une cave voûtée du Fort Santiago. Des centaines de caisses contenant des valeurs se trouvent donc encore de nos jours sous l'ancienne forteresse. L'ancien Président de la République des Philippines, Ferdinand Marcos (1917-1989) aurait, selon certaines sources bien informées, récupéré une grosse partie de ce dépôt de guerre. À signaler qu'un autre dépôt de cette période tragique de la dernière guerre dans le Pacifique fut mis au jour près du lac de Caliraya (situation à quelques kilomètres à l'est de Manille).

Zimbabwe : le trésor royal, du roi Africain Lobenguela

Dissimulé dans une vallée du Zambèze et en priorité à rechercher à Bulawayo, ce trésor serait composé de sacs d'or, de diamants et d'ivoire. La légende parle d'une vingtaine de chars à bœufs chargés de richesses

PARTIE 5

LES MÉTÉORITES

Pour mémoire : le 7 novembre 1492 est tombée à Ensisheim, en Alsace, une chondrite au poids de 127 kg et durant le 19e siècle, 64 chutes de météorites ont été répertoriées dans notre pays.

À LA QUÊTE DES MÉTÉORITES TOMBÉES EN FRANCE

Les mystères de l'univers et les météorites fascinent l'homme…

Le 7 novembre 1492 est tombée à Ensisheim, en Alsace, une chondrite au poids de 127 kg et durant le 19e siècle, 64 chutes de météorites ont été répertoriées dans notre pays.

Une météorite vient de l'espace, et il s'agit la plupart du temps d'un fragment d'astéroïde, mais seules plusieurs centaines sont d'origine martienne ou lunaire ; une météorite sur mille proviendrait de la lune, de la planète Mars ou de l'astéroïde Vesta placé dans la ceinture principale[1].

Elles possèdent, pour la plupart, un corps solide d'origine extrasolaire qui atteint la surface de notre terre, subit, à un moment donné, son attraction, et finit par chuter sur notre planète…

Ces débris, solides, pour la plupart, sont constitués d'éléments chimiques comme le fer ou le nickel qui sont assemblés en minéraux, et ressemblent le plus souvent aux roches terrestres.

Ces objets extraterrestres se sont formés, il y a 4,56 milliards d'années dans la voie lactée, et proviennent donc le plus souvent de petits corps célestes du système solaire.

Tout au long des siècles, ces débris solides d'origine extraterrestre, ont été considérées comme des objets sacrés par les cultures et les civilisations anciennes (par exemple : la pierre noire de Kaaba à la Mecque). Les météorites ont été utilisées par l'Homme comme bijoux et armes, telle

1 Région du Système solaire située entre les orbites de Mars et de Jupiter. Elle contient un grand nombre d'astéroïdes (Wikipédia)

la dague en fer météorique trouvée dans le tombeau de Toutankhamon (Pharaon d'Égypte, fils d'Akhenaton vers 1345-1327 avant notre ère).

Les scientifiques classent les météorites en trois variétés :

- Les météorites pierreuses nommées "aérolithes" (92 % des météorites)[1],
- Les météorites métalliques appelées "sidérites" (6 % des chutes),
- Les météorites métallo-pierreuses dites "mixtes" ou "sidérolithes" qui représentent environ 2 % de l'ensemble.

Les météorites dites non différenciées ou primitives gardent en mémoire le début de la formation des planètes au niveau du système solaire. Leurs structures et leurs éléments nous informent sur la nébuleuse primitive.

Les météorites différenciées sont des roches terrestres dont la matière a été fondue et transformée (donc leurs compositions chimiques et leurs structures).

Les spécimens de météorites en pierre possèdent des structures internes qui sont donc connus sur notre planète terre.

Les chondres comptabilisent 8 % des chutes enregistrées et ces objets sont divisés en trois classes : les ordinaires, les carbonées et les chondres à enstatite (espèce minérale du groupe des silicates).

La composition des météorites dépend de leurs corps d'origine :

Les primitives (chondrites) sont donc bien des fragments de corps rocheux qui se sont formés en même temps que le soleil. Elles fournissent des informations essentielles sur l'origine du système solaire et notamment sur son âge.

Les différenciées sont des témoins de l'évolution des planètes, et contrairement aux météorites primitives leur évolution est analogue à celle des planètes internes du système solaire.

1

Comment reconnaître une météorite d'un simple caillou ?

Pour résumer, il existe deux principaux groupes :

1- Les météorites non différenciées ou chondres (93 % des chutes)

Ce sont celles que l'on retrouve le plus facilement ; elles sont constituées en majorité de silicates et aussi parfois de roches carbonées, et présentent des traces de fer à l'intérieur du corps. Si vous avez la chance de mettre la main sur ce type de météorite lors d'une prospection, il y a neuf chances sur dix pour que ce soit un chondre.

Dans le cas d'une chute récente, la météorite ressemble à une pierre noire, lourde et présentant des taches blanches, beiges ou brunes et dans tous les cas avec une couleur plus claire que sa surface. Si l'objet extraterrestre présente des traces de fer avec de la rouille, elle attire en général l'aimant. La croûte de fusion de la météorite est visible et de couleur noire. Il est possible de distinguer à la surface un bouclier de fusion avec des lignes de fuites et des regmaglytes (encoches en forme de doigt). Il est à noter que les regmaglytes sont bien des encoches qui se présentent comme des « coups de pouce dans de la pâte à modeler », et qui sont formées pendant la traversée de l'atmosphère sur la surface d'une météorite.

Lors d'une chute ancienne, il est très difficile de reconnaître une météorite. En effet, la croûte de fusion est souvent érodée ou a disparu complètement. On distingue des traces de rouille sur toute la surface de la pierre et l'aimant est attiré.

Il convient de signaler aussi que le plus souvent, on est obligé de couper un morceau de la météorite afin de distinguer des petits grains de métal dans la roche et de révéler ainsi la présence de chondres (preuve formelle d'un objet qui vient de l'espace).

Ne pas hésiter à utiliser une lime et à râper un endroit situé dans un coin de l'objet tombé du ciel. En effet, si vous apercevez après cette opération des morceaux de métal ou des petites billes (chondres ou météorites non différenciées), c'est un très bon signe...

2. Les météorites différenciées

A. Les achondrites (silicatées en majorité).

Ce sont les plus pauvres en métal concernent environ 8 % des chutes pierreuses, et elles sont dépourvues de chondres. Les chutes de ce type sont des plus rares et ces météorites sont donc les plus difficiles à expertiser à l'œil.

En cas de chute récente, la pierre possède une croûte de fusion et sa couleur est noire. L'intérieur de la météorite est le plus souvent de couleur clair, blanc, gris ou vert. L'aimant, dans 98 % des cas ne vas pas reconnaître l'objet.

Si la chute est ancienne, il est le plus souvent impossible d'identifier la météorite d'un simple caillou d'origine terrestre.

Sachez-le, certains types de pierres très rares n'attirent pas l'aimant.

Ces objets extraterrestres présentent une densité plus dense qu'une roche terrestre.

B. Les météorites dites "sidérites" ou ferreuses

Elles viennent du noyau de gros astéroïdes : il est très difficile d'identifier ce type d'objet, car le plus souvent il existe une oxydation de surface avec une couleur rouille. Elles sont composées de nickel et de fer et attirent donc systématiquement l'aimant.

Il convient aussi de polir une petite surface et de mettre de l'acide nitrique : si des figures de Widmanstätten apparaissent sur votre météorite, vous pouvez être certain de l'authenticité de celle-ci.

C. Les sidérolithes (1 % des chutes)

Il s'agit d'une météorite dite « Ferro-pierreuse » ou mixte avec du fer et du nickel ainsi que des particules de silicate : elles se présentent comme les sidérites, mais on distingue par endroits des grains cristallisés d'olivine (mélange de métal et de silicates).

Comme on le sait, la grande majorité des météorites provient de la ceinture d'astéroïdes qui est située entre les planètes Mars et Jupiter.

Chaque jour, 230 météorites de plus de dix grammes tombent sur notre planète terre... En 2018, près de 60000 météorites sont classifiées officiellement, et que 1500 autres sont rajoutées chaque année par la Meteoritical Society dans son classement (Annual Meetings of the Meteoritical Society). Cette "Scientifique Société" a été fondée dans l'année 1933.

Il est bon de signaler, et selon la Nasa, que 84000 météorites atterrissent au sol chaque année dans le monde et que 4422 possèdent un poids supérieur au kilogramme. Il est à noter que le chasseur de météorites fait toujours la distinction entre une météorite retrouvée grâce au hasard et celle récente dont on a identifié précisément la chute (donc peu de temps après son arrivée sur terre). Il faut dire que récolter une météorite juste après sa chute est vraiment exceptionnel. Il est cependant possible de récupérer au sol, avec ou sans détecteur de métaux, en France comme à l'étranger, lors d'une balade dans les champs, ruisseaux ou sur le bitume d'une route, un objet mystérieux pour son origine, et qui provient de l'espace.

Si vous partez à la "chasse aux météorites", il vous faut prévoir, obligatoirement, l'usage d'un aimant, car la majorité d'entre-elles sont, comme il a été dit, constituées de fer et de nickel (attirance de l'aimant).

Des météorites énormes dans les Ardennes (Mont-Dieu)

Une extraordinaire découverte a été effectuée le 23 juin 2010 par un prospecteur amateur avec un détecteur de marque « Technipulse ». En effet, il s'agit de la troisième plus grosse météorite retrouvée à ce jour dans notre pays. Cette météorite au poids de 364 kg provient d'une forêt des Ardennes et plus précisément du Mont-Dieu (arrondissement de Sedan). Cet objet extraterrestre est une météorite de type sidérite octahédrite. Il faut dire qu'en 1994, cinquante et un morceaux d'un poids de 360 kg ainsi qu'un autre pesant 435 kg ont été retrouvés sur ce site. Une quinzaine de jour après cette fabuleuse trouvaille, le préfet des Ardennes réquisitionne la météorite au profit de l'État. L'inventeur refusant de se laisser spolier assigne le préfet devant les tribunaux (Tribunal de Grande Instance de Charleville-Mézières). Les juges, à la suite du traitement judiciaire de cette affaire, estimant que les météorites ne faisaient pas l'objet de patrimoine national, ont donc ordonné, le 18 avril 2014, la restitution de la météorite à son "inventeur" qui fut à l'origine de cette trouvaille).

Orne : une pluie de météorites

En 1803, des milliers de météorites tombent à l'Aigle dans le département de l'Orme. Leur nombre est évalué entre 3000 et 2000, le plus gros morceau récupéré pesait 8,5 kg et les plus petits pèsent entre 8 et 7 grammes.

Ces objets extraterrestres tombés en Normandie sont à rechercher au nord de cette ville et il convient de prospecter aux lieux-dits : la Blandinière, le Bois de la Ville, le Teil ou Corboyer et de quelques autres situés à proximité de l'endroit de la chute.

Vous pouvez contacter, à fin d'identification, le Museum National d'Histoire Naturelle : M.N.H.N.P. - Laboratoire de Minéralogie et Cosmochimie du museum - C.N.R.S. – umr 7202 - case 52 - 57 rue Cuvier 75005 Paris

Un spécialiste et chasseur de météorite en France :

ALAIN CARION - 92, Rue Saint-Louis-en-l'Île - 75004 PARIS - contact@carionmineraux.com

Tests à effectuer lors de la découverte d'une météorite

- Il convient sur la surface, de vérifier la présence d'une croûte de fusion habituellement d'aspect noirâtre et sur une épaisseur d'environ un millimètre.
- Il faut voir si vous êtes en présence d'une météorite pierreuse. Pour ce faire, polissez un morceau de l'objet et vérifiez ainsi la pré-

sence de chondres, des grains de métaux disséminés au milieu de la roche caractéristiques d'un objet extraterrestre.

- Vérifiez si la pièce réagit à l'aimant (avec des métaux contenant du fer, il y a attraction).
- Munissez-vous d'une boussole et faites bouger le morceau de météorite. L'aiguille doit suivre le déplacement de celui-ci (plus de neuf météorites sur dix réagissent à l'aimant à cause du mélange de fer et de nickel).
- Constatez la présence de regmaglypes (aspérités en forme de creux). Elles sont visibles sur certaines météorites.
- L'aspect extérieur d'une météorite doit être arrondi et non anguleux.

Si tous ces tests sont positifs, vous êtes sans aucun doute en présence d'une météorite et donc, l'heureux possesseur d'un objet extraterrestre.

LA VALEUR MARCHANDE D'UNE MÉTÉORITE

Un gramme de météorite peut valoir de moins d'un euro jusqu'à plusieurs milliers d'euros.

Tout dépend de l'offre et de la demande, de sa composition, de sa masse, de son intérêt scientifique de son esthétique et aussi de son historique...

Les ferreuses, par exemple pour les moins rares, sont estimées entre 100 et 150 euros le kilogramme...

Prix pratiqués dans le marché mondial des météorites :

- Entre 0,50 et 30 euros le gramme pour les sidérites, qui sont les plus abordables,
- Les chondrites carbonées valent 100 euros le gramme,

- Les achondrites atteignent plus de 200 euros le gramme,
- Entre 500 et 2000 dollars le gramme pour les martiennes et les lunaires.

Des tests poussés en laboratoire sont le plus souvent obligatoires afin de pouvoir identifier de façon formelle ce type d'objet.

L'analyse isotopique des chondres nous renseigne sur les évènements antérieurs à la formation du système solaire.

Questions pouvant venir à l'esprit au sujet de ces objets qui viennent d'autres mondes :

Y aura-t'il de prochaines découvertes de météorites en provenance de Mercure ou de Vénus voire de satellites de Jupiter?

Sera-t-il possible, alors de reconnaître ces objets extraterrestres?

Liste Des Chutes Répertoriées De Météorites En France

Agen, 1814, Lot-et-Garonne,

Aire-Sur-La-Lys, 1769, Pas-de-Calais,

Alais, 1806, Gard,

Alby-Sur-Chéran, 2002, Haute-Savoie,

Angers, 1822, Maine-et-Loire,

Apt, 1803, Vaucluse,

Asco, 1808, Corse,

Aubres, 1836, Drôme,

Aumières, 1842, Lozère,

Ausson, 1858, Haute-Garonne,

Bacqueville, 1999, Haute-Normandie,

Barbotan, 1790, Gers,

Bettrechies, 1934, Hauts-de-France,

Beuste, 1859, Pyrénées-Atlantiques,

Bouvante, 1978, Drôme,

Chantonnay, 1812, Vendée,

Charsonville, 1810, Loiret,

Chassigny, 1815, Haute-Marne,

Château-Renard, 1841, Loiret,

Châteauroux, 2015, Indre,

Chitenay, 1978, Loir-et-Cher,

Clohars, 1822, (Fouesnant), Finistère,

Cormeilles, 2006, Val-d'oise,

Draveil, 2011, Essonne,

Ensisheim, 1492, Haut-Rhin,

Épinal, 1822, Vosges,

Esnandes, 1837, Charente-Maritime,

Favars, 1844, Aveyron,

Galapian, 1826, Lot-et-Garonne,

Granes, 1964, Aude,

Henvic, 1991, Finistère,

Jonzac, 1819, Charente-Maritime,

Juvinas, 1821, Ardèche,

Kérilis, 1874, Côtes-D'armor,

Kermichel, 1911, Morbihan,

Kernouvé (Keranroue), 1869, Morbihan,

La Bécasse, 1879, Indre,

La Caille, Circa 1750, Alpes-Maritimes,

Laborel, 1871, Drôme,

La Chaux, 1846, Saone-et-Loire,

L'Aigle, 1803, Orne,

Lance, 1872, Loir-et Cher,

Lançon, 1897, Bouches-du-Rhône,

Le Pressoir, 1845, Indre-et-Loire,

Les Ormes, 1857, Yonne,

Le Teilleul, 1845, Manche,

Lucé, 1768, Sarthe,

Luponnas, 1753, Ain,

Marmande, 1948, Lot-et-Garonne,

Mascombe, 1836, Corrèze,

Mézel, 1949, Puy-de-Dôme

Mont-Dieu, 1994, 2010, Ardennes,

Montferre, 1966, Aude,

Montlivau, 1838, Loir-et-Cher,

Mont Vaisi, 1637, Alpes-Maritimes,

Mornand, 1875, Drôme,

Nancy, 1894, Meurthe-et-Moselle,

Orgueil, 1864, Tarn-et-Garonne,

Ornans, 1868, Doubs,

Plancy-l'Abbaye, 2003, Aube,

Quinçay, 1951, Vienne,

Saint-Caprais-de-Quinsac, 1883, Gironde,

Saint-Chinian, 1959, Hérault,

Saint-Christophe-la-Chartreuse, 1841, Vendée,

Sainte-Marguerite-en-Commines, 1962, Nord,

Saint-Germain-le-Pinel, 1890, Ille-et-Vilaine,

Saint-Mesmin, 1866, Aube,

Saint-Ouen-en-Champagne, 1799, Sarthe,

Saint-Sauveur, 1914, Haute-Garonne,

Saint Séverin, 1966, Charente,

Salles, 1798, Rhône,

Sauguis, 1868, Pyrénées-Atlantiques,

Toulouse, 1812, Haute-Garonne,

Villedieu, 1890, Côte-d'or,

Vouillé, 1831, Vienne

whites
M6

PARTIE 6

LA DÉTECTION MÉTALLIQUE

Tout savoir sur la détection métallique

La détection de loisir est agréable et facile à pratiquer.

Je vous invite à consulter en priorité le chapitre traitant des différentes lois en vigueur pour savoir à quelles exigences doivent se soumettre en France les chercheurs munis de détecteurs. Nous aborderons ici les autres points concernant la détection métallique.

Les détecteurs actuellement proposés sur le marché présentent une simplicité d'utilisation et des performances très appréciables sur le terrain. De plus, elles sont accessibles à tous les futurs prospecteurs de par leurs prix de vente sur le marché.

Mais il faut bien reconnaître que la recherche des métaux est aléatoire. Certaines personnes ont recherché assidûment toute leur vie un trésor, sans jamais rien trouver alors que d'autres, parfaitement novices, ont déterré des monnaies anciennes de valeur en argent ou en or à l'aide d'un détecteur bas de gamme ou d'un vieil appareil acheté d'occasion (ce que l'on nomme la chance du débutant).

La chance serait-t-elle une question de hasard ? En tout cas, il est certain qu'elle est presque toujours à l'origine de la découverte fortuite de trésors.

La détection métallique peut être considérée comme un loisir sportif. Elle se pratique sans limite d'âge, seul(e), en couple ou en groupe (avec d'autres passionnés, des amis ou en famille).

Ce passe-temps agréable permet, à tout un chacun, de remonter les couloirs du temps en détectant de vieux artefacts, de cultiver son esprit mais aussi de rester en contact avec l'histoire de son pays, avec la nature et l'environnement.

Les prospecteurs ne sont pas des pilleurs de patrimoine.

La grande majorité d'entre eux aiment leur pays, son histoire et ses vestiges.

Avec plus de 3 500 ans de mémoire métallique, et l'apparition de la monnaie au septième siècle avant Jésus-Christ, la France est une mine d'or pour celui qui est curieux de la mémoire de notre pays, de ses légendes et qui est collectionneur d'artefacts divers et de monnaies antiques (précieuses ou non).

La détection en chiffres

Entre 30 000 et 50 000 détecteurs sont vendus chaque année en France.

Plus de 500 000 prospecteurs (dont une estimation de 30 000 qui prospecteraient en permanence sur le terrain) sont recensés depuis une trentaine d'années

Il y a une communauté très active sur Internet avec de nombreux sites et blogs.

Plusieurs magazines de détection existent qui sont commercialisés auprès de plusieurs dizaines de milliers de lecteurs.

La prospection métallique est devenue un véritable phénomène de société avec une trentaine d'associations locales, trois fédérations et une multitude de revendeurs de matériel de détection.

En arpentant les bois et les champs avec votre "poêle à frire", vous entrerez dans un monde où les problèmes de la vie quotidienne n'existent plus et où le stress disparaît. Grâce à ce loisir sportif (activité manuelle avec marche active dans un milieu naturel – champs, bois, plages), vous vous délivrez de vos soucis du quotidien, déconnecté de la morosité ambiante, et votre attention ne sera alors plus occupée que par les signaux sonores ou visuels émis par votre détecteur qui vous informera en permanence de la présence ou non de métal sous son disque.

Si certains archéologues sont prêts à travailler avec les prospecteurs, qui trouvent des artefacts avec leurs appareils de détection, à accueillir leurs déclarations spontanées, étudier leurs trouvailles, les publier dans leurs revues scientifiques et archéologiques afin de sauver l'information, d'autres préfèrent pratiquer le soupçon systématique et même la spoliation ; ils sont ainsi à l'origine de la perte de confiance du citoyen envers les autorités culturelles et de la pertes d'informations qui auraient pu s'avérer précieuses pour des publications futures et donc pour le citoyen. Pour conclure, il faut bien comprendre que le prospecteur partage son environnement avec d'autres catégories professionnelles : archéologues, scientifiques, géologues, agriculteurs, etc. qui ne voient donc pas toujours d'un bon œil une intrusion dans "leur petit monde réservé".

Histoire et origine de la détection métallique

La véritable aventure de la détection métallique commence avec l'apparition de l'électricité. Un appareil de détection a pour vocation de localiser des objets en métal ou des pépites d'or grâce à une induction magnétique. Techniquement, cet appareil ne détecte pas le métal, mais utilise une conductivité à l'aide d'un phénomène physique nommé "induction électromagnétique".

Un peu d'histoire :

Une machine de détection de métaux apparaît pour la première fois dans le commerce dans les années 1870 sous le nom de *Gold Finder.*

En 1881, Alexander Graham Bell - chercheur spécialisé en sons, et inventeur du tout premier téléphone mais aussi d'un détecteur de métal - fut sollicité par des chirurgiens afin de retrouver une balle logée dans le corps du Président des États-Unis de l'époque, suite à une tentative d'assassinat.

En 1905, le détecteur aquatique Pc Evoy, donna la possibilité d'effectuer des recherches sous-marines : il s'agissait d'une bobine en forme de raquette tirée au bout d'un câble électrique par une barque ou un navire et qui permettait l'analyse du magnétisme. La présence d'un élément ferreux observé modifiait le magnétisme, ce qui se concrétisait par l'émission d'un son sur un écouteur.

En 1922, sont apparus les premiers détecteurs à deux têtes nommées "To box machine". L'électronique de ces appareils était simple de conception et le principe de fonctionnement identique aux détecteurs modernes.

Peu de gens le savent, mais c'est une français professeur à la faculté des sciences de l'université de Nancy), Camille Gutton, qui inventa en 1915, un appareil de détection métallique avec deux bobines ou deux têtes utilisant le principe des courants de Foucault afin de découvrir des balles dans le corps humain (usage pour la médecine) lors de la première guerre.

Un détecteur possédant une seule tête de détection (ancêtre des appareils modernes) sera utilisé de manière courante pendant les deux guerres mondiales sur les lieux de combats afin de retrouver des mines ou des obus (usage militaire).

Gerhard Fischer diffusera vers 1930 le premier *"Metalloscope"*.

Le détecteur de métal portatif a été créé en 1942 et fut utilisé principalement par les armées britannique et américaine. Il a également servi aux troupes allemandes entre 1940 et 1945 dans leur quête de dépôts précieux sur certains sites en France. La dernière guerre mondiale de 1940-1945 fut donc profitable à la production de masse de ces appareils qui se retrouvèrent à partir des années 1955-1959, dans les surplus américains, à la portée des particuliers ; le plus célèbre d'entre eux fut le modèle SCR-625 de l'armée américaine (environ 100 000 exemplaires produits avec huit modèles de A à H). Il servit dans l'armée française jusqu'en 1945, et fut utilisé lors de la guerre d'Indochine (1945-1954) puis en Algérie entre 1954 et 1962. Ce détecteur US permit de trouver quantité de mines terrestres, de douilles d'obus (récupération de métaux) et de trésors, mais la détection des métaux par des "amateurs archéologues" resta néanmoins confidentielle jusqu'à la fin des années 1970.

À partir des années 1980, la recherche métallique devint un loisir très populaire, avec la parution de livres et de revues sur les trésors et la détection métallique ("*Trésors de l'Histoire*"par exemple), mais aussi grâce à la commercialisation d'engins toujours plus légers et performants (il détectait un sesterce romain à 40 centimètres de profondeur).

De nombreuses boutiques ouvrirent, qui vendaient matériel et accessoires de détection. Des émissions radio et des reportages télévisés sur les "trésors perdus" firent une belle publicité et permirent une vente massive de détecteurs de métaux.

Les quatre familles de détecteurs

On distingue quatre familles de détecteurs de métaux :

- BFO (Battements de fréquences) : ces appareils ont été conçus avant la deuxième guerre mondiale.
- IB-TR (Balance induction-émetteur récepteur) : matériel fiable et précis avec basse et haute fréquence.
- VLF (Très basse fréquence) : détecteurs de métaux avec un système qui excelle en puissance et possède une excellente discrimination (ce sont les appareils les plus vendus).
- Induction pulsée : système qui affiche de belles performances sans être sensible aux effets de sol, mais qui présente des lacunes au niveau de la discrimination des métaux.

Principe de fonctionnement

Il faut rappeler, que techniquement, un appareil ne détecte pas le métal, comme il a été déjà dit, mais utilise un phénomène physique appelé *induction électromagnétique.*

Un détecteur fonctionne donc en exploitant un phénomène physique découvert par Michael Faraday en 1831.

Ce principe de l'induction électromagnétique présente une variation de champ magnétique sur tout objet conducteur de courant et qui se voit parcouru à l'intérieur de son volume par des courants électriques induits, appelés "*Courants de Foucault*". Les caractéristiques de ces fameux courants dépendent de la variation du champ magnétique et de la nature de l'objet.

Les courants de Foucault qui apparaissent au sein de l'objet génèrent à leur tout un champ magnétique rayonnant autour de l'objet détecté. Il suffira au détecteur de métaux d'analyser ce courant afin d'identifier la présence d'un objet métallique et, éventuellement, de déterminer son origine (le type de métal).

Les détecteurs de métaux fonctionnent sous un effet "Doppler", utilisé pour la mesure de la vitesse. Le principe repose sur la fréquence afin de mesurer la distance ou la force de résonance entre un émetteur et un récepteur. Plus la fréquence est basse et plus la pénétration dans les matériaux sera importante ; plus la fréquence est haute et moins les matériaux seront pénétrés par cet effet.

La plupart des appareils vendus dans le commerce sont, comme on le sait, des VLF (very low frequency) constitués de deux bobines décalées (la présence d'une cible métallique perturbe deux champs magnétiques et le courant induit est analysé et traité par un haut-parleur). Un disque plus lourd et de grand diamètre permet d'augmenter la puissance de l'appareil, mais en contrepartie la sélectivité se trouve réduite. L'augmentation du diamètre d'une palette de détection, en revanche, entraîne une meilleure détection des grosses masses et des monnaies.

Les grandes marques de la détection de loisir

Comparer les détecteurs permet de s'équiper d'un matériel efficace et répondant au mieux à vos besoins particuliers.

Les appareils très basse fréquence (VLF : very low frequency) sont les plus vendus en France (ils représentent 95% des ventes). Il y a de nombreuses marques et modèles de tous niveaux et de tout ordre de prix.

Les marques les plus connues : Minelab, C.Scope, White's Electronic, XP Déus, Tesoro (cessation d'activités en novembre 2018), Garrett, Bounty Hunter, Fischer, Nokta, Quest Deteknix, Makro, Coiltek, Technipulse

Les prospecteurs passionnés, amateurs avertis, experts ou professionnels, doivent bien sûr se diriger vers des modèles "haut de gamme".

Un détecteur à Induction Pulsée (IP) sera plus performant qu'un VLF, en cas de détection à grande profondeur.

Cependant, ce type d'appareil, pour la plupart des modèles proposés, ne disposera pas d'une discrimination des petits objets ferreux, et cela représente un inconvénient majeur pour de bonnes détections sur le terrain.

Prévoir son budget

Le choix du budget investi dans un loisir n'est pas anodin : au départ, mieux vaut partir sur le terrain avec au minimum un détecteur de moyen de gamme. Les modèles bas de gamme doivent être réservés à de parfaits novices, à des enfants par exemple. Un appareil de gamme moyenne, au budget raisonnable, vous donnera toute satisfaction, néanmoins il présentera moins de possibilités de réglages et aura des performances réduites en profondeur (au moins dix centimètres pour une monnaie de petit module).

Si votre objectif est de prospecter assidûment et de manière efficace, votre choix devra automatiquement se porter sur un modèle haut de gamme que vous pourrez utiliser pendant de nombreuses années. Le budget sera évidemment plus conséquent…

Plus un appareil de détection sera précis dans la localisation des cibles et puissant au niveau de ses performances, et plus vous ferez de trouvailles métalliques sur le terrain.

Il est primordial de faire votre choix en fonction de la nature du terrain prospecté et surtout du type de métaux ou d'artefacts si vous vous priorisez certaines recherches. Optez pour le modèle de détection métallique le plus polyvalent possible, en veillant à ce qu'il offre la possibilité de changer périodiquement de fréquence (par exemple, le modèle DÉUS du constructeur XP permet le choix entre plusieurs fréquences).

Le choix d'un modèle possédant une bonne discrimination et un réglage "effets de sol" se révèle à l'usage indispensable (ainsi, pas besoin de creuser en permanence et inutilement sur des petits ferreux).

Les grandes marques proposent aux amateurs et aux professionnels de la détection un large choix de matériel qui offre maintenant systématiquement cette possibilité de sélection des métaux détectés. C'est devenu réellement indispensable vu l'importance de la pollution métallique des sols actuellement.

Le prix d'un appareil de détection peut aller de quelques dizaines à plus de 10000 euros. Un minimum de 150-250 euros vous permettra de faire vos premiers pas avec un appareil entrée de gamme mais ses performances seront évidemment limitées.

Un appareils "moyenne gamme" sera plus performant et plus perfectionnés mais requerra beaucoup de patience et des heures d'entraînement sur le terrain, avant de bien l'avoir en main et surtout de maîtriser ses divers réglages. Il faut prévoir pour cette seconde catégorie un budget plus conséquent allant de 280 à 600 euros.

On trouve des détecteurs « haut de gamme" dès 700 euros. Un tel choix de produit vous apportera de nombreux bénéfices : légèreté de la canne, confort de la prospection avec d'excellentes performances...

Une fois équipé, vous pourrez donc être en mesure de sortir de terre des monnaies en différents métaux, des bijoux et aussi des masses métalliques comme des lingots d'or, et ce jusqu'à une profondeur de cinquante centimètres, voire plus... Par la suite, il sera toujours possible d'adapter d'autres disques de détection de formes concentrique, *double D* elliptique ou SEF voire avec des dimensions plus petites ou plus grandes (donc hors du standard classique) sur votre machine.

Bien choisir son appareil de détection

Pour faire le bon choix, posez-vous un certain nombre de questions en commençant par l'usage que vous comptez en faire :

- Type de terrains à prospecter (et avec ou sans minéralisations et pollutions métalliques, secs ou humides,...)

- Type d'objets que vous envisagez de trouver ou retrouver

- Nombre de sorties que vous envisagez de faire

En fonction de cela, vous déterminerez si un appareil léger vous sera ou non indispensable (lieux difficiles d'accès ou non), s'il doit pouvoir être immergé (recherche de métaux dans de l'eau, quelle fréquence vous sera nécessaire (pour trouver de l'or par exemple)...

Les autres critères de choix :

La discrimination : La plupart des appareils vous indiqueront de quel type est l'objet repéré. Ainsi n'aurez-vous pas à creuser à chaque fois que vous croiserez une capsule de soda.

La cible : Des appareils permettent d'identifier le degré d'intérêt de l'objet. La plupart émettent des signaux sonores différents selon l'objet en présence, d'autres proposent carrément de visualiser votre cible sur un écran LCD.

La fréquence : haute ou basse en fonction de ce que vous rechercherez. Plus la fréquence sera haute, plus les petits objets pourront être identifiés, mais cela ne fonctionne pas à une profondeur trop importante.

La sensibilité : Un son plus ou moins fort indique si l'objet est proche ou distant.

L'équilibre du sol : Pour les sols qui contiennent naturellement plus ou moins de métal, les appareils proposent selon votre usage des réglages automatiques ou manuels pour ignorer ces obstacles.

25% des trésors, mis au jour avec un appareil de détection, le sont à moins de vingt-cinq centimètres de profondeur.

Un appareil permettant des changements de fréquences permettra de prospecter pratiquement sur tous les types de terrain sans avoir de perte en profondeur.

Si vous préférez détecter sur les plages ou au bord des rivières, il conviendra de choisir un modèle efficace pour une détection sur des sols très minéralisés. Cette détection spécifique des plages, sur un sol mouillé ou sur un sable sec, se révèle variable en efficacité selon les marques et leurs modèles. Il ne faut donc pas hésiter à faire des essais – avec des étalons monnaies – sur le terrain avant de valider votre choix définitif.

Je considère que le choix d'un détecteur avec « discrimination et effets de sol » est de nos jours à privilégier, la pollution métallique dans les champs et les bois étant devenue un véritable fléau pour les prospecteurs.

Il vous faudra du temps pour vous familiariser avec les différents réglages et fonctions de votre appareil. Il suffit qu'un bouton de réglage du détecteur soit mal utilisé, pour perturber l'appareil et lui ôter toute efficacité.

Faites de nombreux essais « en blanc » avec des monnaies de métaux différents (alliages, or, argent, bronze, cuivre, etc.) et analysez à chaque passage les réactions du détecteur de métaux.

La discrimination et son utilité

Un métal est identifié par une valeur de conductivité qui est comparée par l'appareil avec celle reçue par la bobine lors de la détection d'une pièce métallique. Cela est dû au fait que le détecteur fonctionne grâce au décalage de phase. Grâce à ce phénomène, l'analyse va transmettre des informations pour une bonne connaissance du métal ciblé par le détecteur. Le fabricant indique des valeurs de références pour chaque *segment* de discrimination qui se charge de comparer les valeurs afin d'indiquer la nature de la cible. La conductivité d'un métal entre la théorie et la réalité, peut être différente ; il peut changer selon plusieurs paramètres : taille, orientation, profondeur, présence de plusieurs artefacts, conditions météo, etc.

Un ferreux de taille importante va sonner, de par sa masse, parce qu'il devient alors un bon conducteur métallique. Les métaux les plus conducteurs sont : l'argent, le cuivre, le bronze, l'or et aussi l'aluminium. Plus la discrimination est poussée, moins la profondeur de détection est importante. Une discrimination bien réglée vous permet d'identifier ou de rejeter une cible selon votre choix. Une règle d'or, cependant, à respecter impérativement : lors d'une prospection, moins vous discriminerez les métaux ferreux, plus vous trouverez de cibles.

Le Notch : il s'agit d'un mode de recherche qui permet de discriminer un ou plusieurs objets métalliques. C'est une fonction supplémentaire offerte par certains fabricants sur quelques appareils. En passant un type d'objet devant le disque, vous rejetterez tous les autres artefacts. Il est également possible avec ce système de conserver la détection de tous les métaux détectés et de n'en rejeter qu'un seul.

La réactivité et la sélectivité d'un détecteur de métaux, les effets de sol

La réactivité est la capacité à détecter une bonne cible au milieu d'objets ferreux. Le système ultra rapide d'analyse du signal émis par la bobine permet de différencier efficacement les cibles dans un milieu pollué par des ferreux sans valeur. Cette capacité réactive permet à l'appareil de prendre des cibles en milieu pollué avec un temps de coupure entre deux cibles détectées. Il s'agit du paramètre qui conditionne le comportement de l'appareil pour la vitesse d'analyse et de la sélectivité (le pouvoir de sélection entre les différentes cibles). Avec ce paramètre, vous multipliez les chances de trouvailles de valeur, et ce, quel que soit le matériel choisi, car plus un modèle est réactif sur le terrain, plus la vitesse de calcul est augmentée.

Pour conclure, une bonne réactivité est aussi la capacité à détecter un objet non ferreux situé à côté d'un ferreux.

Attention ! Il ne faut pas changer en permanence ce réglage de la réactivité, car vous risquez alors de déstabiliser votre appréciation sonore.

Avantages d'une bonne réactivité :

- Un meilleur résultat dans les zones minéralisées.
- Une augmentation de la vitesse de balayage de l'appareil qui permet de couvrir une plus grande surface dans un délai moindre. En effet, sur un sol pollué par les ferreux et autres débris minéralisés, la pénétration des ondes est réduite par un effet de masquage créé par la minéralisation.

Dans les zones fortement minéralisées le détecteur travaille avec difficulté lorsque les artefacts ferreux sont à proximité de non ferreux (cibles de valeur en principe pour les artefacts antiques). Ce problème, souvent rencontré sur le terrain, est le plus souvent à l'origine d'un "ratage" de cible.

La bonne réactivité d'un appareil augmente les performances, mais il convient de signaler au lecteur que l'utilisation au maximum de cette possibilité diminue réellement les performances en profondeur sur le terrain. À titre d'exemple, le modèle XP DÉUS a une réactivité réglable de 0 à 5.

Pour finir, lors d'une prospection sur un terrain non minéralisé, il est conseillé aussi de réduire la vitesse de balayage de la palette afin de ne pas rater une cible et de gagner aussi en profondeur.

La sélectivité ou le masquage d'une cible non ferreuse par un ferreux, c'est aussi la capacité d'un appareil de détection à prendre les cibles en milieu pollué. La sensibilité a pour but de diminuer ou d'augmenter la puissance des ondes lors de la pénétration dans le sol. Les faux signaux indiquent les premiers signes d'un environnement saturé de minéralisation. Dans ce cas, il convient donc, impérativement, de baisser par un réglage cette possibilité. Il est à noter que cette opération ne présente pas d'incidence sur la puissance émise par le détecteur. Deux facteurs sont à prendre en considération : la réactivité (voir ci-dessus) ou temps de coupure entre deux cibles et le choix adapté d'une tête ou disque à son appareil. En effet, il est primordial d'avoir une tête de détection en rapport avec les capacités du détecteur pour optimiser ses performances.

L'utilisation d'une tête dite "*Double D*" (ou DD), une concentrique ou une *Spider* ne sera pas identique au niveau des résultats à cause des particularités propres à chacune. Une tête de type concentrique sera beaucoup plus précise. Un grand disque (surtout non homologué par le fabricant) utilisé sur une machine qui des réactions lentes est une hérésie et les résultats sur le terrain ne seront jamais au rendez-vous... Un grand disque d'origine, vendu et utilisé avec un détecteur de même marque permet de trouver des monnaies de grand module jusqu'à 50 centimètres de profondeur. Ainsi, en augmentant en profondeur et aussi en surface balayée, le choix d'une grande tête, qui est cependant plus lourde, peut se révéler plus productive pour une détection dans un milieu non pollué.

Le problème majeur d'un appareil VLF est que lorsque vous discriminer les objets ferreux, et qu'un artefact de valeur se trouve à proximité d'un ferreux, il sera systématiquement ignoré par le système interne. Le fait de diminuer la vitesse de balayage, permettra de réduire le phénomène de « masquage » ("Iron Mask" comme le nomment les anglais), donc de localiser les cibles métalliques non ferreuses situées à proximité des pièces ferreuses. Il faut dire que plus la sélectivité de l'appareil sera importante et plus ce masquage sera limité. Il faut choisir de préférence un appareil dont le niveau de réactivité est paramétrable. Un niveau de discrimination optimal ainsi qu'une fréquence de détection élevée vont permettre de détecter un objet non ferreux à proximité d'un ferreux. Cependant, un détecteur lent, doté d'un pouvoir de séparation médiocre donc avec une réactivité basse, peut avoir de bonnes capacités à faire un travail correct à ce niveau de sélectivité.

Important à retenir : plus un détecteur de métaux est réactif et plus la vitesse de calcul de l'appareil est augmentée. Cependant, une réactivité élevée aura pour conséquence, comme on le sait, de diminuer son action en profondeur sur le terrain.

Au niveau des réglages : sur les terrains difficiles et minéralisés, une réactivité élevée s'impose ; sur les terrains non pollués dits propres, il faut réduire la réactivité en pratiquant un balayage lent.

Pour conclure : la réactivité est égale à la vitesse d'analyse de la cible par le détecteur, et plus la réactivité sera élevée et plus la localisation d'une cible de valeur à côté d'un ferreux sera aisée.

Ce paramètre réactif se révèle donc fondamental en détection et détermine le bon comportement sur le terrain de l'appareil de détection.

Les effets de sol (ground en anglais), la minéralisation

Il s'agit d'un barrage pour la pénétration des ondes dans le sol de votre détecteur de métaux. La minéralisation a pour origine plusieurs sources : elle peut être due à un phénomène naturel ou bien être la conséquence des actions de l'homme sur son environnement.

La minéralisation peut venir de la transformation de substances organiques ou provenir de matières minérales comme le fer, le phosphore, etc. Elle peut aussi être due à un métal transformé par l'homme en minerais ou à la décomposition d'un ferreux dans le sol ; certaines poteries et des tuiles peuvent être minéralisées.

Il faut savoir que plus la minéralisation d'un terrain est importante et plus l'effet de sol sera intense. Certains terrains en bordure de mer, avec du sable mouillé ou des terres aurifères, sont minéralisés naturellement.

On le sait, la minéralisation génère souvent un "masquage" et donne en conséquence des faux signaux qui perturbent un appareil de détection des métaux. En début de prospection, il convient de mettre le réglage de la discrimination au minimum et de s'adapter en fonction du sol prospecté. Si les ferreux sont absents sur le terrain, l'utilisation de la discrimination n'est pas indispensable (la réduire au maximum). Si vous sortez du sol des artefacts ferreux de petits modules, il faut monter le réglage de la discrimination de l'appareil afin de les éliminer d'une manière systématique. Ne pas chercher à rejeter les cibles en aluminium ou les gros objets ferreux, car à coup sûr vous passerez à côté de bonnes cibles. Un appareil mal utilisé ou mal réglé, par rapport à ses possibilités, est préjudiciable à une détection efficace. Il faut se souvenir que la discrimination parfaite n'existe pas… Et que régler son appareil à un niveau optimal est toujours délicat… Chaque métal dispose d'une conductivité spécifique, qui est différente selon la nature, la forme ou la taille de l'artefact. Cette conductivité peut être élevée, moyenne ou bien faible... Bon à savoir : les artefacts précieux pour le prospecteur ont toujours une conductivité élevée ou moyenne.

Un discriminateur bien réglé permettra d'éliminer les cibles faiblement conductrices et ainsi de ne garder que les monnaies et les bijoux... Selon les appareils utilisés, le réglage est automatique, manuel, ou par pistage (tracking).

- Le tracking permet de calibrer un appareil en fonction de la minéralisation du terrain. Il faut signaler qu'une mauvaise utilisation de cette possibilité peut entraîner de faux signaux lors d'un balayage, ce qui pèsera donc fortement sur les performances espérées.

- Le système automatique : il est préréglé au départ usine sur des valeurs moyennes de minéralisation d'un terrain normal. Les performances, avec ce réglage, ne sont pas des plus idéales, surtout si le terrain prospecté est minéralisé, mais les résultats sont cependant corrects sur des terrains non pollués par des métaux ferreux.

- Le système manuel : le système d'auto-tracking ou de pistage des effets de sols : ce réglage est très simple d'utilisation et permet l'analyse des valeurs de la minéralisation suivant les sols (calibrage automatique). Ce procédé est excellent lorsque la minéralisation du terrain varie peu d'un balayage à l'autre, mais il n'est pas conseillé lorsque le sol est fortement minéralisé avec de fortes variations d'un endroit à l'autre. L'appareil étant en constante analyse de la nature du sol le risque de rater des cibles lors des ajustements automatiques est donc bien présent.

Les fréquences (inférieures à 100 kHz) ou choisir la bonne fréquence pour votre appareil.

Ces dernières années, sur le marché des détecteurs, on voit l'apparition d'appareils qui donnent la possibilité d'utiliser plusieurs fréquences (basses, moyennes et élevées sur un même appareil) soit 4, 8, 12, et 18 kHz.

Ils présentent pour chaque type de fréquence des avantages et des inconvénients :

Les appareils dits "basses-fréquences" (4-8 kHz) sont plus efficaces sur les monnaies de grand module. En effet, les petites cibles en potin (pour les monnaies gauloises), billon, électrum ou or sont difficile à détecter lors de l'utilisation de ce type de fréquence, et ce d'autant plus lorsqu'elles sont enfouies profondément. De plus, si le sol subit une forte minéralisation (lorsque les sites sont pollués par de nombreux objets ferreux sans valeur perdus depuis des siècles), la pénétration des ondes se fait entre cinq et dix centimètres au maximum dans le sol. Lors de prospection dans les massifs forestiers, le détecteur basse fréquence permettra de trouver une monnaie de petit module à plus de cinquante centimètres avec un grand disque (c'est vraiment l'idéal pour le prospecteur). L'appareil sera plus sensible aux grosses pièces et moins sensible aux effets de sol.

À partir de la fréquence de 14 kHz, les performances sur les terrains qui présentent des difficultés sont alors améliorées. Les moyennes hautes fréquences sont un excellent compromis pour une détection dans un milieu propre, mais aussi pollué. Il faut dire que cette dernière possibilité est polyvalente et performante sur le terrain. Les moyennes fréquences entre 10 et 12 kHz offrent des résultats moyens et les fréquences idéales se trouveraient entre 12 et 14 kHz. Une basse fréquence a une excellente capacité à reconnaître les objets ferreux et possède une bonne pénétration en profondeur. La stabilité de ce type de fréquence est exemplaire et l'appareil n'est pas sensible aux perturbations venant de l'extérieur. Si le terrain prospecté est exempt de toute pollution et dépourvu de minéralisation, les cibles détectées seront identiques avec l'utilisation d'un détecteur haute fréquence. Cependant, les cibles faiblement conductrices ne sont pas faciles à trouver si le terrain présente des minéralisations.

Conseil : En règle générale, pour une prospection en forêt, choisir les basses fréquences (moins de pollution métallique), et ailleurs (champs et milieux pollués) le choix des hautes fréquences s'impose...

Une fréquence de 7 kHz permet de détecter des petits artefacts entre 10 et 15 de profondeur.

- Un appareil d'entrée de gamme est réglé en usine à 8 kHz, car cette fréquence est parfaitement stable et le détecteur reconnaît correctement les ferreux et les autres métaux.
- Le détecteur de métaux en haute fréquence fonctionne entre 17 et 20 kHz. À titre d'exemple, une fréquence de 18 kHz détectera une bague en or entre 20 et 30 centimètres.
- Un appareil haute fréquence aura des difficultés à discriminer des masses ferreuses et d'aluminium alors qu'une fréquence de 6 kHz le fera sans aucun problème.

Pour résumer et obtenir de bons résultats sur le terrain : un détecteur basse fréquence = grosses cibles et terrains propres et un détecteur haute fréquence = petites cibles et terrains minéralisés.

Pour conclure dans le choix d'une fréquence : chacune a ses atouts et ses inconvénients, mais il faut dire, que plus le sol sera minéralisé et plus l'utilité d'utiliser une fréquence élevée sera primordiale. Sur les terrains pollués de ferreux, il convient impérativement d'utiliser un détecteur avec une fréquence élevée. Un appareil avec des fréquences 12/18 KHz prendra aisément des monnaies de petit module et aussi des petits artefacts métalliques. Par expérience sur le terrain et d'une manière générale, le type de fréquence idéal à utiliser, lors d'une sortie de détection, est de 18 kHz afin de pouvoir détecter un maximum de cibles – des monnaies et des objets de valeur (en argent ou en or) –.

Les disques ou bobines de détection

Un détecteur VLF permet d'utiliser les têtes concentriques et aussi celles nommées *Double D*. Ce choix n'est pas anodin pour le prospecteur, car il va influer sur la puissance du détecteur ainsi que sur sa capacité de discrimination. Les disques concentriques sont généralement plus performants en discrimination pour la détection des monnaies de petit module.

Le disque dit "standard" fait entre 19-22 cm et le grand se présente entre 27 et 54 cm. Les têtes dites "*Double D*" ou "Wide scan", nommées ainsi à cause de la forme des bobines, détectent plus profondément les cibles dans un sol minéralisé. À noter qu'un disque dit "Spider" désigne une forme en toile d'araignée et non pas un mode de détection. Il est facile de localiser d'une manière précise une cible avec une tête concentrique plutôt qu'avec une "*Wide scan*" (assemblage différent des bobines).

Lors de l'emploi d'une tête concentrique, le son émis sera plus fort et correspondra au centre de la tête. Avec l'utilisation d'un "*disque DD*", le son sera décalé vers l'avant par rapport au centre de la tête (in situ, l'identification de la cible est moins aisée).

Afin de détecter d'une manière plus profonde, il est possible d'utiliser un disque de plus grand diamètre (cependant plus lourd), mais avec le risque d'augmenter le phénomène de masquage d'une bonne cible par un objet ferreux. Il convient donc de réserver les grands disques pour la prospection sur des terrains non pollués par des déchets métalliques. De plus, il faut dire que ce type de disque augmente les faux signaux sur les petits ferreux enfouis en profondeur dans le sol. Plus le diamètre du disque est grand et plus la puissance de l'appareil sera développée et donc la surface prospectée sera plus importante. Un petit disque (de 10 à 15 cm) permet d'être sélectif, précis et efficace sur les petites cibles détectées, et de plus le disque de petite dimension est moins soumis à l'effet de masquage donc beaucoup plus efficace sur les terrains minéralisés.

L'utilisation d'un protège disque est fortement recommandée et il convient de le laisser en permanence sous le disque de détection afin de le prémunir des chocs qui lui serait fatal. Cet accessoire n'aura aucune incidence sur les performances de l'appareil et prolongera la durée de vie du disque, il faudra juste le retirer de temps en temps pour un nettoyage méticuleux, car les poussières accumulées à l'intérieur peuvent créer de nombreux faux signaux. Un protège disque de détection métallique, comme son disque, doit donc être nettoyé régulièrement à l'eau et au savon.

La conductivité des métaux

La conductivité des métaux est un phénomène physique qui permet au courant électrique de passer et chaque conducteur à sa propre conductivité.

Les indices des détecteurs de métaux sont-ils fiables ?

OUI ! car il s'agit d'un phénomène physique simple facilement géré par un appareil de détection. Cet indice peut cependant varier selon la marque ou la fréquence utilisée, mais il sera toujours dans des "tranches" assez proches de la réalité.

NON ! Parce que selon les terrains prospectés et les cibles, certains réglages comme l'effet de sol ou la discrimination selon le poids, la taille, l'orientation des objets et aussi d'autres paramètres, l'indice peut varier sensiblement... Il est donc possible pour un même artefact, selon des paramètres différents, d'avoir un indice de conductivité variable.

En détection, il ne faut pas se baser uniquement sur cet indice qui doit rester un repère à défaut d'être une science exacte...

Par exemple, l'argent est plus conducteur que le cuivre, mais ce n'est pas pour cela qu'il aura un indice plus élevé. Si la cible en argent est plus petite, enfouie plus profondément, mal positionnée, etc., cet indice sera plus bas que pour un objet en cuivre.

Conductivité électrique :

- Or : 44,2
- Argent : 62,1
- Cuivre : 58,5
- Alu : 36,9
- Fer : 10,1
- Bronze : 7,4
- Plomb : 4,7

En pratique, sur le terrain, l'or, le plomb et l'aluminium sont souvent dans les mêmes gammes d'indices : ceci est dû au fait que l'appareil détermine la taille et le type d'objets détectés. Il faut surtout prendre en compte sur le terrain, le son de l'appareil et faire le lien avec l'affichage de conductivité. Si un indice stable avec un son de qualité existe alors la cible est constituée d'un métal de valeur.

Les radars à pénétration de sol pour grande profondeur

Les géoradars (radars à pénétration de sol ou GPR en anglais) qui ont fait leurs preuves sur le terrain sont utilisés pour localiser les trésors et les cavités à de grandes profondeurs afin de rechercher des souterrains, des tunnels, des gisements de minerais (or, argent, etc.).

Certains modèles sont prévus pour fonctionner avec une seule fréquence et d'autres avec plusieurs fréquences. Ces radars sont onéreux à l'achat et reviennent à plusieurs dizaines de milliers d'euros. Ce système de détection efficace est le plus souvent utilisé en archéologie, car il permet de visualiser les fondations de murs et les poteries et parfois des trésors (mais c'est moins évident)...

Les radars de sols utilisent la technologie des ondes électromagnétiques avec retransmission d'images sur écran d'ordinateur.

Mono-ton ou multi-tons ?

- La discrimination mono-ton est un système du "tout ou rien" . Tous les métaux sont sélectionnés à l'aide d'un potentiomètre : le métal ferreux est rejeté, mais un ferreux enfoui profondément en terre pourra produire des faux signaux. Les artefacts métalliques, autres que les ferreux, dégageront un seul et unique son. Le mono-ton présente une simplicité d'utilisation et son inconvénient se trouve dans l'obligation d'avoir une bonne discrimination sur son appareil de détection.
- Le système dit "multi-tons" est une discrimination qui produit différents sons selon la nature du métal détecté ; par exemple, un son aiguë est choisi pour un métal noble, un son grave pour les ferreux et

un son médium pour de petits objets ou du papier en aluminium. À signaler que lorsque l'on parle de ferreux, il s'agit d'objets métalliques composés de fer. Il faut dire cependant qu'en limite de détection un métal précieux comme l'or peut sonner comme un artefact ferreux... Ne pas oublier aussi que pour la discrimination dite "mono-ton" c'est uniquement une détection du tout ou rien.

Au départ, tous les métaux détectés sont sélectionnés à l'aide d'un potentiomètre ; l'inconvénient de cette sélection est que si le métal ferreux est rejeté il peut se produire des faux signaux, et ainsi vous pouvez rater des cibles non ferreuses (masquage avec un seul et unique son en détection profonde).

L'avantage important d'un détecteur mono-ton est l'analyse de la cible avec un seul ton ce qui présente donc une grande simplicité d'utilisation. En revanche, il possède l'inconvénient d'avoir obligatoirement une "discrimination" sur son appareil afin de pouvoir éliminer les objets ferreux.

Reconnaître les bonnes cibles

Une cible intéressante est un alliage comme l'or, l'argent, l'électeur, le bronze, le cuivre, l'aluminium, le plomb et même certains ferreux... Afin de trouver des artefacts métalliques, le détecteur vous invite souvent à creuser la terre, et il faut le faire, car il est préférable de détecter un déchet ferreux plutôt que de laisser un objet de valeur sur place. Il faut surtout écouter attentivement les sons émis par son appareil ; un son saturé et un indice haut cachent un ferreux enfoui dans 99 pour 100 des cas. Cependant, la centième fois, il peut s'agir d'une monnaie de grand module en argent placée près du disque de détection...

L'astuce consiste à éloigner le disque du sol à plus de dix centimètres, et si le son est toujours présent et fort, il s'agit, le plus souvent, d'un gros objet ferreux. Avec l'utilisation d'un détecteur de métaux multi-tons le son grave est émis en même temps qu'un son aigu sur un gros objet ferreux. Un son émis d'une manière régulière devra obliger le prospecteur, par précaution, à creuser systématiquement le sol. Ne pas creuser sur les sons qui" craquent" ou qui ne sont pas réguliers.

Le métal constitué d'aluminium émet un son qui sature à l'oreille du prospecteur (souvent un artefact d'origine moderne à négliger). Si vous possédez plusieurs appareils, il convient de les utiliser simultanément sur la zone choisie pour une prospection métallique, car chaque appareil présente ses avantages et ses inconvénients…

En effet, suivant la nature des cibles, un détecteur pourra trouver là où un autre sera impuissant (les professionnels en utilisent toujours plusieurs simultanément lors d'une détection sérieuse et complète d'un site prometteur en lingots ou monnaies modernes en or).

L'utilisation d'une grande tête de détection vous permettra de prospecter plus profond, mais une tête de petite dimension sera moins sensible au phénomène de "masquage" . Prospectez le terrain en passant la tête de détection dans des sens différents et en croisant les balayages : il convient de faire des allers-retours réguliers avec des diagonales, des angles droits, etc., et en pratiquant ainsi, vous serez surpris du résultat final. Avec de l'expérience et de nombreuses heures de prospection in situ, vous pourrez reconnaître les différents sons émis par votre appareil et ainsi grâce à votre expérience de pouvoir les interpréter d'une manière correcte afin de trouver le maximum de cibles possédant un intérêt numismatique, archéologique ou autre.

L'analyse des sons

Le son émis par un appareil est la référence essentielle et primordiale pour les cibles recherchées par un prospecteur de métaux. La variation des sons doit permettre l'identification des cibles et ainsi de savoir si l'on doit creuser ou non. La saturation ou la longueur des sons, avec de l'expérience, donne une idée de la forme et de la taille de l'objet détecté.

Cet aspect est cependant aléatoire, car la grosseur de la cible, la qualité du sol, l'environnement des autres cibles voire les perturbations pour diverses raisons (une ligne à haute tension, téléphone portable, etc.)

peuvent influer sur les résultats d'une prospection. L'intensité du son peut donner aussi une idée de la profondeur ou de la nature de la cible et plus l'objet sera gros et plus le son sera fort.

Le cas du détecteur statique :

En principe, ce type de détecteur n'est plus utilisé à l'heure actuelle. En système statique, plus la conductivité est élevée et plus le son est aigu. Il faut dire aussi que plus la cible est volumineuse ou située près du disque et plus l'intensité sera importante.

De nos jours, certains fabricants utilisent sur leurs détecteurs le mode sonore nommé *Pitch* ou *Vco*, avec plusieurs sons... Il faut savoir aussi que sur un terrain minéralisé, les conductivités sont tirées vers le bas et que les minéralisations du sol dégradent l'analyse de l'appareil. Dans ce cas, l'analyse de l'objet ciblé est pénible à déterminer, car l'appareil "rame" et la reconnaissance des sons est difficile à l'oreille.

Des cibles précieuses peuvent sonner comme des ferreux du fait d'une baisse de conductivité de l'artefact. Les sons varient en fonction de différents éléments : taille de la cible, orientation de l'objet dans le sol, de la minéralisation, etc. Il faut dire que les saturations de sons observées, lors d'une détection, permettent, en pratique, une bonne identification finale de la cible :

- Les gros ferreux ont des sons très saturés alors qu'une monnaie de petit module aura toujours un son clair et net. Selon la réactivité (voir ce mot) du détecteur, les sons peuvent être plus ou moins long. Ne pas hésiter à creuser systématiquement le sol sur des sons douteux émis par un détecteur de métaux, car le fer forgé et certains alliages, à cause de leur conductivité, sont difficilement éliminés. On sait, que de par leur forme arrondie, les fers à chevaux ou les anneaux sont facilement détectables ; en effet, sur ce genre de cibles les sons seront d'une manière plus longue et légèrement diffus. Sur les cibles avec une conductivité élevée, le son est le plus souvent saturé. Dans ce dernier cas, avec un appareil multi-sons, un son grave se fera entendre, en même temps qu'un son médium aigu.

Prise en main de votre détecteur et initiation

Les appareils de détection peuvent détecter tous les artefacts à partir de leur composition métallique. Il peut donc s'agir d'un métal ferreux ou de tout autre objet non ferreux comme l'argent, le platine, l'électrum, l'or, le cuivre, le bronze, le plomb, l'aluminium et quelques autres. Toutes les formes qui se présentent sous la palette du détecteur peuvent être localisées : monnaies, bagues, tubes, masses, armes, outils, fers à chevaux, clous, etc. Il est à noter que les objets arrondis sont détectés efficacement sur le terrain par un détecteur de métaux.

Voici mes conseils pour la prise en main de votre détecteur.

- Mettez-le en route
- Réglez la puissance de l'appareil en utilisant ses capacités à 80 %. Cela confère des performances excellentes sans être pénalisé par de faux signaux en retour.
- Choisir ensuite son niveau de discrimination sans trop le monter afin de pas perdre en puissance ; en effet, une discrimination trop poussée peut vous faire rater des petites monnaies et notamment des petits artefacts (bagues, fibules, etc.) en métaux précieux. Sur une échelle de 1 à 10, choisissez le 2 voire le 3. Cela vous évitera de creuser en permanence sur des objets ferreux et concentrera la recherche sur les bonnes cibles.
- Faites des essais en commençant par une détection dans les meilleures conditions.
- Le disque de l'appareil doit être parallèle au sol, sans le toucher. Effectuez un balayage de droite à gauche.

- Si le détecteur sonne en permanence, baissez la sensibilité de l'appareil (certains modèles multi-sons, permettent, selon la tonalité des appareils, d'identifier le type de métal détecté et indiquent de la nature et de la profondeur de la cible).

- Ne soulevez jamais le disque de détection en fin de balayage. Utiliser un protège-disque (qui est à nettoyer régulièrement à cause des poussières qui peuvent perturber le système de détection) vous permettra de préserver la tête de détection de tout choc. Penser également à repasser légèrement sur la bande précédemment balayée lors de chaque nouveau balayage afin de prospecter le maximum de surface. Le balayage doit décrire un arc de cercle sur une surface de détection comprise entre 0,80 centimètres et 1,20 mètre.

- Les signaux sonores les plus faibles traduisent une détection d'objets profondément enfouis, donc plus anciens, donc souvent plus oxydés.

- Utiliser un casque permet plus de finesse de prospection et apporte un vrai confort de réception (meilleure réception du son). Cet accessoire neutralisant le son du haut-parleur, il vous permettra de rester aussi discret que possible lors de vos sorties.

Profitez-en pour protéger votre environnement : après avoir détecté un artefact métallique, rebouchez correctement le trou d'extraction et mettez dans une poubelle le moindre déchet métallique que vous aurez exhumé. Se montrer proche et respectueux de la nature fait partie intégrante de ce loisir.

PARTIE 7

LEXIQUES ET ANNEXES

Lexique technique ou vocabulaire du prospecteur

Afin de bien utiliser votre appareil de détection, il est indispensable de connaître la définition des termes techniques :

A

ACCEPT : ce réglage permet d'accepter une cible et il est utilisé dans le Notch (terme anglais).

ACCORD AUTOMATIQUE : le détecteur se règle rapidement après sa mise sous tension.

AFFICHAGE DES INFORMATIONS ; il existe quatre modes :

- Le vu-mètre à aiguilles : indication (s) sur un cadran possédant une ou plusieurs aiguilles.

- L'affichage à cristaux liquides ou LCD avec des symboles ou des icônes.

- L'affichage numérique qui concerne les appareils équipés d'un microprocesseur ; ce système permet d'identifier la nature, la taille de la cible et la profondeur de la détection.

- L'affichage graphique qui est installé sur des détecteurs de métaux de la catégorie "haut de gamme". Le principe permet d'afficher des dessins complexes sur la nature des objets et aussi leurs compositions.

ALL METAL : terme anglais signifiant "tous métaux". Ce réglage permet de détecter toutes les cibles métalliques et d'augmenter les performances en profondeur. Dans ce cas précis, il n'existe pas de discrimination des métaux. Ce mode de détection est rarement utilisé par les prospecteurs à cause de la pollution élevée de la plupart des sols (morceaux de fer, scories, capsules et tirettes modernes de boissons en aluminium, etc.).

AUTONOMIE : les détecteurs de métaux fonctionnent avec des piles ou des batteries pour une autonomie comprise entre 10 et 60 heures.

AUTO-TUNE : ce terme anglais désigne le réglage de raccord automatique d'effet de sol en mode "tous métaux".

B

BALAYAGE : mouvements de balancier, en arc de cercle, fait par le prospecteur. Un bon balayage doit être effectué au plus près du sol et fait d'une manière régulière afin de ne rater aucune cible enfouie sous terre.

BLACK SAND : terme anglais signifiant "sable noir" ; ce minéral est composé de grains noirs, bruns ou rouges fortement chargé en oxyde de fer. Ce type de sol donne de nombreux faux signaux qui perturbent et font perdre de la puissance aux appareils en profondeur.

BOOSTER : mot anglais signifiant "amplificateur". Ce réglage rend le détecteur instable sur le terrain, mais permet de gagner en profondeur de détection.

C

CIBLAGE : système qui permet une localisation précise de la cible donc donne un gain de temps pour le prospecteur.

CIBLE : objet métallique enfoui ou dit aussi "*Target*" pour le terme anglais.

CONCENTRIQUE : se dit des disques émettant un signal conique favorisant la discrimination des métaux. Le terme concentrique est opposé aux disques DD (ou *Double D*) ou *SEF*, disques standards de forme ronde qui équipent la majorité des appareils que l'on peut trouver dans le commerce.

CORRECTION D'EFFETS DE SOL : le terme anglais est *Ground* ; il s'agit d'une correction électronique qui permet de supprimer ou d'atténuer les effets parasitaires d'un sol minéralisé (on parle de *Ground balance* ou *Geb*).

Un sol minéralisé se manifeste par des interférences provoquées par les différentes compositions minérales qui engendrent de faux signaux qui font "biper" (sonner de l'anglais beeper) l'appareil de détection métallique.

D

DISCRIMINATION : ce réglage permet d'utiliser une détection sélective grâce à la suppression de tous les métaux ferreux qui sont le plus souvent sans valeur marchande. Ce système permet donc la recherche des métaux non ferreux comme l'or, l'argent ou le billon. En utilisant cette possibilité qui est offerte par certains appareils, il convient de savoir que les performances sont abaissées d'au moins vingt pour cent. Le problème vient du fait que lorsqu'un objet non ferreux de petite taille se trouve en situation sous une masse ferreuse il ne sera pas détecté en utilisant ce réglage. La discrimination peut être gérée électroniquement via un signal sonore ou visuel ; ainsi, par exemple, aucun son ou un son spécifique selon les métaux détectés par l'opérateur.

DISQUE DE DÉTECTION (existe avec plusieurs technologies) : Il s'agit de la tête de détection d'un détecteur de métaux qui est la partie de l'extrémité basse de l'appareil de détection. C'est la zone émettrice et réceptrice du système de détection. Un disque peut être de technologie concentrique, Spider, DD ou *Wide scan* ou aussi SEF qui est une nouvelle technologie de *DETECH* (disques dits "papillons ou" double ellipse "qui sont reconnus pour leur précision sur les petites cibles) et pour information "DD" se dit aussi" *Double D*" .

La forme d'un disque peut se présenter évidée, pleine,"*spider*", elliptique, en papillon (double ellipse pour le fabricant *SEF*). Il est à signaler que des petits disques existent pour permettre d'identifier les cibles avec plus de précisions, mais aussi des grands modèles qui permettent des gains en profondeur. Les dimensions des disques sont variables : 10, 20, 27, 30, 38, 45 ou 54 centimètres et ces différentes tailles de disques proposés déterminent la profondeur pour la détection des cibles.

DYNAMIQUE : mode de fonctionnement durant lequel le détecteur est en mouvement par rapport à sa cible. Ce terme est à utiliser en opposition avec le mot statique. C'est un mode de détection qui corrige l'effet de sol automatiquement et qui demande un balayage au sol constant avec le disque.

E

EFFET DE SOL OU GROUND (voir aussi ce terme anglais) : un terrain fortement minéralisé peut faire sonner à tort le détecteur sans présence d'objet métallique enfoui dans le sol.

F

LES FRÉQUENCES : ce sont les fréquences de travail d'un appareil dont certains utilisent plusieurs fréquences (les "multifréquences") :

- Détecteurs aux basses fréquences de 3 à 8 kHz qui sont plus sensibles aux objets et aux monnaies de gros modules.

- Détecteurs aux moyennes fréquences comprises entre 10 et 12 kHz.
- Détecteurs aux hautes fréquences à partir de 17 kHz qui ont la particularité d'être plus sensibles aux monnaies de petit module.

Il est à souligner que le choix de la fréquence d'un détecteur de métaux détermine ses performances sur le terrain.

Il faut dire aussi que les très hautes fréquences sont uniquement utilisées pour les cibles métalliques minuscules comme les pépites d'or. Cet aspect est important pour le choix d'un détecteur de métaux.

G

GROUND : mot anglais désignant les effets de sol. Le sable et la terre sont composés de minéraux et d'oxyde métalliques. En forte concentration, cela génère des faux signaux qui perturbent l'appareil de détection.

M

MULTI-FRÉQUENCES : se dit d'un appareil offrant plusieurs fréquences indépendamment ou même simultanément.

MULTI-TONALITÉS : permet de distinguer divers types de cibles en fonction de leur nature. Des sons différents sont émis par l'appareil selon les métaux détectés.

N

NOTCH : terme anglais utilisé pour un réglage qui permet de sélectionner les cibles et d'en éliminer d'autres. Cette fenêtre de discrimination sélective peut être utilisée en plus d'une discrimination normale. Ce système très perfectionné rend la recherche métallique plus précise sur le terrain et évite de creuser la terre d'une manière systématique.

P

PINPOINT : ce réglage permet une localisation précise des cibles détectées. Ce système ingénieux de recherche fonctionne en mode "tous métaux" quel que soit le niveau de discrimination choisi par l'opérateur.

POÊLE À FRIRE : nom familier donné à un détecteur de métaux par les prospecteurs ; ce terme est déterminé à l'origine à cause de la forme de la tête de détection.

PROFONDEUR DE DÉTECTION : donnée approximative d'enfouissement de la cible indiquée ou non selon les modèles d'appareils (en principe visualisée sur un écran).

S

STATIQUE OU EN MODE NON DYNAMIQUE : mode de fonctionnement d'un appareil qui permet un ciblage précis de l'objet-cible sans avoir à balayer approximativement avec le disque de détection. Ce principe développe une puissance de détection, mais procure en contrepartie une compensation des effets de sol moins performante par rapport à un mode dynamique (voir ce mot).

V

VLF : terme anglais signifiant "Very low frequency" qui désigne les détecteurs de métaux fonctionnant dans la bande de fréquences comprise entre 3 à 30 kHz.

Pour la recherche d'or, les meilleurs appareils sont ceux qui fonctionnent à hautes fréquences soit entre 14 et 18 kHz et qui sont équipés d'une tête de détection du type "*Double D*" .

W

WIDE SCAN : terme anglais synonyme de D.D. Ce type de disque est excellent sur des terrains minéralisés. Les disques SEF de Detech sont des disques dits" papillons" ou" double ellipse" qui sont reconnus par les prospecteurs pour leur précision de détection sur les petites cibles.

Les risques de la détection des métaux

L'utilisation d'un détecteur de métaux demande une grande vigilance :

Toutes les grosses masses ne sont pas des trésors ; les lieux de combats des deux dernières guerres recèlent de nombreux engins explosifs susceptibles d'être détectés par le prospecteur.

- Ne jamais toucher, ni démonter, un objet suspect, car il est, malgré les années, toujours aussi dangereux. Tous les ans dans notre pays, des accidents mortels sont malheureusement à déplorer (ou de graves blessures).

- Les autorités interdisent l'utilisation des détecteurs de métaux dans certains départements et sur certaines plages (comme celles du débarquement).

- Lors de la découverte de vestiges dangereux (bombes, grenades, obus, mines, munitions diverses, etc.), il faut impérativement et dans les plus brefs délais l prévenir les autorités concernées. Dans ce cas, la prudence doit toujours être de mise, il convient évidemment de ne pas s'exposer afin de ne pas se mettre en danger.

- Lors de l'exhumation fortuite d'un engin explosif, il convient de ne pas le toucher et de prévoir un périmètre de sécurité pour protéger les promeneurs ou les curieux.

- Contactez la mairie qui préviendra les services de déminage de l'État (Service Interministériel de Défense et de Protection Civile). Au titre de ses pouvoirs généraux de police, le maire d'une commune est tenu de prendre des mesures conservatrices pour préserver la sécurité publique, en collaboration avec les services de police ou de gendarmerie.

Conseils pratiques adressés au prospecteur

- En prospection, il est conseillé de prendre des photos afin de repérer des anomalies sur le terrain (relief, changement inhabituel de couleur de la végétation environnante ou des cultures, etc.) susceptibles de révéler des fondations anciennes (murs, présence de fossés, etc.).

- Il faut observer attentivement le sol selon les saisons : ainsi, en hiver, la neige fondra plus rapidement sur un sol remué anciennement, comme à l'emplacement de murs ou de fondations, de buttes de terre, de retranchements Vikings, tumuli celtes ou mottes féodales, etc.

- Certaines variétés de plantes (souvent en forêt) comme les fleurs, les mousses, les ronces, les orties, les rosiers ou des arbres comme le poirier sauvage voire le noyer, peuvent signaler l'emplacement d'une occupation humaine ancienne... Le buis (ou buxus) se retrouve le plus souvent sur des sites d'occupation de la période gallo-romaine. Il convient de prévenir les autorités culturelles lorsque vous "inventez" un site archéologique non répertorié dans votre région.

- Consultez les dictionnaires ou glossaires des noms de lieux qui vous permettront de découvrir des anciens lieux avec une occupation humaine susceptible de réserver de bonnes surprises...

- Contrôlez régulièrement avec un "étalon" (une monnaie sans valeur, par exemple) que l'appareil de détection est bien sous tension et fonctionne parfaitement.

- Vérifiez le bon état des piles ou batteries avant de partir sur le terrain, et prévoyez des piles de rechange. Mais attention à ne pas les mettre en contact avec un objet métallique, car vous risqueriez alors les voir se vider et même de créer un court-circuit qui pourrait les endommager ou provoquer un incident plus grave comme une brûlure profonde.

- N'oubliez pas de vous munir de cartes routières récentes et précises (IGN, Michelin ou autres) afin de vous orienter correctement, et ne sortez jamais sans une boussole pour éviter de vous perdre ou de ne pouvoir retrouver votre véhicule.

- Ayez toujours une trousse à pharmacie et de premiers secours avec une seringue dite "Aspi-venin", des chaussures montantes ou des bottes en caoutchouc.

- Prévoyez des bouteilles d'eau, un imperméable ou un parapluie pliable, une casquette, une pelle américaine pliante ou une pioche, un couteau multi-usage, une lampe torche ...

- Le téléphone portable est souvent source d'interférences. Veillez à le tenir en permanence à bonne distance de l'appareil de détection mis sous tension.

- En creusant la terre, lors de travaux, les engins de terrassement mettent régulièrement à jour des vestiges anciens. En prospectant dans les remblais, lors d'aménagements divers, avec l'accord du Chef de chantier, et en respectant les consignes de sécurité, vous pourriez sauver d'une perte ou d'une destruction des monnaies ou objets divers (fibules, anneaux, bagues, sceaux médiévaux, statuettes, etc.).

- Privilégier les lieux disposant d'eau et d'un bon ensoleillement à proximité des zones à forte présence humaine, ainsi que les sites ayant été exposés à des catastrophes naturelles ou autres (inondations, avalanches, éruptions volcaniques, raz de marée, incendies, destructions, etc.).

Les cartes de Cassini : un complément indispensable pour le prospecteur

Il existe un éventail de documents à la disposition du prospecteur pour ses recherches sur le terrain : Consultation d'une bibliographie sur les trésors, d'ouvrages de bibliothèques (publiques et privées), d'archives diverses, récits de traditions historiques et locales, études des toponymes (pour l'origine des lieux), de cartes anciennes ou modernes, cartes postales, photographies aériennes ou autres, etc.

Afin de faciliter la recherche des trésors terrestres, l'étude des cartes de Cassini est primordiale. Il s'agit des premières cartes géométriques couvrant l'intégralité du royaume de France et de Navarre : elles ont été réalisées à la demande du roi Louis XV et à l'aide de la technique de triangulation :

- 1754–1760 : début des levées des cartes dites "de Cassini". César François Cassini de Thury dit "Cassini III" réalise une carte "à l'échelle d'une ligne pour cent toises" soit 1/86400 e ou 1 cm sur la carte qui équivaut à 864 mètres sur le terrain.

Les cartes s'appuient sur le réseau géométrique établi de 1683 à 1744 par Jean-Dominique Cassini et son fils Jacques :

- 1789 : fin des levées des cartes Cassini,

- 1815 : fin de publication des cartes Cassini,

- 2000 : numérisation avec la sortie de deux CD ROMS.

L'ensemble de ces cartes comporte, en tout et pour tout, 181 feuilles qui seront publiées entre 1756 et 1815. L'Institut Géographique National ou IGN qui conserve les originaux de ces cartes a donné l'autorisation au CDIP de numériser et aussi de publier ces cartes sur un support moderne. Les 181 feuilles sont actuellement disponibles sur un DVD ou en téléchargement[1].

Le CDIP est un éditeur de logiciels et de sites Internet spécialisé dans les domaines de la généalogie, la photo et la cartographie ancienne. Il est possible de consulter l'ensemble des cartes anciennes et aussi modernes de France sur les sites Internet repris ci-dessous :

- GALLICA : site de la Bibliothèque Nationale de France (BNF) ; https://gallica.bnf.fr/
- GÉOPORTAIL : www.geoportail.fr
- GOOGLE MAPS : www.google.fr/maps

1 Configuration requise : lecteur DVD sauf en téléchargement. WINDOWS 98, ME, NT, 2000, XP, VISTA, 7,8.

- INSTITUT GÉOGRAPHIQUE NATIONAL (espace professionnel) : professionnels.ign.fr/pva

Consignes à appliquer lors de la découverte d'un trésor

1 - En cas de découverte, il convient d'arrêter immédiatement les recherches in situ ; prévenir dans les plus brefs délais la mairie du lieu concerné ou la DRAC (consultez les adresses régionales sur Internet).

2 - Ne pas détruire les objets accompagnant le trésor (poterie, documents papier, etc.), car ils sont susceptibles d'apporter de précieuses informations sur le contexte de l'enfouissement.

3 - Restez discret sur votre trouvaille, et surtout, n'en parler à aucune personne, car le site pourrait être visité et pillé par des fouilleurs clandestins voire même détruit.

4 - N'effectuez jamais le partage des monnaies ou des objets, lors d'une découverte avec plusieurs personnes, car chaque pièce ou artefact est unique et possède sa propre valeur.

5 - Ne procédez jamais à un nettoyage des monnaies ou des artefacts, car leurs valeurs seraient réduites et ce soin ne doit être confié qu'à un professionnel (archéologue, scientifique, numismate, société spécialisée dans le traitement des métaux).

Sur le web, il existe de nombreux sites d'enchères ou de ventes numismatiques

La liste de ces sites d'enchères de monnaies est importante, celle que voici est exhaustive :

- ANTIKA : www.antika.fr,
- BOURGEY NUMISMATIQUE : https://sabinebourgey.com,
- DELCAMPE : www.delcampe.fr,

- EBay : www.ebay.fr,
- COMPTOIR GÉNÉRAL DE BANQUE : www.cgr.fr,
- GADOURY : www.gadoury.com,
- I NUMIS : www.inumis.com,
- NOMISMA (en anglais) : www.nomismaweb.com,
- OGN NUMISMATIQUE : www.ogn-numismatique.com,
- SACRA MONETA : www.sacra-moneta.com,
- THIERRY DUMEZ NUMISMATIQUE : www.dumez-numismatique.com,
- V COINS (en anglais) : www.vcoins.com.
- GOOGLE EARTH : www.google.fr/intl/fr/Earth

Le dictionnaire du numismate (outil indispensable du prospecteur)

Chaque métier possède ses mots propres qui ont un sens précis et qui ne sont connus que par des initiés.

Ci-dessous les définitions des mots que l'on peut trouver le plus fréquemment en numismatique avec leur signification :

A

AFFINAGE : art de purifier les métaux.

ALLIAGE : mélange de différents métaux ; les alliages les plus courants sont ceux de l'or, de l'argent, du cuivre, du plomb et aussi du nickel.

ALOI : titre légal d'une monnaie. Il s'agit de la proportion de métal précieux entrant dans la composition d'une pièce. Actuellement, ce terme numismatique est nommé "titre".

ANÉPIGRAPHE : pièce ne comportant pas de légende.

ANTIQUITÉ : classification désignant les monnaies grecques, gauloises, byzantines et d'autres dites" barbares" (d'origine germanique).

ATELIER MONÉTAIRE : lieu où sont gravées et frappées les monnaies. Un atelier est signalé sur une face de la pièce par un signe distinctif dit "différent". Ces" endroits" peuvent être aussi identifiés par des lettres : par exemple sur les écus du 19e siècle : A=Paris, AA=Metz, B=Rouen, BB=Strasbourg, C=Castel-Sarrasin, D=Lyon, H=La Rochelle, I=Limoges, K=Bordeaux, L=Bayonne, MA=Marseille, N=Montpellier, T=Nantes, R=Orléans, M=Toulouse, Q=Perpignan, W=Lille.

AUREUS (aurei au pluriel) : denier d'or (5,4 grammes) dont la valeur est de 25 deniers d'argent soit 100 sesterces. Cette monnaie est recherchée par les collectionneurs et sa cote numismatique est élevée. À partir de 312 après J.-C., sous l'empereur Constantin, l'aureus ne sera émis que lors de circonstances particulières et en très petites quantités. Il finira par disparaître définitivement du monnayage romain et sera, par la suite, remplacé par le solidus d'or.

AVERS : côté d'une pièce ou d'une médaille qui représente l'autorité émettrice (ce terme est à l'opposé du revers). Ce côté est désigné dans les ouvrages numismatiques sous le signe A/.

AXE : orientation des coins le plus souvent exprimé en heures.

B

BALANCIER : machine destinée à frapper les » flans "des monnaies.

BILLON : monnaie divisionnaire composée d'un alliage de cuivre et d'argent. Cet alliage est pauvre en métal précieux et le taux d'argent est inférieur à cinquante pour cent (par exemple : 90 % de cuivre et 10 % d'argent).

BLANC DIT "GUÉNAR" : monnaie de compte (comme le "Gros tournois") émise à partir de 1385 ; ce "blanc", en billon, est au cours de 10 deniers tournois soit 5/6 sou ou 1/24 livre. À signaler que dans ce système monétaire existe une monnaie dite "demi-Guénar". Les écus d'or à la couronne et les blancs "Guénars" se trouvent fréquemment dans les trésors de la fin du 14e et dans ceux du 15e siècle.

C

CARAT : mesure de la proportion d'or dans une pièce. Un carat représente 1/24 e de la masse totale d'un alliage.

CHAMP : surface A/, ou R/, non recouverte par la gravure, comprise entre le petit cercle ou grènetis. Si, ce que l'on nomme le grènetis est absent alors le champ est le centre du flan. Il peut avoir un aspect "miroir","flan-bruni" ou être"brillant" voire "terne".

CHRONOLOGIE ROMAINE : la Royauté de – 753 à – 509 ; la République de – 509 à – 27 ; le Haut-Empire de -27 à + 192 avec les dynasties des Julio-Claudiens, des Flaviens et des Antonins et le Bas-Empire de + 193 à + 476 avec la dynastie des Sévères et des empereurs suivants : Aurélien, Dioclétien, Constantin…

COIN MONÉTAIRE : morceau de métal qui se trouve souvent en acier et de forme cylindrique et sur lequel est gravé l'empreinte en creux d'une monnaie. Les pièces sont frappées avec deux coins : le coin du dessus (face) et le coin du dessous (pile).

COMMÉMORATIVE : se dit d'une émission monétaire destinée à célébrer un évènement marquant de l'histoire d'un pays.

CONSERVATION (degré de) : graduation conventionnelle de l'état dans lequel se trouve une monnaie destinée à la collection.

CONTREMARQUE : marque de poinçon apposée sur une pièce déjà frappée qui indique un changement de pouvoir ou de valeur (en l'abaissant) voire une circulation dans un pays d'adoption.

CORDON : renforcement du rebord d'une monnaie qui protège de l'usure. Lorsque le cordon est perlé, il est dit "grènetis", et "listel" lorsqu'il est lisse.

COTE : valeur de référence d'une pièce ou d'une médaille. Il s'agit du prix correct pour l'acheteur et le vendeur qui est déterminé en fonction de l'offre et de la demande.

COURS : valeur d'une monnaie cotée en bourse qui peut être en or ou en argent (métaux précieux).

D

DARIQUE : monnaie d'or Perse frappée par Darios 1er ou Darius 1er et qui fut en usage jusqu'à l'époque hellénistique.

DATE (ou MILLÉSIME) : existe sur toutes les monnaies françaises depuis 1550.

DÉMONÉTISATION D'UNE MONNAIE : fin de la possibilité d'échange de monnaies retirées de la circulation suite à un décret. Une pièce ne vaut plus sa valeur faciale et n'est plus remboursée par les autorités (un « pouvoir » légal en place).

DENIER : sous l'empire romain : un aureus (or) = 25 deniers (argent) = 4 sesterces (bronze) = 2 dupondius (laiton) = 2 as (cuivre).

- Monnaie romaine de 4,51 grammes utilisée à partir de 200 avant notre ère,

- Monnaie en argent caractéristique de l'époque carolingienne,

- Monnaie en cours en France au Moyen Âge. Les doubles et deniers tournois de cuivre, royaux et Féodaux, ont été émis en France entre 1577 et 1684.

DIFFÉRENT : marque (lettre ou symbole) apposée sur une monnaie afin d'indiquer le maître ou le graveur ou l'atelier de sa frappe. Le nom du graveur et le nom du directeur peuvent être indiqués en entier sur une monnaie.

DOUBLON : pièce d'or de deux escudos soit 32 reales au poids de 6,77 grammes.

DOUZAIN : monnaie française de douze deniers, frappée à partir du règne de Charles VII.

DRACHME : unité de poids et de monnaie de la Grèce antique.

DROIT (voir AVERS) : le droit d'une pièce (ou face) est le côté ou est représenté l'effigie ou le monogramme de la puissance à l'origine de la frappe.

DUCAT : monnaie d'or à l'effigie d'un duc.

E

ÉCU : créé en 1262 par le roi Saint-Louis. Cette monnaie est reprise par la dynastie royale jusqu'à Louis XIV. Dans le langage commun, il s'agit d'une monnaie d'or ou d'argent en circulation avant la Révolution française et portant sur l'une de ses faces des armoiries. Ce mot désigne aussi les pièces de cinq francs frappées après la Révolution française.

EFFIGIE : un dessin principal, qui représente, le plus souvent, un portrait de souverain sur l'avers d'une monnaie.

ÉMISSION : ensemble de monnaies frappées conformément à une institution monétaire déterminée.

EMPREINTES : ce sont les figures, symboles ou caractères apposés sur le flan par la frappe.

ÉPREUVE : pièce de monnaie de qualité supérieure qui est frappée avec des coins spécialement préparés.

ESCUDO : monnaie d'or de 3,4 grammes.

ESPÈCES SONNANTES ET TRÉBUCHANTES : l'expression désigne des pièces d'or et d'argent. Ce terme vient du son que devait rendre les pièces de "bon aloi « pour sonnantes et du terme "trébuchantes" qui renvoie au poids que l'on pouvait vérifier sur une petite balance (le trébuchet) utilisée par les changeurs de monnaies.

ESSAI : première frappe avec un coin neuf effectuée à titre expérimental. Cette frappe monétaire est très recherchée par les collectionneurs.

ÉTAT DE CONSERVATION : degré d'usure d'une monnaie. La conservation d'une pièce est exprimée dans différents états (en France, les états (au nombre de six) sont déterminés par les lettres : B-TBTTB-SUP-SPL-FDC).

EXERGUE : surface inférieure d'une monnaie qui porte en principe la date et les marques d'atelier.

F

FACE : côté de la pièce opposée à la pile (voir Avers).

FAUTÉE : se dit d'une monnaie avec un défaut : en frappe décalée, décentrée, etc.

F.D.C. : "Fleur De Coin" ; ce terme définit à la fois une qualité de coin (neuf) avec donc une préservation de la pièce qui doit se présenter sans aucun défaut.

FÉODALES : classification désignant les monnaies émises depuis les 9ème -10ème siècles jusqu'à la Renaissance dans toute l'Europe.

FLAN : disque métallique vierge de toute empreinte, destiné à être frappé par deux coins afin de produire une monnaie. On dit que le flan est "coulé" lorsque le métal fondu est versé dans un moule. Un flanc mat : se dit d'une monnaie frappée avec des coins sablés présentant sur toute sa surface un aspect satiné.

FOURRÉES : Il existe des monnaies dont le" noyau" est en fer, en cuivre ou en plomb et qui sont recouvertes d'une feuille d'or ou d'argent ou trempée dans un bain métallique (or ou argent).

FRANC : monnaie qui valait à l'origine 322,5 mg d'or. Le franc fut dévalué régulièrement au fil des siècles dans notre pays, donc avec à chaque fois une perte de pouvoir d'achat.

- Nom d'une monnaie en or : le franc à cheval pesant 3,877 g), pièce frappée pour payer la rançon du roi de France Jean le Bon qui fut emprisonné en Angleterre en 1360,

- Entre 1575 et 1586, Henri III créa une monnaie d'argent d'une valeur de 1/3 d'écu appelée "franc d'argent" avec une équivalence de vingt sous,

- Henri II de Navarre frappa lui aussi des francs sous son règne,

- Le franc Germinal est fondé par la loi du 07 avril 1803 (an XI, Germinal),

- Unité monétaire de la France, la Belgique, la Suisse, du Luxembourg et de certains pays africains. En France, l'euro a remplacé le franc avec une première frappe en 1999.

FRAPPE : action de frapper un "flan" (empreintes en relief ou en creux) ; d'abord au marteau et ensuite grâce à un balancier qui permet des frappes régulières, et pour finir avec l'utilisation moderne de presses hydrauliques. L'Allemand Marx Schwag imagina le "balancier", plus rapide et perfectionné en 1639. La frappe est dite"incuse" lorsqu'elle reproduit sur une face du flan, mais en creux, en totalité ou en partie, l'empreinte de l'autre face. La pièce est dite "décentrée" lorsque le centre du coin n'a pas été placé sur le centre du flanc. Autrefois l'expression employée, issue du Moyen Âge, était "Battre monnaie' .

G

GRAIN : unité de masse valant 0,005 3 gramme.

GRÈNETIS (voir aussi CORDON) : cordon de petits grains en relief qui entourent la légende d'une monnaie ou d'une médaille.

GROS TOURNOIS : pièce de monnaie royale française en argent ; unité de masse valant 72 grains soit 3,82 grammes.

H

HÔTEL DES MONNAIES : lieu de frappe des monnaies et médailles (voir aussi atelier monétaire).

HUIT (PIÈCE DE) : piastre ou peso de 8 reales ou réaux pesant 28,7 grammes d'argent.

I

INCUSE : monnaie dont les motifs sont en creux par accident de frappe.

INSCRIPTION : texte inscrit sur le champ de la pièce.

J

JETON : pièce en forme de monnaie qui sert à compter ou qui peut avoir une équivalence de valeur monétaire. Le support utilisé peut être en métal, plastique, etc. Son émission est faite par un organisme non étatique : Chambre des Comptes, mairie...

L

LÉGENDE : lettres figurant sur une monnaie ou une médaille.

LIARD : ancienne monnaie de cuivre, d'origines royale et féodale, frappée en France entre 1607 et 1715, et dont la valeur est de 3 deniers ou ¼ de sou.

LISTEL : bordure lisse et en relief d'une monnaie destiné à ralentir l'usure ou le rognage d'une monnaie.

LIVRE : ancienne monnaie dont la valeur a beaucoup été modifiée suivant les temps et le pouvoir et qui a été remplacée par le franc lors de la Révolution française. La livre pesait en général 12 onces, comme la livre romaine dont le poids était de 327,368 grammes. Au Moyen Âge, une livre = 20 sous ou 240 deniers. De 1640 à 1683, une livre tournois était égale à 0,619 grammes d'or pur.

M

MARC : ancienne unité de mesure française de masse valant 8 onces ou 64 gros soit 244,75 grammes. Il s'agit d'une monnaie d'or ou d'argent utilisée autrefois dans plusieurs pays avec des valeurs variables. En 1460, le marc d'or valait cent livres et le marc d'argent huit livres quinze sols.

MÉDAILLE : pièce de métal, avec une forme qui se présente, le plus souvent, ronde et portant une inscription, un dessin, et frappée en l'honneur d'une personne, d'une institution ou à l'occasion d'un évènement. Il convient de préciser que contrairement aux monnaies, les deux faces des médailles ne se présentent pas inversées.

MÉREAU : jeton de présence de divers organismes officiels ou privés ayant une valeur de convention et pouvant se convertir en monnaie légale sous certaines conditions. Les frappes anciennes deviennent prisées par les numismates dans le choix de ce thème de collection.

MILLÉSIME : année d'émission d'une monnaie. La date qui figure sur une pièce est obligatoire en France à partir de l'année 1549 (sous le règne du roi Henri II).

MODULE : diamètre d'une pièce.

MONNAIE : pièce de métal émise par une autorité souveraine pour servir aux échanges commerciaux. De Juno Moneta (Junon la conseillère) dans le temple de laquelle les romains à Rome frappaient leurs monnaies (à Rome).

- Féodale : monnaie frappée au nom d'un seigneur et relevant d'une autorité supérieure,

- Épiscopale : monnaie créée au nom d'un évêché ou d'un évêque,

- Pontificale : monnaie émise au nom du pape,

- Royale : monnaie dont le pouvoir royal est à l'origine de sa frappe.

Liste des principales monnaies d'or du Moyen Âge : agnel, agnelet, augustale, besant, chaise, couronne, doublon, écu, florin, franc, lion, mancus (trente deniers d'argent), marabotin, mouton, noble, salut, sequin.

Une "monnaie Antique" : se dit d'une pièce antérieure à la chute de l'empire romain.

N

NUMISMATIQUE : science qui traite de la description et de l'histoire des monnaies, jetons, médailles et Méreaux.

O

OBOLE : cette monnaie était chez les Grecs le nom d'une pièce athénienne qui valait un sixième de la drachme attique. En France, ce mot désigne une monnaie de cuivre valant un demi-denier (pièce frappée jusqu'au 17e siècle).

ONCE : mesure de poids des romains de 27,25 grammes ou 1/12 de livre. En France, ancienne mesure de masse qui représentait la 16e partie de la livre et valant 30,59 grammes. Pièce d'argent pesant à l'origine une once soit 31,103 grammes.

P

PACTOLE : dans le royaume grec d'Asie mineure (l'Anatolie), Crésus le roi de Lydie qui gouvernait au

6e siècle avant Jésus-Christ exploitait les sables aurifères (sables lourds à paillettes) de la rivière Pactole. Sous le règne de ce monarque furent frappées des pièces en alliage d'or et d'argent. De ces réalisations monétaires de "bon aloi" a été tirée l'expression :" Riche comme Crésus" . La plus ancienne monnaie retrouvée à ce jour remonte au 7e siècle avant notre ère, et elle est composée dans un alliage d'or et d'argent (électrum) ; ce vénérable exemplaire provient des fondations du temple d'Artémis à Éphèse.

PATINE : altération de surface du métal sous l'action de l'oxygène et de particules chimiques présentes dans l'air.

PESANT D'OR : il s'agit d'une pièce d'or ou d'argent frappée à Byzance dite "le besant" . Expression tirée de l'abréviation "Bzantius nummus" ; monnaie qui est à l'origine de l'expression "Valoir son pesant d'or" ou avoir une grande valeur.

PIEFORT OU PIED-FORT : monnaie prototype d'une épaisseur supérieure à l'original. Ce type de pièce est interdite à la circulation et ne sert que de modèle (il peut s'agir d'un thème choisi pour une collection numismatique).

PILE : côté de la monnaie opposé à la face (voir revers).

PISTOLE : ancienne monnaie d'or espagnole du 17e siècle.

POIDS : s'exprime en centigrammes. Il s'agit de vérifier la quantité exacte de métal se trouvant dans une monnaie afin de déceler les imitations éventuelles (la pesée d'une pièce peut donner un résultat légèrement différent du poids théorique à cause de l'usure ou de la fabrication).

POINT SECRET : forme de marque d'atelier ou marque d'émission utilisée surtout en France à la fin du Moyen Âge et avant le 16e siècle ayant la forme d'un point plein ou en creux (annelet) et placé sous une lettre convenue de l'inscription.

POTIN : mélange de matériaux à base de plomb, d'étain et quelque fois d'argent (métal souvent utilisé pour les frappes de monnaies gauloises).

R

REAL : monnaie espagnole en argent au poids de 3,43 grammes.

RÉFORMATION : action de donner sur une monnaie une autre empreinte (sous les rois Louis XIV et Louis XV). Pour une raison d'économie, il était d'usage de sur-frapper au nouveau type les anciennes pièces (on dit que la frappe a alors lieu sur un flanc réformé).

REVERS : côté d'une pièce ou est en principe inscrit la valeur monétaire. Le terme le plus couramment utilisé pour définir cette face est dite "pile" . Il est désigné typographiquement par R/.

ROGNAGE : désigne la pratique illégale consistant à récupérer en limant du métal précieux sur une pièce en or ou en argent.

ROYALES : classification désignant les monnaies frappées depuis la Renaissance jusqu'à la Révolution française. Les écus royaux sont les pièces les plus collectionnées pour cette période.

S

SAVONNETTE : terme populaire pour désigner une monnaie dont les surfaces sont lisses et qui n'a aucune valeur numismatique

SESTERCE : monnaie romaine en bronze.

SIGNATURE : marque du graveur, ou nom en entier, voire initiales ou symbole.

SIZAIN : pièce de six deniers.

SOL OU SOU : monnaie en cuivre ou en bronze.

SOLIDUS (solidi au pluriel) : cette monnaie (d'où vient le mot sou) succède à l'aureus de l'empereur Dioclétien qui symbolise la « solidité monétaire » d'un empire que Constantin a souhaité restaurer pendant son règne. Cet empereur qui règne de 306 à 337 est le premier à se convertir à la religion chrétienne. Il émet dans l'année 310, le solidus qui sera thésaurisé dans tout l'Empire romain. À sa mort, en 395, l'Empire romain se scinde en deux parties, mais l'Empire d'Occident s'effondre définitivement en l'an 476 de notre ère. Il est à noter que le solidus or égal 24 siliquae en argent. Cette monnaie en or pèse 1,60 e de livre romaine, soit 4,5 grammes.

SURFRAPPE : utilisation d'une pièce (déjà frappée) comme flan pour y imprimer de « nouveaux types » (des traces de frappe antérieure restent cependant visibles sur la monnaie).

T

TESTON : monnaie d'argent produite lors de la Renaissance à l'effigie d'un souverain. Elle est frappée à l'effigie de nos rois entre 1513 et 1575 et sa valeur variait entre dix à douze sous et six deniers.

THALER : monnaie d'argent dont l'origine est la Bohême (1525) et qui servit d'unité monétaire aux pays germaniques lors des 16, 17, 18 et 19ème siècles.

TIRAGE : quantité totale d'exemplaires (monnaies, médailles, etc.).

TITRE (ou ALOI) : teneur de métal fin en millièmes et contenue dans une monnaie. C'est la proportion de métal fin ou précieux contenu dans l'alliance constituant la substance de la monnaie. L'or s'exprime en carats : 24 carats = 1 000 millièmes. Pour l'argent, le titre se donnait en deniers : 12 deniers de 24 grains chacun (exprimé actuellement en millièmes). Une monnaie à

900 pour mille d'argent contient 900 millièmes d'argent et 100 millièmes de métal vil. Dans le cas d'une monnaie d'or alliée avec de l'argent, le titre ne tient compte que de la teneur en or.

TOURNOIS (LIVRE) : monnaie frappée à l'origine par l'abbaye de Tours. Ce système monétaire deviendra la référence dans tout le royaume de France : 1 livre = 240 deniers = 20 sous et 1 sou = 12 deniers ou donc 1/20 de livre tournois.

TRANCHE : surface de la pièce en périphérie pouvant être lisse, cannelée ou comportée des signes ou des inscriptions se présentant en creux ou en reliefs. La tranche d'une monnaie peut être en creux, cannelée, chevronnée, cordonnée, en relief, irrégulière, lisse et cannelée, maclée ou striée.

TYPE : motif principal de l'empreinte (effigie ou dessin) sur chaque face d'une série de pièces de plusieurs valeurs différentes.

V

.VALEUR : cours de la monnaie à une période précise.

VELOURS DE FRAPPE : expression ancienne qui remonte au 17e siècle qui exprime un aspect satiné d'une monnaie neuve. Un exemplaire avec son velours qui n'a jamais circulé voit sa cote numismatique "flambée" lors d'une enchère numismatique.

« VERT DE GRIS » : expression qui indique une oxydation se formant à la surface des pièces à base de cuivre.

EXPERTISE NUMISMATIQUE ET VENTE DE TRÉSORS

COMPTOIR GÉNÉRAL DE BANQUE (CGB), 36 RUE VIVIENNE, PARIS 75002, TÉL. 0140264297 ou 0142332599, site internet : www.cgb.fr, E-mail : contact@cgb.fr

BURGAN NUMISMATIQUE-MAISON FLORANGE, 8 RUE DU 4 SEPTEMBRE (angle rue de Richelieu), PARIS 75002, TÉL. 0142969557, site Internet : www.numisonline.com, E-mail : burgan@wanadoo.fr

POINSIGNON NUMISMATIQUE, 4 RUE DES FRANCS-BOURGEOIS, STRASBOURG 67000, TÉL. 0388321050, site Internet : www.poinsignon-numismatique.com, E-mail : contact@poinsignonnumismatique.com

ÉDITIONS GADOURY, 57 RUE GRIMALDI, MONACO 98000, TÉL. 0037793251296, site Internet : www.gadoury.com, E-mail : contact@gadoury.com

CABINET BOURGEY NUMISMATIQUE, SABINE BOURGEY, 7 RUE DROUOT, PARIS 75009, TÉL :

0147703518. Nota : ce cabinet a participé à l'histoire de nombreux trésors numismatiques : le trésor d'Arras (1922), le trésor de la rue Mouffetard de Paris (1938), le trésor de Saint-Wandrille (1954).

JEAN VINCHON NUMISMATIQUE, 77 RUE DE RICHELIEU, PARIS, TÉL. 0142975000, site Internet : www.vinchon.com, E-mail : vinchon@wanadoo.fr

LES REVUES SPÉCIALISÉES SUR LES TRÉSORS ET LE MATÉRIEL DE DÉTECTION

DÉTECTION PASSION : 845, CHEMIN PUY DE BARQUE, PERNES-LES-FONTAINES 84210, TÉL.

0490337565, site Internet : www.detectionpassion.fr, E-mail : contact@detectionpassion.fr

MONNAIES ET DÉTECTION, 33 BOULEVARD CARNOT, TOULOUSE 31000, TÉL. 0534454105, site Internet : www.monnaiedetections.com, E-mail : monnaies. detections@wanadoo.fr

LISTE DES ASSOCIATIONS POUR LA DÉTECTION MÉTALLIQUE DE LOISIR

ASSOCIATION LA DÉTECTION UNE PASSION (ALDUP) : www.adup.fr

ASSOCIATION NATIONALE POUR LA DÉTECTION DE LOISIR (ANDL) : www.detection-loisir.com

CONSEIL NATIONAL DE LA DÉTECTION MÉTALLIQUE (CNDM) – (voir son site Internet).

FÉDÉRATION NATIONALE DES UTILISATEURS DE DÉTECTEURS DE MÉTAUX (FNUDEM) : www.fnudem.net

FÉDÉRATION FRANÇAISE DE DÉTECTION DE MÉTAUX (FFDM ; Association Loi 1901 depuis le 28 novembre 2019), une nouvelle organisation de défense des détectoristes : Siège social : 73, rue François Mitterrand, 62570 Wizernes

Les missions de cette fédération sont : Regrouper les associations et les indépendants qui pratiquent la détection de métaux électromagnétique ; Pratiquer la détection de métaux conformément à la réglementation en vigueur ; Veiller à ne pas perturber les contextes stratigraphiques ; Veiller à la protection et à la sauvegarde du patrimoine ; Participer à la lutte contre le pillage archéologique et le trafic de biens culturels et coopérer avec les services de l'État ; Assurer un rôle de conseil auprès des associations fédérées et des indépendants ; Représenter les intérêts des utilisateurs de détecteurs de métaux ; Contribuer au développement de la détection de métaux électromagnétique tant à des fins de sauvegarde qu'à des fins de loisir ; Organiser toutes sortes d'événements autour de la détection de métaux électromagnétique.

Sélection de magasins spécialisés en matériel de détection métallique

Armurerie Coutellerie de Bretagne (détecteurs XP DEUS et GARRETT), 9 place de Bretagne, 35000 Rennes, TÉL. 0299301993, sites Internet : www.armes-et-couteaux.com ; **www.armureriecoutelleriedebretagne.com** ; E-mail : armurerie.coutellerie.bretagne@wanadoo.fr

Aulerque Détection Numismatique, 147 place Laffitte, 27160 Breteuil-sur-Iton, TÉL. 0232345094, site Internet : www.aulerquedetection.com

David Détection : 25 rue Michel Vassant, 13109 Simiane Collongue, TÉL 0442613721, site Internet : **www.david-detection.com, E-mail : contact@david-detection.com**

Détecteur et Détection, 31 avenue Henri Rochier, 26110 Nyons, TÉL. 0475278937, site Internet : **www.detecteur-et-detection.fr**

Durand Détection, 32 rue de Flers, 61 450 La Ferrière-aux-Étangs, TÉL. 0233669181, site Internet : www.durand-detection.com

Le trésor des Séquanes, Château de Chazoy, 25 170 Burgille, TÉL. 0381581875, E-mail : letresordessequanes@orange.fr

Loisirs Détections, 33 boulevard Carnot, 31000 Toulouse, TÉL. 0534454105, E-mail : infos@loisirsdetections.com

Lutèce Détection, 26 rue Traversière, 75012 Paris, TÉL. 01 44 87 91 08, Site Internet : www.lutecedetection.fr

Maison de la Détection (depuis 1978), 102 rue Balard, 75015 Paris, TÉL. 0145541890, site Internet : www.maisondeladetection.com, E-mail : infos@maisondeladetection.com

Métaux détection, 56 rue Saint-Martin, 02400 Château-Thierry, TÉL. 0358300230, E-mail : **corbel.claude@orange.fr**

Pictave détection, 62 rue du Centre, 86440 Migné-Auxances, TEL. 0952725634, site Internet : **www.pictavedetection.net**

Planète Détection, 22 rue Charles Baudelaire, 75012 Paris, TÉL. 0143075502, site Internet : www.planete-detection.com, E-mail : contact.ids@planete-detection.com

Rouen Détection Numismatique, 50 rue République, 76000 Rouen, TÉL 0232086732

Boutique "Chasseurs de Trésors" , 5 rue du Prieuré, 29180 Locronan, TÉL 0290415677, E-mail : **contact@chasseurs-tresors.fr**

Sud-Ouest Détection, 6 rue Fernand Phillippart, 33000 Bordeaux, TÉL. 0556811199, site Internet : www.sud-ouest-detection.com

Bibliographie trésoraire et bibliothèque numismatique, pour en savoir plus...

La Bibliographie Trésoraire

A

AMBELAIN ROBERT, Le Dragon d'or, rites et aspects occultes de la chasse aux trésors, Dervy, 1997.

AUBIN GÉRARD, L'or romain dans l'ouest de la Gaule : circulation et stagnation, in : Revue archéologique de l'Ouest, tome 1, 1984, Pages 89 à 119. Dossier par Internet dans Persée.

AUDINOT DIDIER, Manuel de détection et de chasse aux trésors, Éditions Terre, BP 23, 91301 Massy Cedex 01, 1995.

AUDINOT DIDIER, en collaboration avec Henry Tell, Tous les trésors de France à découvrir par le chemin des écoliers, Paris, Éditions Seghers, 1978.

AUDINOT DIDIER, Guide des trésors enfouis de France, Éditions Prospections, 110 bis, rue Marcadet, 76018 Paris, 1987.

AUDINOT DIDIER, Trésors de France, perdus, cachés, immergés, enfouis, en quatre volumes, Éditions Terre, BP 23, 91301 Massy cedex 01, 1993, 1994, 1995, 1996, 2 170 pages et plus de 5 400 sites répertoriés.

AUDINOT DIDIER, Dictionnaire des trésors en France des origines à nos jours, Paris, Éditions Terre, BP 23,91301 Massy Cedex 01, 1997, 1998, 1999, trois tomes (T. 1 pour les communes de A à I, T. 2 pour les communes de J à Q, T. 3 pour les communes de R à Z), ouvrage magistral et presque exhaustif avec ses 1 200 pages.

AUDINOT DIDIER, Des milliards sous nos pieds. La chasse aux trésors en France, Éditions Ramuel et du Mercure Dauphinois, 2000.

AUDINOT DIDIER, Histoires mystérieuses des trésors enfouis : suivies d'une liste commentée de 260 trésors à découvrir, Éditions Jacques Granger, 2005, 50 affaires de trésors traitées dans le détail.

AUDINOT DIDIER, Dictionnaire des cités disparues en France, des origines à la Révolution, Paris Éditeur Terre, BP 23, 91301 Massy Cedex 01, 1997.

AUDINOT DIDIER, Le trésor des rois de France, Éditions Prospections, 110 bis, rue Marcadet, 75018 Paris, 1987.

AUDINOT DIDIER, Histoires incroyables de l'Histoire de France, Grancher Éditions, 2007, 324 pages.

AUDINOT DIDIER, Optimiser votre détecteur, manuel technique de détection, Paris, Éditeur Terre, BP 23, 91301 Massy Cedex 01, 1988.

AUDINOT DIDIER, Chasse aux trésors, méthodes et techniques, tome 1, Paris, Éditions Terre, BP 23, 91 301, Massy Cedex 01, 1990.

AUDINOT DIDIER, en collaboration avec le groupe de recherches HERMES, Chasse aux trésors, méthodes et techniques, tome 2, Éditions Terre, BP 23, 91301 Massy Cedex 01, 1991.

AUDINOT DIDIER, Astuces et secrets d'un chasseur de trésors, Paris, Éditions Terre, BP 23, 91301 Massy Cedex 01, 2000.

AUDINOT DIDIER, Trésors enfouis des guerres de Vendée et de la chouannerie, Éditions de l'Étrave, 1er mars 2002.

AUDINOT DIDIER, Chasses aux trésors en Normandie, Éditions Charles Corlet, 2006.

B

BAGNAUD MICHEL (Président du Club International des Chercheurs de Trésors), Profession : Inventeur de trésors, Éditions Filipacchi, 1991.

BARATTE FRANÇOIS, Trésors archéologiques du Nord de la France : gallo-romains et mérovingiens, Exposition, musée beaux-arts de Valenciennes, 1997.

BAZELAINE WILLIAM (de), L'or de la Bérézina, Paris, Éditions Flammarion, 1977.

BEAUCLERC PIERRE, Le templier ou l'or Immortel, Éd. Le cœur de la pierre, 1990.

BÉGUIN ANTOINE, Le trésor gaulois du Mans : du rêve au cauchemar, Éditions Cheminements, Saumur, 2003 (4e édition).

BÉGUIN ANTOINE, Prospecteurs : vos droits et devoirs, Chez l'auteur, Angers, 1999.

BELLEMARE PIERRE et NAHMIAS JEAN-FRANÇOIS, Enquête sur 25 trésors fabuleux, Flammarion, 2012.

BENINATI SERGE, L'or de Varennes, Éd. Aux Sources d'Yggdrasill, 2010.

BERCÉ YVES-MARIE, À la découverte des trésors cachés du XVIe siècle à nos jours, Librairie Académique Perrin, 2004.

BESSIÈRE RICHARD, Trésors maudits et trésors interdits, sur la trace des richesses matérielles et spirituelles disparues, Dangles, 2004/2005.

BIANCAMARIA FÉLIX, Le trésor de Lava, la fièvre de l'or romain chez les plongeurs corses, Albin Michel, 2004.

BIBIQUE, Sur la piste des Frères de la côte, Éditions Orphie, 1988 (première édition en 1984).

BIMBENET MICHÈLE, Trésors enfouis de la Renaissance : autour de Pouilly-sur-Meuse, Privat, ParisRMN-Grand Palais, 2011.

BIVET BERNARD, Les souterrains du Nord-Pas de Calais, Patrimoine Éditions, 1999.

BLANCHET ADRIEN, Les trésors de monnaies romaines et les invasions germaniques, Paris, année 1900, réimpression Forni, 1975, relié in 8, 332 pages avec 868 trésors.

BLOT JEAN-YVES, L'histoire engloutie, Découvertes Gallimard, 1995.

BONAMY FRED, Chercheurs de trésors : Histoires authentiques de, Éditions Altipresse, 2003.

BONNEMAISON JOËL, La fabuleuse histoire des trésors, 65 histoires, Éditions de la Monnaie, 2014.

BOUREL DE LA RONCIÈRE CHARLES, Le flibustier mystérieux, histoire d'un trésor caché, Le Masque, 1934.

BOURGEY SABINE, Le trésor de la rue Mouffetard, Éditions Bourgey, 2012.

BOURGEY SABINE, Trésors, archives secrètes, Paris, Éditions Errance, 1988.

BOURGEY SABINE, Trésors, légendes et réalités, Paris, Éditions de l'Amateur, 1996.

BOURRE JEAN-PAUL, L'or des druides, Éd. Henri Veyrier, 1989.

BOUSSEL PATRICE, Guide des champs de bataille en France, Éd. Pierre Horay, 1992.

BRISARD JEAN-CHRISTOPHE, Chasses aux trésors, Plon, 2008.

C

CAFIERO GAETANO, Trésors au fond des mers, Gründ, 1994.

CALLU JEAN-PIERRE et LORIOT XAVIER, L'or monnayé II, La dispersion des aurei en Gaule sous l'empire, cahiers Ernest Babelon, Éditions A.P.D.C.A., 1 volume, 591 pages et 10 cartes, une bible pour le prospecteur sur le sujet des aurei retrouvés à l'unité dans tous les départements de France. L'inventaire de Callu et Loriot a répertorié 1 868 monnaies d'or de toutes les trouvailles faites en Gaule (monnaies d'or trouvées d'une manière isolée entre le règne d'Auguste et la mort de Zénon en 491).

CARION ALAIN, Les météorites et leurs impacts, Éd. Masson, 1997.

CARION ALAIN, Météorites, Éd. Alain Carion, 2009.

CARNAC PIERRE, Le grand livre des trésors, Dervy, 1993.

CATALOGUE DE LA BNF, établit en 2011, Volume sur les trésors monétaires : Les Sablons (Le Mans), Lava (Corse), Partinico, Martigné-sur-Mayenne,

Amandy Michel, Girard Jean-Baptiste (sous la direction), Volume XXIV, Bibliothèque nationale de France. La série Trésors monétaires, fut créée en 1979 et éditée par la BNF. Une trentaine de volumes, à ce jour, avec plus de 200 trésors répertoriés (plus de 200000 monnaies) de toutes les périodes dont 2000 trouvailles isolées de monnaies en or.

CAYRON GÉRAUD (de), Guide du chercheur de trésors, Éd. Bothoa, 1977.

CELLURA DOMINIQUE, Dormez vous sur un trésor? Éditions rue Fromentin, Paris, 2015.

CENTINI MASSIMO, Les trésors disparus : du mythe à la réalité, Éd. De Vecchi, 2005.

CHALINE ÉRIC, les trésors perdus, 50 célèbres trésors, Terres Éditions, 2014.

CHARRETTE ET LA GUERRE DE VENDÉE, 1793-1796 : d'après des archives de l'État et de la ville de Nantes. Des mémoires de René Bittard des Portes, Éditeur Naba Press, 2013.

CHARROUX ROBERT, Trésors du monde, trésors de France, trésors de Paris, enterrés, emmurés, engloutis, Fayard, 1972. Réédition de l'ouvrage aux Éditions du Trésor en 2013.

CHAUMEIL JEAN-LUC, Le trésor du triangle d'or, Éd. Alain Lefeuvre, 1979.

CHAUMEIL JEAN-LUC, Le trésor des templiers, Éd. Henri Veyrier, 1984.

CLAIRAND ARNAUD, DESROUSSEAUX LAURENT, GOUET SAMUEL, PRIEUR MICHEL, SCHMITT LAURENT, SUDRE PIERRE, Trésors, mythe et réalités, Éd. Les Chevau-légers, 2005.

CLOAREC ALAIN, Comment ils ont trouvé un trésor, Le Cherche Midi, 2001 (première édition). Ce professionnel de la détection dévoile de multiples découvertes de trésors dont celle de Saint-Cloud composée de plus de 70 kg d'or.

COLLECTIF, Répertoire des croches et des épaves, Rennes, Éditions Ouest-France, 1987.

COUCHET JEAN-MARC et VALERO ERNEST, L'énigme résolue : des bergers d'Arcadie au mystère de Rennes-le-Château, Trajectoire, 2010.

COULON GÉRARD, Les voies romaines en Gaule, Éd. Errance, 2009.

D

DALEY ROBERT, Chasseurs de trésors, Paris, Éditions Albin Michel, 1988.

DANNE JACQUES, (de), Éditions la Sirène, Boulogne, Les aventuriers des trésors perdus, 1996.

DAUZAT ALBERT et ROSTAING CHARLES, Dictionnaire étymologique des noms de lieux en France, Librairie Guénégaud, 1996.

DEJEAN HERVÉ, Objets archéologiques d'Europe et leurs valeurs, Archéo-Numis, 2009.

DELESTRÉE LOUIS-POL, TACHE MARCEL ET GOUDINEAU CHRISTIAN, Atlas des monnaies gauloises, Éd. Commios, 2003.

DELOBETTE HUBERT, Histoires des plus incroyables trésors français, Éditeur Papillon Rouge, 2016.

DENIEL RENÉ-YVES, L'or des templiers, Guy Trédaniel, 1992.

DENIS VINCIANE, Le trésor de l'abbé Saunière, Marabout, 1996.

DESMARETZ GÉRARD, Le manuel du chercheur de trésors terrestres ou engloutis, Éd. Chiron, 2009.

DOLINGER JANE, Les chasseurs de trésors, France-Empire, 1973.

DOUMERGUE CHRISTIAN, Trésors historiques, mythiques et légendaires, 40 enquêtes au cœur du mystère, Les Éditions de l'Opportun, 2018.

DUGÈS DANIEL, Rennes-le-château, Éditions Trajectoire, 2012.

DUHAMEL PIERRE, L'or des chouans, Plon, 1987.

DUMAS FRÉDERIC, Chimères de la mer, France-Empire, 1976.

E

ERIAU JEAN-MICHEL, Le trésor des "Homards verts", Paris, Éd. France-Empire, 1986.

ESNOS PHILIPPE, Chasseur d'épaves – L'or des Galions –, Maison d'édition le Serpent à Plumes, 2009.

ESNOS PHILIPPE, L'or d'Atahualpa, dernier empereur Inca, à la recherche du tombeau du dernier empereur, de l'or à profusion, la jungle et ses périls, d'obsédantes légendes incas, de mystérieuses archives religieuses, des bars douteux, un inestimable trésor..., Éditions du Trésor, 2013.

ESNOS PHILIPPE, Chasseur de trésor, l'or des Incas, entre rêve et malédiction, Alphée 2008.

ESTIOT SYLVIANNE, The Lava treasure of Roman gold – résumé de l'étude complète par le même auteur publiée (en français) dans Trésors monétaires –, Volume XXIV, BNF, 2011.

EYDOUX HENRI-PAUL, Monuments et trésors de la Gaule, Plon, 1958.

EYDOUX HENRI-PAUL, Cités et lieux maudits de France, Plon, 1959.

F

FACON ROGER, L'or de Jérusalem, Éd. Montorgueil, 1990.

FALCON-BARKER TED, L'or du diable, Éd. Maritimes et d'outre-mer, 1970.

FARABOZ ROBERT, Le trésor perdu d'Aurelianus. L'épopée d'un trésor militaire romain échoué sur la cité Corse en 271 ou l'énigme du trésor de Lava. Thème roman policier/suspense, Edilivre Éditions, 2010.

FAUDUET ISABELLE, Fibules préromaines, romaines et mérovingiennes du musée du Louvre, Presses de l'École normale supérieure, 1999.

FAVIER JEAN, Les Papes d'Avignon, Fayard, 2006.

FAYARD FRANÇOIS, Guide des trésors perdus en France, Éditions Fayard, 1978.

FLAVIUS JOSEPH, Histoire des Juifs, Nouvelle édition in-12, Paris, 1706.

FOUCAULT BERNARD, Trésors engloutis de Bretagne, de l'île Vierge à Bréhat, Éditions Cristel, 2008.

FOUQUIER ARMAND, Causes célèbres de tous les peuples, Les chauffeurs, La bande d'Orgères. Édition originale de 1858-1867.

FRIZOT JULIEN, Grands sites templiers en France, Ouest-France, 2005.

G

GARDES JEAN-MARC, La Campanos dei Mazan ou le secret de la légende des cloches de l'abbaye de Mazan, Toulouse, Éditions J.M. Gardès, 1990.

GESINK GERT, Manuel du prospecteur, Éd. Détect, 2005.

GODDIO FRANCK, FABRE DAVID ET GERIGK CHRISTOPH, Trésors engloutis d'Égypte, Seuil, 2006.

GUEULE PATRICK, Détecteurs de trésors, Paris, Éditions Techniques et Scientifiques Françaises, 1982.

GUIDE TCHOU, Guide de la France mystérieuse, les guides Noirs, Paris, Éditions Tchou, 1964 et 1966.

GUIDE TCHOU, Guide de la France templière, France souterraine…, Éditions Tchou, 1975.

GUILLEMAIN BERNARD, Les papes d'Avignon (1309-1376), Cerf, 1998.

GUILLEMOT PIERRE ET NOUAILLE PIERRE, L'or des légendes et des trésors, Genève (Suisse), Éditions Famot, 1976.

GUINGUAND MAURICE, L'or des templiers, Éd. Robert Laffont, 1973.

H

HAYMANN EMMANUEL, La chasse aux trésors, guide de la détection en France, Belgique, Suisse, Lausanne (Suisse), Éditions Pierre Marcel Favre, 1981.

HAYMANN EMMANUEL, Histoires mystérieuses des trésors de France, Lausanne (Suisse), Éditions Pierre Marcel Fabre, 1983.

HERVÉ GUY, Les grands trésors dans la Sarthe retrouvés ou légendaires, Guy Hervé éditeur, 2018.

HOFFSCHIR, Bourbon, l'île aux trésors ou l'île de la Réunion, un coffre-fort de 250 km2, autoédition, les Authentiques et les Utopiques, 2002.

J

JAMIN THIERRY, L'aventurier de la cité perdue, Éditions du Trésor, 2014.

JARNAC PIERRE, Histoire du trésor de Rennes-le-Château, A.D.L. (Association pour le développement de la lecture), 1985.

JARNAC PIERRE, Trésors découverts, Paris, Éd. Prospections, 1999.

JARNAC PIERRE, Objectif trésors, Éditions Prospections, 110 bis rue Marcadet, 75018 Paris, 1989.

JARNAC PIERRE, Guide des champs de bataille oubliés, Paris, Éditions Prospections, 110 bis rue Marcadet, 75018 Paris, 1993.

JARNAC PIERRE, L'or des galions, Éditions France-Empire, 1979.

JOFFROY RENÉ, Le trésor de Vix, Fayard, 1962.

JOFFROY RENÉ et THÉNOT ANDRÉE, Initiation à l'archéologie de la France. Préhistoire et Protohistoire, Éd. Tallandier, 1983.

JONGBLOED DOMINIQUE, Tout l'or du monde, Éd. Terres Aventure, 2013.

K

KERDÉLAND JEAN (de), La course aux trésors, Société Privée d'imprimerie et d'Édition (SPIE), Paris, 1944.

KERDÉLAND JEAN (de), La nouvelle course aux trésors, Paris, Éd. Robert Laffont, 1961.

KERLORC'H GILLES, L'or sous le sable, carnet de plage d'un beachcomber aquitain, L'Harmattan, 2011.

KOSTENEVICH ALBERT, Les trésors retrouvés, La Martinière, 1995.

L

LAFAURY JEAN, Trésors d'un navire romain trouvé en Méditerranée, Revue numismatique, P. 70 à 104, 6e série, Tome 1, année 1958.

LAFAURY JEAN, HÉLÈNE HUVELIN, Trésor d'un navire romain trouvé en Méditerranée, nouvelles découvertes, Revue numismatique, P. 75 à 105, 1980.

LAHIDELY MIRIEM, 40 Histoires extraordinaires de chasses aux trésors en France, Ouest-France, 2013.

LAMEYRE ALAIN, Guide de la France templière, Tchou, 1975.

LATIL PIERRE (de) et RIVOIRE JEAN, Trésors engloutis, Éd. Voici, Paris, 1963.

LEFAUCHEUR JEAN-CLAUDE, Chercheur d'or en France, Flammarion, Paris, 1976.

LENS HENRI (de), Cent trésors, une énigme, Paris, Éditions Albatros, 1977.

LENS HENRI (de), Trésors enfouis de France, Éditions Laffont, Paris, 1 972 (nombreuses rééditions dont Éd. Albatros en 1978).

LENS HENRI (de), France terre promise, Montlhéry (91), 1979.

LENS HENRI (de), De Rennes-le-Château à Saint-Sulpice. L'énigme du 17 janvier. PS. Éditeur : Les Éditions Pégasse, 2005.

LE PENNEC CHRISTOPHE, Trésors enfouis de l'âge du fer à la Révolution, Éd. Locus Solus, 2013.

LES "LACS SACRÉS" ET L'OR DES TECTOSAGES DE TOULOUSE..., Mémoires de la Société Archéologique du Midi de la France, Tome LXVI, 26 pages, 2006.

LE TRÉSOR DE SAINT-DENIS, Collectif, Catalogue d'exposition, RMN, 1991.

LEVASSEUR EMMANUELLE, Trésors, Glénat, 2012.

LÉVY JOËL et LEBOVICI ANTONIA, Atlas des trésors perdus, Éd. Véga, 2009.

L'HOUR MICHEL, La mer pour mémoire, Éditions Somogy, 2005.

LINCOLN HENRI, traducteur HUBERT TEZENAS, La clé du mystère de Rennes-Le-château, Éditeur J'ai Lu, 2011.

LIZÉ PATRICK, Répertoire des naufrages, par l'auteur éditeur, 1977.

LIZÉ PATRICK, Les épaves d'or, Paris, Éditions Robert Laffont, 1978 et Jean-Claude Lattès, 1991.

LIZÉ PATRICK et LIZÉ EMMANUELLE, Naufrages de légendes : les pirates, Éd. du Trésor, 2013.

LOTH YAN, Tracés d'itinéraires en Gaule romaine, Éd. Amatteis, 1986.

LUPIN GÉRARD, Le trésor d'Alaric, Éditeur Guy Trédaniel, 1998.

M

MANDORLA JACQUES, 60 trésors fabuleux à découvrir, leur histoire détaillée, leur composition précise, leur localisation supposée, Éditions Trajectoire, 2015.

MANDORLA JACQUES (journaliste d'investigation) et CROZIER JEAN-LOUIS, La radiesthésie-Maîtrisez l'art du pendule et de la baguette –, ABC, 2014.

MANDORLA JACQUES, Maîtrisez l'art du pendule (coffret), Hachette Pratique, 2011.

MARCIL CLAUDE et PAUL FRANÇOISE, Oak Island, l'île au trésor, JCL, Éd., 1989.

MARKALE JEAN, Gisors et l'énigme des Templiers, Pygmalion Éditions, 1986.

MARKALE JEAN, Rennes-le-Château et l'énigme de l'or maudit, Paris, Éditions Pygmalion, 1989.

MARKALE JEAN, Montségur et l'énigme cathare, Éditions Pygmalion/Gérard Watelet, Paris, 1989.

MARQUIS PHILIPPE et MONGNE PASCAL, Dictionnaire de l'archéologie, Larousse, 2008.

MELEGARI VEZIO, Histoire de la chasse aux trésors, Flammarion, 1972.

MERMET (ABBÉ), Comment j'opère, Maison de la Radiesthésie, 1984.

MICHEL HERVÉ, Toujours sur la piste des trésors perdus. Les secrets d'un chasseur de trésor. Éditions HM Adventure, 2017.

MICHEL HERVÉ, Chasseur de trésors. Sur la piste des trésors perdus, City Éditions, 2019.

MISTER DO, Il est trop tard pour être pauvre, cinq tonnes d'or enfouies aux Philippines, le trésor du Général Yamashita Tomoyuki, l'histoire vraie d'une incroyable chasse aux lingots, Édition K2, 2005.

MISTRAL PAULINE, Le mystère de la rouelle, Éd. RED, 1998.

MOINE MICHEL, Guide de la Radiesthésie, Stock, 1973.

MONNEREAU MICHEL, Manuel du Chercheur de Trésors, Goussainville (Val-d'Oise), Éd. Monnereau, 1977.

MOREAU JEAN-PIERRE, Une histoire des chasseurs de trésors, de la Renaissance à nos jours, sur terre et sous les eaux, Éditions du Trésor, 2017.

O

ORIOL ANDRÉ, Guide du prospecteur et du chercheur de trésors, Marennes : Éd. Oriol, 1999.

P

PARET MICHEL, Profession découvreur de Trésors ; des parchemins, des archives inédites, des trésors terrestres et sous-marins, des expéditions autour du monde, des rencontres hors du commun…, un récit d'aventures, Éditions du Trésor, 2013.

PEPY BENJAMIN, Les trésors engloutis de Bretagne, Éd. Cristel, 2013.

PETITE ANTHOLOGIE DES HISTOIRES DE TRÉSORS DANS LA LITTÉRATURE, Alexandre Dumas, Théophile Gautier, Maurice Leblanc, Jack London, Edgar Allan Poe, Charles de la Roncière, R. L. Stevenson, Marck Twain, Robert Vergnes, Jules Verne, Éditions du Trésor, 2015.

PICAPER JEAN-PAUL, Sur la trace des trésors nazi. L'or, la mort et la mémoire, Taillandier, 1998.

PICKFORD NIGEL, Atlas des naufrages et des trésors, Voiles Gallimard, 1995.

PIEALKIEWICZ JANUSZ, 500 milliards à découvrir, Grancher, 1979.

PIOKFORD NIGEL, Atlas des naufragés et des trésors, France Loisirs, 1996.

POIVRE D'ARVOR PATRICK et OLIVIER, Chasseurs de trésors et autres flibustiers, place des Victoires, 2005.

PRADEL JACQUES, MARION GODFREY et CLAIRE SIMONIN, La véritable histoire des trésors de France, mythes et réalités, First Éditions, Paris, 2018.

R

RÉJU DANIEL, À la recherche des trésors disparus, Éd. Belfond, 1973.

RÉJU DANIEL, La France des histoires secrètes, Éditions Philippe Lebaud, 1991.

RIESBERG (Lieutenant Harry E.), L'or des épaves, les Éditions de Paris, Paris, 1949.

RIESBERG (Lieutenant Harry E.), 600 milliards sous les mers, Paris, les Éditions de Paris, 1948.

RIESBERG (Lieutenant Harry E.), Pêcheurs de trésors, Éditions Presses de la Cité, Paris, 1968.

ROUILLAC, Aymeric et Philippe, Barsacq Stéphane, Gaillardon David, Adjugé ! La saga des Rouillac, Éditeur Monelle Hayot, (trente années d'expertises, de trouvailles et de records de vente), 2019.

S

SAINT-SALVY PIERRE (de), À la recherche des trésors perdus, Éd. Énigma, 1994.

SÈDE GÉRARD (de), Les templiers sont parmi nous, Julliard, 1963.

SÈDE GÉRARD (de), Le trésor maudit de Rennes-le-Château, Robert Laffont, 1967.

SÈDE GÉRARD (de), Rennes-le-Château, le dossier, les impostures, les phantasmes, les hypothèses, Robert Laffont, 1988.

SERS JEAN-FRANÇOIS, Le trésor de Rommel, Grasset, 1991.

SILIOTTI ALBERTO, Les trésors enfouis, Éd. White Star, 2007.

STÉNUIT ROBERT, Trésor des mers, l'histoire engloutie, Éditions du Trésor, 2015.

STÉNUIT ROBERT, La Chasse au galion, Éditions Marabout, Paris, 1962.

STÉNUIT ROBERT, Le livre des trésors perdus, Édition Plon, Paris, 1964

STÉNUIT ROBERT, Les trésors de l'Armada, Éditions Albin Michel, Paris, 1971.

STÉNUIT ROBERT, Ces mondes secrets où j'ai plongé, Éd. Robert Laffont, Paris, 1988.

STÉNUIT ROBERT, L'or à la tonne, l'exploitation des trésors engloutis, Éd. Glénat, Paris, 1990.

SURCOUF ÉRICK, La mer en héritage, sur la piste des trésors engloutis, Arthaud, 1992.

SURCOUF ÉRICK, L'or de la mer, Le Cherche Midi, 2001.

SURCOUF ÉRICK, Trésors terrestres et sous-marins : ces fabuleux trésors et leur chasse effrénée, Arthaud, 2011.

SURCOUF ÉRICK, Les mystères des îles au trésor, Denoël, 2013.

SURCOUF ÉRICK, Manuel du chercheur de Trésors, Arthaud, 2013.

SURCOUF ÉRICK et BEX CHRISTIAN, Épaves et trésors engloutis, Le Cherche Midi, 2001.

SURCOUF ÉRICK et JONGBLOED DOMINIQUE, Trésors engloutis et cités perdues, ABM Éd., 2011.

T

THIOLLIER-ALEXANDROWICZ GABRIEL, Itinéraires romains en France, Éd. Faton, 1996. Il est à noter que l'éditeur de ce livre est spécialisé dans la publication de magazines et de revues d'archéologie, d'histoire de l'art, de sport, de maths et aussi de sciences.

THIRION MARCEL, Les trésors monétaires gaulois et romains trouvés en Belgique, Bruxelles, Cultura, 352 trouvailles répertoriées, 1967.

THIRION MARCEL, Le trésor de Liberchies (trouvaille d'un dépôt monétaire de 368 aurei des 1er et 2e siècles), Pro Geminiaco asbl, Bruxelles (Belgique), 1972.

TOUZEAU GÉRARD, Benoît XIII, Le trésor du pape catalan, Éditions Mare Nostrum, 2010.

U

ULRICH PAUL, Les grandes énigmes des trésors perdus, Éd. Famot, 1974.

V

VALENTIN MAX (pseudonyme), Paul Régis Hauser, Guide du Chercheur de trésors : Tous les trésors enfouis, les sites et les méthodes de prospection, Marabout, 1998.

VALENTIN MAX, Sur la trace de la Chouette d'or, Éditions Michel Lafon Publishing, 1997.

VERGNES ROBERT, La dernière île au trésor, Éditions Balland, Paris, 1978. Réédition du livre aux Éditions du Trésor, 2014.

VERGNES ROBERT, L'or dans la peau, Éd. Robert Laffont, Collection Vécu, Paris, 1974.

VIALA CLAUDE, Grottes et caches camisardes, spéléologie et mémoire huguenote, Édition Les Presses du Languedoc, 2006.

VINCHON J., Catalogue de numismatique, Monte-Carlo, samedi 15 novembre 1986, Sporting d'Hiver, une partie des monnaies du trésor de Lava (Corse) qui sera saisie par les douanes françaises, 1986.

VINCIANE DENIS, Rennes-le-Château, Le trésor de l'abbé Saunière, Marabout, 1998.

VIREMOUNEIX et CHRISTOPHE THOMAS-CASTELNAU, L'or d'Arcadie : Le trésor initiatique de Rennes-le-château, Éditeur : Éditions Dangles, 2007.

La bibliothèque numismatique

Bien qu'épuisés, de nombreux ouvrages sur la numismatique se trouvent facilement en occasion et notamment sur internet.

- Les Monnaies du monde de 1600 à nos jours, Éditions Klause (en anglais avec cotes en dollars) ; les pièces sont toutes reproduites, décrites et cotées dans quatre états de conservation :

- World Coins 21e siècle, 7e édition, 2012/2013, 8000 illustrations, 950 pages,

- Word Coins 20e siècle, 40e édition, 2012/2013, 60000 illustrations, 2400 pages,

- World Coins 19e siècle, 7e édition, 2013, 27 500 illustrations, 1 300 pages,

- World Coins 18e siècle, 6e édition, 2011/2012, 20 000 illustrations, 1 344 pages,

- World Coins 17e siècle, 4e édition, 2012, 22 000 illustrations, 1 608 pages,

- World Gold Coins, 6e édition, 2010, 1 200 pages, de 1 601 à nos jours.

- Gold coins of the world par A. Friedberg, 8e édition, 2009, de l'Antiquité à 1 950, 800 pages.

- Romans coins and theirs values par D. Sear, édition en anglais :

- Volume 1 : 280 av. J.-C. à 96 après J.-C., 532 pages,

- Volume 2 : 96 à 235 après J.-C., 696 pages,

- Volume 3 : 235 à 285 après J.-C., 696 pages, – Volume 4 : 284 à 337 après J.-C., 552 pages.

- Les Monnaies romaines, Schmitt-Prieur, Éditions les Chevau-légers, 770 pages.

- Monnaies romaines, Histoire et vie d'un empire, G. Depeyrot, Éditions Errance, 193 pages.

- Le trésor de Tayac, par J. Gorphe, trésor découvert en 1893, monnaies gauloises des 3e et 2e siècles avant J.-C., 500 illustrations en couleur de séries monétaires des plus rares, 144 pages.

- Les Monnaies de potins du Sud-est de la Gaule, Christian Laros, Éditions Florange, 92 pages.

- Nouvel Atlas des monnaies gauloises par Louis-Pol Delestré et Marcel Tache avec près de 3 000 monnaies décrites et reproduites en couleur avec avers et revers sur des planches. Les peuplades gauloises dont les monnaies sont les Allobroges entre Isère et Rhône, les Sequani entre Jura et la Saône, les Lingones, centrés sur le plateau de Langres et le bassin de la Haute-Seine, les Aedui, sur le massif du Morvan, les Ambarri, à l'Est de la basse vallée de la Saône, les Segusiavi, de la Haute-Loire au confluent de la Saône et du Rhône, les Bituriges Cubii dans la province du Berry, les Arverni, sur le massif central, les Pictones et Santones, sur la façade atlantique entre la Loire et la Gironde. Il s'agit d'une série de quatre volumes au format 210 x 305 mm, reliés, Éditions Commios :

- Volume 1, De la Seine au Rhin, Édition 2002, 166 pages,

- Volume 2, De la Seine à la Loire moyenne, Édition 2004, 175 pages,

- Volume 3, La Celtique, du Jura et des Alpes à la façade Atlantique, 208 pages, 32 planches couleurs, 208 pages, Édition 2006,

- Volume 4, Supplément aux tomes I-II-III, Édition 2008, 108 pages.

. Monnaies françaises depuis 1789, 20e édition, 2011, cotations pour 4 états de conservation, 456 pages, Éditions Gadoury.

- Monnaies royales françaises, 1612-1792, Édition 2012, monnaies reproduites en couleurs et cotées pour 3 états avec indices de rareté (de R1 à R5). À signaler que dans ce « Gadoury" se trouve un ensemble de 200 nouvelles monnaies répertoriées. La recherche numismatique se fait par règne et par valeur croissante du bronze à l'or, 504 pages, Éditions Gadoury.

- Les monnaies napoléoniennes, 1795-1815, pièces émises sous le règne de Napoléon 1er dans les colonies, en Allemagne, Autriche, Espagne, Italie, Pologne, etc., 945 reproductions en couleur avec des cotations pour 4 états de conservation, 548 pages, Éd. Monnaies d'Antan, 2010.

- Les monnaies royales françaises, 987-1793, A. Clairand et M. Prieur, Éditions Les Chevau-Légers, 288 pages.

- Les monnaies féodales, 2e édition, Éditions les Chevau-Légers, 336 pages.

- Les monnaies françaises féodales, J. Duplessy :

Tome 1 : Bretagne, Centre, Aquitaine, Roussillon, etc., 1 000 illustrations, 408 pages, Éd. Maison Platt, 2004,

Tome 2 : Provence, Comtat Venaissin, Vallée du Rhône, Savoie, Dauphiné, Lyonnais, etc., avec 1 528 pièces de répertoriées, 1 000 illustrations, 374 pages, Éd. Maison Platt, 2010.

- Caron I, monnaies féodales de France, Édition Les Chevau-légers, 464 pages.

- Monnaies féodales de France, Poey d'Avant, Réédition d'un livre paru en 1862 avec 1 600 pages en trois volumes, Éditions Chevau-Légers.

- Monnaies royales et seigneuriales de France, planches, Paris, Rollin et Feuardent, Experts, 1900, réimpression par Burgan Numismatique, Maison Florange fondée en 1890.

- Médailles et monnaies d'Alsace par C. Van Peteghem, Paris, 1 885 (réimpression de 1977), Burgan Numismatique.

- Les Monnaies des comtés et ducs de Bretagne, Yannick Jézéquel, Monnaies bretonnes des Xe au XVe siècles, Éditions Florange, Paris, 1998.

- Trésors mythe et réalités, un ensemble de 21 trésors monétaires de France (Monnaies grecques, romaines, gauloises, féodales, royales et modernes), Éditions Chevau-Légers, Arnaud Clairand, Stéphane Desrousseaux, Samuel Gouet, Michel Prieur, Laurent Schmitt.

- Liards de France royaux et féodaux, monnaies de cuivre émises sous le règne de Louis XIV, les liards (bustes jeunes et âgés du roi) des ateliers du royaume de France, Éditions Chevau-Légers, Gérard Crépin, Arnaud Clairand, Jacques Grangien, de 1607 à 1715, 2008.

- Doubles et deniers tournois de cuivre, royaux et féodaux, 1577-1684, monnaies du peuple frappées en des millions d'exemplaires, Édition Chevau-Légers, Gérard Crépin.

- Les monnaies des quatre rois Louis, Deswelles-Fabre-Wattier, 830 pages, Éditions Monnaies d'Antan.

- Le Franc, les monnaies, les archives, Collectif, Éditeur : Les chevau-légers-CGB, cotes Euro, Paris, 2019. L'aventure du Franc débutée en 1995 se poursuit pour le grand public, le passionné d'histoire ou le numismate… Ouvrage complet avec 1 100 pages vendu au prix de 59 euros.

- Le Franc IX : monnaies françaises depuis 1797, 9e édition 2011 : toutes les pièces de 1795 à 2001, reproduites en couleur, avers et revers avec leurs cotes pour 6 états de conservation. Près de 30 000 cotes vérifiées dans cet ouvrage. Les illustrations en couleur sont exceptionnelles, 560 pages dans un format de 15,5 x 21 cm.

- Répertoire général des monnaies royales de Louis XIII à Louis XVI, 1610-1793, Éd. 2012, Frédéric Droulers, près de 9000 monnaies classées pour chaque règne des rois et reproduites en couleur avec une cote pour 5 états de conservation, 887 pages.

- Quéré Michel, les rouelles tronconiques, Maison Florange, 2001.

- Victor Robert, rouelles celtes et objets assimilés. Éd. Kim, 1989.

- Les Monnerons, l'aventure des frères Monneron, inventeurs des premières monnaies de nécessité sous la Révolution française, 175 pages, P. Bouchet.

- Jetons et médailles de la Franc-maçonnerie française, Marc Labour et Éd. Platt, 400 pages.

- Les billets de France, Kolsky, J. Laurent et A. Dailly, 380 billets répertoriés avec les cotes, 240 pages.

- Monnaies françaises, V. Guilloteau, 1670-1942, Versailles, 1937-1943.

- Répertoire de la numismatique française contemporaine, J.-R. De Mey et B. Poindessault, Paris, 1976.

- Cent ans de numismatique française, E. Dewamin, Paris, 3 volumes, 250 exemplaires (en occasion la cote de ces ouvrages en état correct est de 1261 euros). Réédition en 1989 dans un seul volume (1789-1889), chez l'éditeur Florange, Sagemme, Souffles, Paris, 1989.

- Le Franc, Histoire d'une monnaie des origines à nos jours, R. Sédillot, Paris, 1979.

Des éditions anciennes d'ouvrages de numismatique peuvent se révéler de véritables trésors

. BABELON ERNEST, Descriptions historiques et chronologiques des monnaies de la République romaine (1885-1887), ouvrage rare et recherché.

. BARTHÉLEMY JEAN-JACQUES (Abbé), Essai d'une paléographie numismatique, 1er et 2e partie. Il est à l'origine de deux mémoires sur la numismatique en 1747 dont l'un sur une médaille de Xerxès et l'autre sur la monnaie hébraïque. Premiers ouvrages scientifiques de numismatique. Cet abbé (Supérieur d'un monastère d'Hommes) a été "Garde des médailles' du roi à partir de 1753. Les ouvrages de cet abbé sont classés dans la catégorie" hors-cote » (absence d'estimation).

. BEAUVAIS, Histoire abrégée des empereurs romains et grecs, des impératrices, des césars et des tyrans et des personnes des familles impériales pour lesquelles on a frappé des médailles depuis Pompée jusqu'à la prise de Constantinople par les Turcs, sous Constantin XIV, dernier empereur Grec, trois tomes, à Paris, chez De Bure Père, année 1776, estimation entre 300 et 600 euros en bel état.

. BELFORT A., Descriptions générales des monnaies mérovingiennes, Paris, 1892-1895, 5 tomes en 4 volumes, in 4, série d'ouvrages très rares dont l'estimation se situe entre 1 500 et 2 500 euros.

. FEUARDENT F., Jetons et Méreaux, depuis Louis XI jusqu'à la fin du Consulat de Bonaparte, Paris 1904-1915, 4 volumes in 4 dont 1 volume avec des planches, estimation des quatre volumes : entre 200 et 400 euros.

. HOFFMANN, Les monnaies royales de France, 1878, tome 1 avec des textes, tome 2 avec des planches, estimation de ces deux livres entre 800 et 1 000 euros.

. JOBERT DE BURE (L.), La science des médailles, 2 volumes, Éditeur De Bure, entre 200 et 300 euros.

. LIENARD, Monographie de la numismatique verdunoise, 1889, valeur : 530 euros.

. MAC DONALD, Catalogue of Greek Coins in the Hunterian, Collection University of Glasgow, réimpression avec 3 volumes, estimation de l'ensemble : 380 euros.

MIONNET T. E., De la rareté et du prix des médailles romaines pour les types rares et inédits des médailles d'or, d'argent et du bronze, Paris, de Bure, 1827, 2 volumes in 8, estimation des livres : 200 euros.

MIONNET T.E., Collection des 10 ouvrages, description des médailles antiques grecques et romaines avec leur degré de rareté et leur estimation, prix relevé lors de ventes aux enchères : 800 euros.

. PÉLERIN JOSEPH, 1684-1782, Le pionnier de la numismatique qui a réalisé sur le sujet plusieurs ouvrages. Les livres écrits par cet auteur sont pratiquement introuvables en librairie ancienne et leurs valeurs marchandes sont dites « hors cote" .

. REINACH THÉODORE, 1860-1928, Monnaies Juives, Revue des études Juives, Paris, A. Durlacher 1887, 100 euros.

. ROBERT CH., études numismatiques sur une partie du Nord-est de la France, Metz, 1852, 1 volume avec une estimation de 300 euros.

. SABATIER," Iconographie de 5000 médailles romaines, byzantines et celtibériennes" , ouvrage rare et de grande valeur.

. SAULAY F. (de), Recherches sur les monnaies des ducs héréditaires de Lorraine, 1841, prix estimé du livre à 300 euros.

. VAILLANT JEAN, Histoire des monnaies ptolémaïques (Historia ptolemaeorum Agegyti regum), 1701, un volume en latin qui est coté environ 1 000 euros, en excellent état (rarissime).

. PRIX DES MONNOYES DE FRANCE, depuis la déclaration du 31 mars 1640, Paris, livre relié in 4 soit 17 x 23 cm, année 1736, cette œuvre permet de suivre l'histoire du monnayage français depuis la réforme de 1640 de Jean Warin jusqu'à la réforme de 1726, prix du livre : 450 euros.

. ENCYCLOPÉDIE MONÉTAIRE ou NOUVEAU TRAITÉ DES MONNAIES D'OR ET D'ARGENT EN CIRCULATION CHEZ LES DIVERS PEUPLES DU MONDE, Alphonse Bonneville, 220 pages avec des planches, 1849, estimation de 180 euros.

. LES COMPTES FAITS DE MONSIEUR BARRÊME, Livre de comptes et tarif général des monnaies, ouvrage avec une couverture cartonnée et une reliure cuir, format de 9,5 x 16 cm, Chez J.G. Nyon, 84 pages, 1723, Paris, entre 150 et 300 euros selon l'état du livre.

Bibliographie "détecteurs de métaux et fouilles clandestines en france"

. LAUNOY G., Procureur, fouilles archéologiques, le droit pénal et le droit civil au secours de l'archéologie contre les prospecteurs clandestins, droit pénal, No 6, Éditions du Juriclasseur, pages 4 à 6, année 2002.

. SAUJOT C., Mode d'acquisition de la propriété, Trésor, Art. 716, Juriclasseur Civ.Jux 40, 2000.

. BEITH A. et FLANAGAN O., Les détecteurs de métaux et l'archéologie, rapport de la Commission de la Culture et de l'Éducation, Éditions du Conseil de l'Europe, 128 pages, année 1981.

. CONSEIL DE LA CONCURRENCE, décision No 97 D21 du 25 mars 1997 relative à des pratiques relevées sur les marchés des appareils de détection des métaux et la presse spécialisée dans l'information portant sur la prospection de métaux et trésors.

. MATHIEU D., L'usage des détecteurs à métaux face à la loi, Revue archéologique d'Avignon No 11, pages 4 à 8, année 1981.

Hors-série et numéros spéciaux de titres de presse sur les trésors

. HISTORIA SPÉCIAL, La chasse aux trésors, numéro 370bis, année 1977.

. HISTORIA SPÉCIAL, La course aux trésors en France, numéro 416bis, année 1981.

. LES DOSSIERS DE L'HISTOIRE, numéro spécial,"Trésors perdus, cachés et engloutis" , Pierre Jarnac, numéro 32 de juillet et août 1981.

. L'ACTUALITÉ DE L'HISTOIRE MYSTÉRIEUSE, Guide des trésors de France, numéro hors série du 12/1994.

Code de déontologie du prospecteur (avec ses 14 commandements)

1 - Il convient de respecter les propriétés privées ou d'État, et de n'y entrer qu'après avoir obtenu l'autorisation du ou des propriétaires (de particuliers, des communes, etc.).

2 - Il faut obligatoirement se conformer aux lois nationales ou aux règlements locaux.

3 - Extraire délicatement et sans bouleverser le terrain un objet du sol. Il est important aussi de prendre soin de reboucher correctement les trous pratiqués dans la terre et de laisser le terrain, après son passage, comme à l'origine.

4 - Il ne faut jamais prospecter sur les sites archéologiques et aux emplacements de monuments historiques. Il convient aussi de connaître la législation en matière de trésors trouvés.

5 - Il est impératif de prévenir immédiatement la police, la gendarmerie ou la mairie de votre commune en cas de découverte d'objets suspects (bombe, grenade, obus, armes, etc.). Surtout ne pas toucher les pièces susceptibles d'être dangereuses et prévoir un périmètre de sécurité bien délimité pour protéger les tierces personnes.

6 - Il est primordial de préserver l'environnement, la Faune, la flore, les plantations et aussi de respecter le code rural (code du paysan) : fermeture de barrières, respect des animaux et des cultures.

7 - Il est obligatoire pour le prospecteur de déclarer à la mairie la plus proche du lieu de découverte tout objet présentant un intérêt archéologique ou historique.

8 - Il faut toujours se conduire avec courtoisie et respect envers les personnes rencontrées lors de ses sorties de loisirs. En discutant, les gens rencontrés peuvent vous donner de précieux renseignements historiques sur leur commune ou aussi évoquer des traditions locales de trésors.

9 - Ne dites jamais que vous utilisez de la documentation archéologique, des vues satellites, des cartes anciennes ou modernes et ne pas poster de photos ou de vidéos sur vos activités de détection métallique.

10 - Ne jamais demander de cotation d'artefacts ou d'estimation numismatique sur un groupe

Facebook ou autre site Internet voire sur un forum de passionnés d'archéologie ou de détection.

11 - Il ne faut jamais vendre d'artefacts (fibules, monnaies, sceaux, etc.) sur Internet ou ailleurs.

12 - Soyez écologiste en mettant vos déchets métalliques détectés sur terre ou en mer à la poubelle.

13 - En l'état actuel de la législation sur le patrimoine et de "l'ambiance délétère avec son climat de suspicion" , il convient pour se protéger de ne pas entretenir de relations avec les professionnels de la Préhistoire ou de l'Archéologie étatique (DRAC, etc.).

14 - Et pour finir, sachez que vous êtes l'ambassadeur des chercheurs de trésors et que vous devez donner une bonne image de la pratique de votre loisir.

TABLE DES MATIÈRES

Dépôt légal : mai 2022 N° imprimeur : 052272127

Imprimé en France par Présence Graphique - Monts.